浙江省哲学社会科学规划资助项目成果（编号：14YSXK04ZD-3YB ）

近代州县财政运转困境和调适
基于浙江土客之争的分析

徐立望　肖依依　著

浙江大学出版社
ZHEJIANG UNIVERSITY PRESS

目　录

上　编

土客之争和近代州县级财政运转与调适

第一章　近代浙江土客之争和土地问题概况

同治三年(1864),浙江全境克复。自咸丰九年(1859)太平军进攻湖州与杭州算起,杭嘉湖地区已经历了5年的战乱。田土一片荒芜,人口损失严重。同治二年(1863),时任浙江巡抚左宗棠奏陈浙江情形,"人物雕耗,田土荒芜,弥望白骨黄茅,炊烟断绝"[①],浙西更是"屡经劫夺,间左生意俱穷,难民之窜身荒谷者,面无人色,坐视其转侧沟壑无以活之"[②]。浙西三府地方志记载战后存留人口数量仅为战前人口的20%—30%。杭州府临安县乾隆年间已有丁口六万余人[③],"同治初年兵燹之余……仅存丁口八九千人"[④],海宁县"被烧房屋十之七,沿乡数里尽伤残,被掳千余,死难被杀万余",以至于"鱼池积尸,两岸皆平"[⑤]。嘉兴府嘉兴县"户口流亡,田亩荒秽,东南各乡庄尤甚"[⑥]。湖州府长兴县"兵燹之余,民物凋丧,其列于册者孑遗之民仅十之三焉"[⑦],安吉县"往时户口十三万有奇,至甲子秋贼退,编排止六千遗人而已"[⑧],德清县"县人生还者不过十之二三"[⑨]。

曹树基依据嘉兴、杭州、湖州三府府志记载的户口数字估计,嘉兴府"战后人口仅及战前人口的34.3%",杭嘉湖三府人口损失744.4万人,人口损失率

① 左宗棠:《沥陈浙省残黎困敝情形片》,《左宗棠全集·奏稿一》,岳麓书社1987年版,第178页。
② 左宗棠:《致李黼堂》,《左宗棠全集·书信一》,岳麓书社2009年版,第439页。
③ 乾隆《临安县志》卷二《户口》。
④ 宣统《临安县志》卷二《户口》。
⑤ 冯氏:《花溪日记》,杨家骆主编《太平天国文献汇编》第6册,鼎文书局1973年版,第677页。
⑥ 光绪《嘉兴县志》卷十一《田赋下·土客交涉》。
⑦ 同治《长兴县志》卷首《序》。
⑧ 同治《安吉县志》卷十八《杂记》。
⑨ 民国《德清县新志》卷十一《艺文》。

高达 75.3%。[①] 王天奖估计嘉兴荒地在土地总数中的比重"平湖、海宁两县约占 70%；嘉兴、秀水、桐乡等县约占 50%；嘉善、石门约占 45%"[②]。

太平天国战争波及浙江全境,对浙江尤其是浙西区域影响重大,这也导致大量来自两湖、河南、安徽等地的外省客民进入浙江,来自浙南温州、台州、绍兴的本省客民来到浙西的湖州、嘉兴和杭州区域。近代浙江移民最主要的流入地是浙西,土著和客民矛盾最集中的也是浙西。也正因为如此,近代浙江土客之争及土地问题实际上以太平天国战乱之后的浙西为主要的研究对象。随着时间推移,土著和客民冲突频发。

第一节　土客问题的学术界研究动态

对太平天国后浙江地区的土客冲突研究,早期学界讨论自觉地采用阶级斗争的观点,将土客关系视作客民代表的农民阶级与土著代表的地主阶级之间的斗争,注重分析客民进入战后地区,对当地土地关系有何影响。争论的焦点在于进入苏浙皖一带垦荒的客民的阶级性质属于自耕农还是佃农。茅家琦的《太平天国革命后的江南农村土地关系试探》[③]讨论客民的租佃性质,认为招垦的客民主要是佃农。王兴福的《太平天国革命后浙江的土地关系》[④]认为招垦政策下进入浙江的客民为自耕农性质。李文治的《论清代后期江浙皖三省原太平天国占领区土地关系的变化》[⑤]中对太平天国战后浙江省的地权分配问题进行研究,提出土客矛盾主要围绕土地问题发生,垦民剧烈的反夺地运动和州县官府变通后的招垦政策,使地权分配发生变化。随着讨论进展,对客民本身的研究逐渐细化。王天奖的《清同光时期客民的移垦》[⑥]首次具体论述了太

---

① 曹树基、李玉尚:《太平天国战争对浙江人口的影响》,《复旦学报(社会科学版)》2000 年第 5 期,第 33—44 页。

② 王天奖:《太平天国革命后浙江农业的恢复问题》,《南京大学学报》1984 年第 3 期,第 68—72 页。

③ 茅家琦:《太平天国革命后的江南农村土地关系试探》,《新建设(哲学社会科学)》1961 年第 12 期,第 49—56 页。

④ 王兴福:《太平天国革命后浙江的土地关系》,《史学月刊》1965 年第 6 期,第 9—16 页。

⑤ 李文治:《论清代后期江浙皖三省原太平天国占领区土地关系的变化》,《历史研究》1981 年第 6 期,第 81—96 页。

⑥ 王天奖:《清同光时期客民的移垦》,《近代史研究》1983 年第 2 期,第 224—241 页。

平天国战后进入垦荒的客民,文章分析战后向原太平天国辖区移入客民的五种来源,以地方志材料描绘浙江接纳客民的情况。他之后发表的《太平天国革命后浙江农业的恢复问题》[①]认为土客争斗是一场土著地主与客垦农民争夺土地的斗争,并分析阶级力量对比和阶级关系变化对战后浙江土地争夺的影响,提出战后垦荒政策维护旧地权关系以恢复地主阶级土地占有制,并着力于增加清政府财政收入。

20世纪90年代后的移民史研究,开始关注太平天国战后向江南的移民中的人口问题。行龙的《论太平天国前后江南地区的人口变动及其影响》[②]估计太平天国战乱前后浙江等地区的人口变化,探讨太平天国后客民的移入浪潮对江南地区社会经济和生活产生的影响,认为客民结帮与土民争夺是农民与地主之间阶级斗争的另一种表现形式,客民移入导致人口性别比例失调,使社会秩序趋于混乱。葛剑雄等编写的《中国移民史(第六卷)》[③]专辟一章介绍太平天国战后的移民,其中浙江部分叙述了嘉兴府移民垦荒的情况,分析土客争斗,并根据地方志与其他邻近府县进行比较,对战后嘉兴府客民的人数和比例做简单估计。在此基础上,曹树基、李玉尚的《太平天国战争对浙江人口的影响》[④]对太平天国战争中的人口损失和战争后的人口增长做更为详细的估计,对移民数量也略有提及。

客民问题涉及政治、经济、文化、社会诸多方面,在最初研究选取的经济与政治视角之后,学界也尝试从法律、文化、社会组织等诸多角度切入江南地区的客民研究。池子华以文化学视角考察近代江南地区的土客冲突,文章提出,土客冲突是文化交流的一种特殊形式,移民是区域文化交流的重要媒介。土客两种异文化在语言隔阂、风俗习惯与乡土民情不同、客民生活方式原始、土著对游移不定的客民产生不信任感、客民易受剥削、流民群体成分复杂等多元

---

①　王天奖:《太平天国革命后浙江农业的恢复问题》,《南京大学学报》1984年第3期,第68—72页。

②　行龙:《论太平天国前后江南地区的人口变动及其影响》,《中国经济史研究》1991年第2期,第29—45页。

③　葛剑雄、吴松弟、曹树基:《中国移民史(第六卷)》,福建人民出版社1997年版。

④　曹树基、李玉尚:《太平天国战争对浙江人口的影响》,《复旦学报(社会科学版)》2000年第5期,第33—44页。

而复杂的原因下产生矛盾,并经过隔阂、抗拒、渗透、冲突,逐渐达到融合。① 同样从文化视角出发的有张福运的《意识共同体与土客冲突——晚清团湖案再诠释》②,文章提出"意识共同体"这一解释框架,推论土客冲突的根源在于双方文化上的差异,其实质是两种基于差异性地域文化的意识共同体的冲突。张佩国则以近代江南的村籍与地权的研究为切入点,讨论了客民进入村落社区的村籍问题,阐释太平天国后浙江地区土客争夺土地所有权冲突的原因为村籍制度这一游戏规则的缺失,即缺乏稳定的聚落形态下形成的村落意识共同体和客民有永久居留意向并认同入村资格限制规则。村籍观念的逻辑是封闭的族群关系网络背后隐含着村民对本村土地权的资源独占观念。③ 杨鸿雁梳理清政府调处客民问题的政策,即准予客民异地入籍、给予垦荒客民农贷支持、给予垦荒客民税收优待、将所垦土地授予客民四项措施。④ 吴善中在对长江中下游、运河流域会党的研究中涉及客民问题,认为大批客民迁入使哥老会等秘密会党蔓延至浙江地区,太平天国战败后的散兵游勇、江淮地区的盐枭势力也促成了会党的壮大。⑤

　　近年来对太平天国战后的客民研究,主要关注于江南地区,尤其是苏浙皖三省交界的江苏江宁府、江苏镇江府、江苏常州府、浙江湖州府、安徽广德直隶州、安徽宁国府这几个地区。冯贤亮的《清代浙江湖州府的客民与地方社会》从人与环境生态的角度,强调外来棚民的大增及其无节制的租垦活动,很快导致了山丘地区的植被破坏和水土流失,从而使生态条件并不稳定的湖州乡村出现了许多社会问题,也导致了土客冲突。他对整个清代湖州府的土客冲突状况作了大致描述,并梳理出光绪《嘉兴县志》所载两条光绪九年嘉兴府土客

　　① 池子华:《土客冲突的文化学考察——以近代江南地区为例》,《河北大学学报(哲学社会科学版)》2000年第1期,第2—6页。

　　② 张福运:《意识共同体与土客冲突——晚清团湖案再诠释》,《中国农史》2007年第2期,第104—112页。

　　③ 张佩国:《近代江南地区的村籍与地权》,《文史哲》2002年第3期,第145—151页。

　　④ 杨鸿雁:《略论清朝客民的法律调控措施》,《贵州大学学报(社会科学版)》2009年第2期,第93—99页。

　　⑤ 吴善中:《客民·游勇·盐枭——近世长江中下游、运河流域会党崛起背景新探》,《扬州大学学报(人文社会科学版)》1999年第5期,第29—36页。

械斗的史料。① 葛庆华的专著《近代苏浙皖交界地区人口迁移研究(1853—1911)》②研究太平天国战争中及战争后苏浙皖交界地区人口的迁入与迁出状况,在战后人口迁入方面,分析客民的迁移过程、地理分布、影响分布因素、来源、数量、入籍和发展,探讨客民对经济变迁、文化景观、区域社会的影响。在土客冲突方面,以皖南教案为具体研究对象,提出皖南教案实际为教会偏袒湖北客民而爆发的一场土客冲突,并非真正的反洋教斗争。在之后的《近代江南地区的河南移民——以苏、浙、皖交界地区为中心》③与《太平天国战后苏浙皖交界地区的两湖移民》④两篇论文中,葛庆华分别对太平天国战后河南、两湖地区向浙江湖州府等地移民的迁移过程、地域分布、影响作用三方面做介绍与分析。柳岳武利用《塔景亭判牍》这一江苏省句容县的县官审判材料研究江南地区的土客冲突与融合。⑤ 义章分析太平天国后客民南迁入句容县的主要原因,研究当地客民的主要构成和生活状况,列举土客冲突与融合的案例,指出句容土客冲突主要体现在争夺水土资源、风俗习惯或乡土观念差异、政府和当地社会行为失当三个方面。

　　以往的学术研究对太平天国后进入浙西地区的客民问题已在宏观层面上有一定探讨,对客民的阶级性质、人口数量、来源分布、社会影响等方面均有较为深入的研究。对于浙江地区土客关系问题的个案研究与探讨,主要集中于浙江湖州府地区,忽视同样接纳大量移民的嘉兴府等浙西地区的客民问题研究,少有全局性的关注。本书的立足点有二:一是厘清浙江近代以来客民迁徙与土客冲突史实,勾勒客民的来源、清廷从招垦到查荒的政策转变、土客冲突的不同类型等等;二是揭示土客冲突的背后缘由。在多起土客冲突事件中,基层地方官员不惜得罪土著,而对于没有根基的客民多有袒

---

　　① 冯贤亮:《清代浙江湖州府的客民与地方社会》,《史林》2004 年第 2 期,第 47—56 页。
　　② 葛庆华:《近代苏浙皖交界地区人口迁移研究(1853—1911)》,上海社会科学院出版社 2002 年版。
　　③ 葛庆华:《近代江南地区的河南移民——以苏、浙、皖交界地区为中心》,《史学月刊》2003 年第 1 期,第 102—106 页。
　　④ 葛庆华:《太平天国战后苏浙皖交界地区的两湖移民》,《湖南大学学报(社会科学版)》2005 年第 4 期,第 97—102 页。
　　⑤ 柳岳武:《清末明初江南地区土客冲突与融合——以江苏句容县为主要研究对象》,《史林》2012 年第 2 期,第 128—137 页。

护。这令人疑惑的举措背后,有着复杂的现实考虑,蕴藏着丰富的历史信息。

第二节　蠲赋与招垦:清政府的恢复之道

一、蠲免

自咸丰十一年(1861)浙西被太平天国控制后,至同治四年(1865)的 5 年时间里,杭嘉湖三府的税赋无从收取,逐年均获得清政府的蠲免。咸丰十一年十二月上谕"所有江苏、安徽、浙江失陷郡县明年钱粮漕米著一概蠲免,以纾民力",而失陷郡县的范围,据时任浙江巡抚左宗棠当年陈请,"除定海厅、石浦厅及龙泉、泰顺、庆元三县未被贼扰外,其现已肃清地方,有城池窜陷未久旋即收复,乡村间有未被扰者;有城垣幸存,而乡村受害转甚者,本年钱粮均应在恩旨蠲免之列"[①]。同时,左宗棠请求"俯准将咸丰十一年份被扰各县应完钱粮实欠在民者分别征蠲",获准照办,浙西三府同时免除咸丰十一年(1861)与同治元年(1862)两年的税赋。

同治二年(1863)六月上谕"着左宗棠通饬杭、嘉、湖三属,将实在应征漕粮税则详细确查,各按重轻,分成量减,奏明办理"[②],左宗棠回奏"现在杭、嘉、湖三府均未克复,户口半多流亡,征册亦俱毁失,势难核实勾稽"[③],税赋无从收取,上谕"浙江被陷地方,同治元年分钱漕既已有旨豁免,即著将同治二年分钱漕一体豁免"[④]。

同治三年(1864),左宗棠再以浙西州县"均系上年秋冬及本年春间克复,

---

① 左宗棠:《遵旨豁免浙江钱粮敬陈办理情形》,《左宗棠全集·奏稿一》,岳麓书社 1987 年版,第 78 页。

② 同治二年六月上谕,载光绪《嘉兴府志》卷二十三《蠲恤一》。

③ 左宗棠:《复陈杭嘉湖三属减漕情形并温郡减徵折》,《左宗棠全集·奏稿一》,岳麓书社 1987 年版,第 77 页。

④ 《谕蠲免浙省钱漕,于原降谕旨二年上添注同治二字》,《左宗棠全集·奏稿一》,岳麓书社 1987 年版,第 212 页。

地方被扰最深,同治三年钱粮,应援照二年成案,请旨蠲免"[1]。是年上谕:"加恩著照所请,所有被扰最深之富阳、新城、於潜、昌化、临安、余杭、海宁、仁和、钱塘、嘉兴、秀水、嘉善、海盐、石门、平湖、桐乡、德清、武康、孝丰等州县,应征同治三年钱粮,著援照二年成案,均予蠲免。"[2]上述蠲免钱粮的州县,即为杭州府所辖的 8 县 1 州,嘉兴府下的 7 县,以及湖州府下的 3 县。

随着太平天国战争在浙江境内接近结束,筹划兵灾善后成为重心。在浙江省蠲免田赋之余,削减漕粮一事也提上议程。明清两代江南重赋问题由来已久,太平天国兵燹之后,减赋之议再起。同治二年(1863),江苏督抚曾国藩、李鸿章率先提起减赋奏议。[3] 上谕同意核减苏州、松江、太仓三府粮额,又"饬左宗棠确查税则重轻,分成酌减"[4]。此时浙江尚处于战乱之中,清查无从谈起。至同治三年(1864)八月杭嘉湖战事平息,浙江设立清赋局,先于江苏举办削减漕粮。当时减赋有统减与分减之争,统减即杭嘉湖各州县田赋均按统一比例核减,以图简便,而分减则是依照原有额度轻重分别量减。当年十月,左宗棠呈奏浙江省减赋事宜,其中"减正赋"方案:"先去浮额之甚,以除轻重不均之弊,拟各按上、中、下赋则分别定数"[5],分每亩征米上则一斗一升以上、中则六升至一斗一升、下则六升以下三个等级,分别制定减米数额。而杭嘉湖总体减赋额度则仿照江苏,削减三分之一。户部以杭嘉湖漕额不及苏松太之多,应照江苏省统减米数,即"按原额于三十分中减去八分"[6],获上谕准许。

同治四年(1865)闰五月,继任浙江巡抚马新贻与左宗棠共同上奏,将上则与中则再各细分等级:

---

①　左宗棠:《浙省被灾郡县同治三年应征钱粮请分别征蠲折》,《左宗棠全集·奏稿一》,岳麓书社1987 年版,第 421 页。

②　《谕准左宗棠所奏蠲免浙江省新复郡县同治三年钱粮》,《左宗棠全集·奏稿一》,岳麓书社1987 年版,第 422 页。

③　关于同治减赋,参见倪玉平:《试论同治朝江浙"减漕"运动》,《石家庄学院学报》2007 年第 4期,第 18—23 页;周健:《同治初年江苏减赋新探》,《近代史研究》2017 年第 4 期,第 38—59 页。

④　《廷寄江苏松常镇太浙省杭嘉湖诸府州县饬酌减漕粮额赋以苏民困》,《曾国藩全集·奏稿六》,岳麓书社 1989 年版,第 3421 页。

⑤　左宗棠:《议减杭嘉湖三属漕粮大概情形折》,《左宗棠全集·奏稿一》,岳麓书社 1987 年版,第564 页。

⑥　《户部奏折》,《桐乡县志》卷二十三《蠲恤一》,第 8 页。

仍于上、中、下三则之中再分五等:如上则之一斗六升至一斗九升,酌减十分中之三分;上则之一斗一升至一斗五升,酌减十分中之二分五厘;中则之九升至一斗,酌减十分中之二分;中则之六升至八升,酌减十分中之一分五厘;六升以下,则统减十分中之一分。均按整数核减,畸零细数不再琐扣,通筹合算。①

按此等级规则,浙江省将杭嘉湖三府 22 个州县,其中田、地、山、荡各类土地分别核算减赋数额,呈送清单。由此,杭嘉湖三府原有额征漕粮 1147300 余石,除嘉兴、湖州两府输送至内务府供皇室、京官享用的白粮,及用于南方驻军军饷的南米不减外,其余 1000400 余石漕额按 8/30 比例减除 266765 石。因嘉兴、湖州二府所征南米、白粮数额远大于杭州府,所减漕额也更多。杭州府减米 25753 石,约占原漕额(178189 石)的 16%;嘉兴府减米 145416 石,约占原漕额(587475 石)的 25%;湖州府减米 95613 石,约占原漕额(380014 石)的 25%。②

虽获减免,马新贻奏报浙西仍然无法征收赋税:

> 俯准援照安徽成案,将被害最深之临(安)、(於)潜、新(城)、昌(化)、武(康)、安(吉)、孝(丰)七县应征同治四、五两年钱漕银米全行蠲免;其余被扰稍次,田地未尽开垦州县亦难照额征收,请将仁和、钱塘、富阳、余杭四县应征本年钱粮,缓俟秋成酌定成数启征;海宁、嘉兴、秀水、嘉善、海盐、平湖、石门、桐乡、乌程、归安、长兴、德清十二州县应征本年钱粮,缓俟麦熟蚕毕,查明荒熟,酌定成数,分别征蠲,以纾民力,届时再行具奏。③

上谕:"该府即刊刻誊黄,遍行晓谕,务使实惠均沾,毋任吏胥舞弊,用副朝廷轸念民依之至意,余著照所议办理。"④浙西三府同治四年(1865)的赋税也就此蠲免或缓征,杭州、湖州两府所辖的 7 县还蠲免了同治五年(1866)的钱粮。

---

① 马新贻:《马端敏公(新贻)奏议》卷一《杭嘉湖应征漕粮酌定应减分数折》,文海出版社 1975 年版,第 42 页。

② 戴槃:《杭嘉湖漕粮分成量减记》,载氏著《杭嘉湖三府减漕记略》,同治六年重刊本,第 6 页。

③ 马新贻:《马端敏公(新贻)奏议》卷一《杭嘉湖三府属应征钱粮分别蠲缓折》,文海出版社 1975 年版,第 55 页。

④ 《咸丰同治两朝上谕档(同治四年)》第十五册,广西师范大学出版社 1998 年版,第 148 页。

二、招垦

蠲免是养民之道,也是无奈之举,恢复缺失人口,重新开垦荒地才是长久之计。杭、嘉、湖三府征粮以嘉、湖为重,嘉兴、秀水、嘉善又为嘉兴府征粮最重地区,桐乡等县次之,亦为重赋之地。一方面,迫于战乱后生产压力,嘉兴府减漕三成,减额八万六千余石①;另一方面,清代财政在经过镇压太平天国消耗后走向枯竭,镇压太平天国所需军饷消耗巨大,户部积储的库银基本耗尽,用于临时筹款的捐输收入甚微。清廷对开垦因战乱抛荒的荒田,以此增加田赋收入的需求异常紧迫。早在同治二年(1863)浙江战乱尚未结束时,左宗棠就已开始提议"筹采买豆谷种子,购办耕牛,召集邻省农民来浙耕垦,冀将来或有生聚之望"②,以招垦扩充获批"召集流亡,给资耕种,具见该抚能体朝廷德意,惠我烝黎"③,但战乱未结束,对抗太平军为当务之急,国家对战后安抚措施无暇顾及,未有国家层面的招垦措施。

浙江战乱结束之后,左宗棠赴福州追击李世贤残部,马新贻接任浙江巡抚。面对战后浙江情形,马新贻上书六条应办事宜,在他认为浙江急切需要兴办的事务中,筹办开垦即为其中一条。他提出应招募因战乱逃亡的本籍流民,以及邻近的农民,提供种子,并建议将移民和垦熟田地数量纳入州县官员考核的范畴:

> 浙中田地向多膏腴,而浙西为最,自遭兵燹以来大半皆成荒土。推求其故,总缘人民流亡,十室九空所致。夫小民虽愚,谋生则智。其有籍而不归,有田而不耕者,岂其本心哉?亦力有所不逮故耳。为今之计,必须酌借工本,以资兴作。拟饬各州县设法招辑,毋论本籍、流民及邻境庄农,有愿耕作者,均准认地栽种。或籽种、农具一时力难措办,由司库另筹款项,发交地方官酌量借给,秋收后归还,不取其利。其如何招辑,及成熟后如何征纳之处,均责成地方官因地制宜,禀由臣酌核饬遵。嗣后即以招徕

---

① 马新贻:《浙江海运漕粮全案重编》卷一《减漕事宜》,同治六年刻本。
② 左宗棠:《沥陈浙省残黎困敝情形片》,《左宗棠全集·奏稿一》,岳麓书社1987年版,第155页。
③ 《谕左宗棠照所拟军事部署办理,并饬杨坊等措款购米运浙办赈》,《左宗棠全集·奏稿一》,岳麓书社1987年版,第180页。

之多寡,田地之荒熟,以定州县考成。庶于拯民之中,暗寓察吏之法。劝惩并施,宽以岁月,则田土可无荒芜,人民可期复业矣。①

只是他提出的仅仅为框架下的指导意见,未明确提出召集移民措施、征收田赋办法,上谕批复与浙江布政使蒋益澧"和衷商榷,次第兴办"②,也未有具体招垦措施。

在同治四年(1865)马新贻筹办开垦时,浙西仍处于连年免除钱粮的时期。因而马新贻在办理浙西战后事务时并不考虑钱粮征收,而将征收问题留待州县官员制定并申报。

浙江蠲免田赋钱粮的时间持续到同治五年(1866),当年太平天国战乱全部结束。此时,清廷关注的重点由收复太平天国占领区转移至战后地区重建,命令各省督抚根据当地情形制定招垦章程,上谕各督抚"皆分别土、客,部署开荒",并下令按照荒熟田地的比例确定下属州县官员的考核。③ 谕令之下,浙江巡抚马新贻呈奏《浙省垦荒章程》八条:清荒产、广招徕、定租赋、发牛种、修水利、定劝惩、慎稽查、筹经费。④

马新贻的垦荒设计与其到任之初所呈《缕陈浙省应办事宜六条折》一脉相承,首先清理荒产籍册,招徕耕农,打开垦荒先局;其次发给耕牛、种子,制定荒田征收田租、赋税规定,修缮水利,保障垦荒所需;最后制定官员垦荒奖励与惩罚机制,管理前来垦荒的客民,筹措相关经费,以之决定地方官的考成。战乱之后,征收钱粮所用仓库、册案多被毁坏。马新贻于同治三年(1864)十二月到任浙江巡抚后,清理簿册,核算荒产即为当务之急。同治四年(1865)三月,上任不过数月的马新贻奏报钱粮积欠混乱,甚至有一县之中数任官员未经交代结算,责成现任官员统一核算接收,造册报告。⑤ 浙江州县当年汇报的清查结

---

① 《马端敏公(新贻)奏议》卷一《缕陈浙省应办事宜六条折》,文海出版社1975年版,第23页。

② 《马端敏公(新贻)年谱》,文海出版社1968年版,第76页。

③ 《清史稿》卷一百二十《食货一》:"著各该督抚因地制宜,妥议章程,广为招垦,按荒熟之成数定属员之举劾,务使实力奉行,以拯民困而尽地利。"

④ 马新贻:《马端敏公(新贻)奏议》卷三《办理垦荒新旧比较荒熟清理庶狱折》,文海出版社1975年版,第315—332页。

⑤ 马新贻:《马端敏公(新贻)奏议》卷一《各属交代酌拟设局调省勒限清结折》,文海出版社1975年版,第39—41页。

果令马新贻很不满意,其中多存在不实不尽之处。同治五年(1866)四月,马新贻颁发《比较荒熟册式》,要求州县填报土地赋税原额规定各类田地亩数、上年垦种田地亩数与本年新垦田地亩数。上年垦种数与原额田地的差额即为荒产亩数;本年新垦与上年垦种亩数比较,即可得知州县垦荒成效。此外州县田亩分东、西、南、北四部分,分别呈报,以便于抽查勘验。

对于之前未有具体规章的荒田租赋,同治五年(1866)呈奏的《浙省垦荒章程》以大量篇幅详细规划。

由于荒芜田地的垦复较为困难,需要消耗大量劳力工本,且荒田产量小于熟田,垦荒客民在租佃荒地辛苦垦种并交纳租佃后所得无多,章程中遂有定租赋一条,对开垦荒地给予减免租赋的补偿。马新贻认为各州县普遍仅以土地荒熟,而不以荒地是否有主来判断征蠲,以至于常常在荒田产业归属上产生纠纷。招佃垦荒应按荒田有主和无主情况分别具体办理。有主田地责成业佃农垦种,如果有人承佃,那么业主有田租收入后即应输送田赋,若田主以免租一年来补偿开垦荒田工本的,可申请蠲免本年或二年粮赋,"有租者有赋,无租者无赋",促进荒田开垦。无主田地即收为公产,责成州县地方官员查明确切地点亩分并招人垦种,发给准垦印单为垦种凭证,免租二年,之后征收粮赋,粮串内须注明"认垦"字样,即垦荒之人并不获得土地产权。若有人认领无主田地,查明后认领业主需补偿垦荒佃农所费工本,或转作有主土地佃垦。若土地多年后仍无人认领,准许垦荒者转作自己产业,报税过户。若田地业主绝户,承垦者还需承担照料遗存坟墓的责任。原文规定如下:

> 查荒芜田、地、山、荡、塘等项,现在所在皆有,其间无主荒废者固多,而有主坐误者亦正不少。此时若不设法招垦,明定章程,在久荒之产,业主因招佃稍难,且恐收租,即应纳粮,未免因循坐误;在佃户,因垦熟不易,且既费工本,又需佃租,余润无多,亦未免迟疑观望;在各州县,则无论有主无主,惟视地土之荒熟以分征蠲,而于恤农劝垦之道,不知耐心讲求,坐视业荒赋悬,公私两受其病。但开荒不外劝垦,劝垦不外恤农。恤农不得其法,则未垦者怀疑生畏,瞻顾不前;已垦者构讼酿争,弊累百出。
>
> 臣与各司道周咨博访,再四筹酌,招佃垦荒一事,须以有主无主为断,不宜一律办理,庶可上下交益,行之无碍。应令将荒废之产,其有主者,责

13

成业主招佃垦种，除同治三年分粮赋已准免外，以后有人承佃，即应交租，业主既已收租，即应输赋。如内有荒久产业，开垦工本较多，业主本年尚不收租者，即准查明请蠲本年粮赋。及必应请蠲两年者，是惟责成州县，确查何人何项田产有租，何项田产无租，以分征蠲。则小民感沐宽大，急求口食，必不肯任其抛荒，甘处穷厄。

而有租者有赋，无租者无赋，佃业两平，自不致废时失业，争执构讼，使恤农者转致病农，裕赋者适以亏赋矣。

至无主产业与有主者迥不相同，办法虽难，招垦较易。应责成州县确切查明，实在无主田业，即由该州县设法招佃，先给准垦印单，饬令赶紧垦种，准以该州县开征之年为始，免租二年。其免租二年内粮赋亦即查明，按年请蠲。二年以后照额征粮，于粮串内加增"认垦"二字。如始而无主认田，继而有主认田，即查明取结，饬令业主酌给垦户工本，或仍给原垦之人佃种，按年交租，改照有主田产办理。

倘数年后无主归认，准其作为己业，报税过户。所有原产已绝之户遗存坟墓，责成垦田之人代为照料。其各属庙产，如僧道逃亡故绝，亦即照无主民产一律招垦，准免租赋二年。二年之后，报明拨作书院、育婴堂等项公产，照例完纳粮赋。第报荒新垦无主田产，须以同治三年各该州县开报荒产分数为限，只准年少一年，不准更有所多，以免州县捏冒侵混。[①]

战乱后恢复垦种还缺乏生产工具，"春耕之期，民间农器毁弃殆尽，耕牛百无一存，谷豆、杂粮、种子无从购觅"[②]，来垦农夫资本微薄，恐怕未能备齐耕牛、种子，定章拨银四千余两购买耕牛、谷种并向省府报备，垦荒农民每人发给耕牛一头，借牛价可由县分三年收还，所发种子限定秋后缴还积储。又因战争中水利设施多有破坏，溇港毁弃，河道淤积，"兵燹之后，不但田间之沟洫淤塞，而且行船之水道亦不流通，此连年所以常忧水旱之灾也"[③]。开垦时兼筹水利经费，预防因水利而起的争端。

---

① 马新贻：《马端敏公(新贻)奏议》卷三《办理垦荒新旧比较荒熟清理庶狱折》，文海出版社 1975 年版，第 325—328 页。

② 左宗棠：《沥陈浙省残黎困敝情形片》，《左宗棠全集·奏稿一》，岳麓书社 1987 年版，第 178 页。

③ 《论近日田河情形》，《申报》1875 年 12 月 30 日。

垦荒章程对地方官员办理垦荒事务提出要求。一是定劝惩，要求地方官员开报荒田，按册考成每年垦荒亩数，垦荒最少的地区派委员随时赴乡督促。省府根据各县荒田垦复情况，奏请奖励县官或责令一年内垦复。当地士绅、富商如能捐牛、种者，应给予奖励。二是慎稽查，招垦政策为"不择地而居，不择人而予"，其中土客杂处可能引发矛盾，章程设想的预防措施为在土客居民间设立保甲，照历来保甲制度十家设一甲长，客民与本地农民互相稽查，杜绝游民混入。保甲监督约束生活的各个方面，包括采取柴薪、放注水泉、栽种园蔬等，矛盾无法调解时报官处理。三是筹经费，开办客民登记需钱财支持，要求出示晓谕筹措经费。

按此章程，将荒田区分为有主荒田与无主荒田，有主荒田在田主收取田租后即交纳赋税，无主荒田则免除两年赋税，第三年征收钱粮，并可以过户作开垦荒田者的田土产业。章程很快获准，谕旨批以"所奏垦荒事宜尚属详尽，该督惟当督饬各属遵办，并奉该地方官，实心实力，次第兴办，不得视为具文，苟且塞责"①。

在同治六年（1867）李瀚章接任浙江巡抚后，马新贻制定的《浙省垦荒章程》仍然依照执行。同治七年（1868），上谕各省将开垦荒田起征赋税，即"升科"这一事项制定章程，李瀚章上书《浙省垦荒请仍照原定章程折》，提出马新贻所定章程中"定租赋"一条足够详尽，应遵照执行即可。"所有垦荒事宜，原定章程遵行数年，官民相安，亦无更胜一筹之策，应请照旧办理，毋庸另议更张，转滋闾阎疑惑。"②

《浙省垦荒章程》呈奏时间为同治五年（1866）八月，距离马新贻上任浙江巡抚，将"急行筹办开垦荒田"列入浙江省应办六项事宜之一，已过去一年零九个月。章程的内容中已隐隐可见初期招垦中客民与土著的冲突。其中"广招徕"一条提出：温州、台州一带人民凶悍，不必招徕当地人前来垦荒，但有愿来垦荒之人，也不必驱逐他们离开。马新贻在奏折中将之归结于杭嘉湖三府人乡民的地域偏见，杭嘉湖乡民认为温台人素来性情凶悍，不愿与之同乡。而就

---

① 《穆宗实录》卷一百八十五，同治五年九月丙子。

② 李瀚章：《合肥李勤恪公（瀚章）政书》卷四《浙省垦荒请仍照原定章程折》，文海出版社1967年版，第364页。

当时《申报》所载,引发当地士绅更大忧虑的是太平天国战后流入的裁撤兵勇。

在中央和省政府的招垦政策引导下,太平天国战乱平定后,遣散的湘军和淮军兵勇部分留居浙江,成为战后最初的一批移民。左宗棠"创立撤勇归农之法",浙西一带"于是荒田始渐开垦"①,又有"同治三四年间……省中倡议撤遗营勇,给资以使归农,就各县荒田而分授之,令其垦种成熟"②之说。但大体而言,政府采取的是撤勇回乡政策,只是裁撤的湘军、淮军兵勇,尽管明令返回原籍,但仍"有遣撤之勇,流落不归者,亦改而务农"③。

这大概是因为兵勇多来自人口压力大的两湖地区,本为无田可耕的失业农民,才选择从军谋生。太平天国起义开始后两湖受灾较轻,兵勇回乡仍需面临无地可耕的境况。直至光绪十五年(1889)时,湖南巡抚陈宝箴仍面临遣散湘军无法安置的难题,"自军兴以来,佃耕农氓大半释未荷戈,久从征戍,逮至凯撤回籍,则已无田可耕、无业可执,遂致生计日促、游手日多,在中稔之年即难免乏食之虞"④,而浙江田地"招垦可行,而开屯不便者,为其有主无主,多为错杂,兵民杂处,最难相安"⑤,屯田亦不可行。

于是遣散兵勇罔顾法令,以难民身份留居浙江一带,其人数并无确切统计资料,但在当时浙江土著看来,遗留于浙江的散勇人数众多,两湖客民"大都楚湘营勇之已经遣散者耳"⑥,杭、嘉、湖三府属垦荒客民"半皆散勇"⑦,"两湖散勇均如水之赴壑"⑧大量进入浙西。

第三节 土客冲突凸显与政策调控

如上所述,清廷为恢复经济,获得田赋以解决当时财政压力,从中央到省

---

① 《论长兴按亩申粮》,《申报》1880 年 5 月 24 日。

② 《嘉湖两属勘荒清粮情形不同说》,《申报》1880 年 5 月 14 日。

③ 《原杭湖属客民滋事之由》,《申报》1881 年 5 月 16 日。

④ 光绪十五年十月陈宝箴奏折,载《光绪朝朱批奏折》第 31 辑《内政》,中华书局 1995 年版,第 174 页。

⑤ 左宗棠:《与仲兄景乔先生书》,《左宗棠全集·家书》,岳麓书社 1987 年版,第 116 页。

⑥ 《湖州费村案可疑可惧说》,《申报》1878 年 9 月 4 日。

⑦ 《论客民垦荒之弊》,《申报》1882 年 7 月 30 日。

⑧ 《条陈抄录〔候补同知庄淦谨拟〕》,《申报》1884 年 10 月 21 日。

政府均出台章程,以蠲免荒田两年租赋等方式引导客民垦荒。在此背景下,浙江绍兴、宁波、温州、台州等府及河南、安徽、湖北等省的移民在"招垦"政策下进入杭嘉湖地区,形成战后的移民风潮。客民进入后,与当地土著在经济、文化等方面逐渐产生冲突。嘉兴府土著指责客民"闻风踵至,各招侪类,日聚日繁,客强土弱,屡有欺凌土著,占借窃夺,争斗衅端,甚酿命盗巨案"①,并控诉客民侵占土民田地、房屋、农具,以常年迁徙、种植杂粮等方式拒绝缴纳田租赋税,窝藏赌博、诈骗、偷盗人员,携带枪械、火药等违禁物品,偷摘桑叶,砍伐坟荫等种种恶行。

尽管马新贻制定章程也考虑到土著与客民之间可能出现的种种纷争,并在制度上加以消弭。但是在具体执行的过程中,这些纷争并未被完全解决,并且出现了诸多章程中尚未考虑到的问题。受于材料限制,我们难以听到客民的声音,只能从土著文人对客民的控诉中探寻土客矛盾的最初累积。

首先,客民在认田垦荒的过程中易与土民发生纠纷。客民前来垦荒,均为自行选择荒地开垦,选择的过程十分随意,"只需驱牛一犁,打一圈于田内,便可耕种"②,其中有将熟田也作为荒田圈占,霸占垦种土民熟田的现象。客民选择相对肥沃的土地开垦,对地力不甚爱惜,种植的杂粮又难以和种植禾稻一样收取田赋,引起土民不满。③ 章程规定客民占无主田垦荒,在田地主人归来后即须归还业主,由业主补偿垦荒花费的工本,或仍由原来垦荒的农户租佃垦种。但实际上由于垦荒的土地范围与原有业主产权范围并不重合,"有一家而兼昔时数姓之田,数人而分昔时一家之业"④,田土关系错综复杂,清理困难。更有温台客民将用于划分田土管业的界岸扒平,使几家田亩难以分别,"争端之肇即讼累之起也"⑤。

其次,战乱间"城池衙署大半劫灰,从前图册无可稽查"⑥,政府掌握的田地产权归属资料大量遗失,土著认田以掌握的契据为最根本的凭证。但有土著

---

① 赵惟崳修、石中玉等纂:《嘉兴县志》卷十一《土客交涉》,光绪三十四年刻本,第49页。

② 《垦荒详述》,《申报》1883年6月2日。

③ 光绪《嘉兴县志》卷十一《土客交涉》。

④ 《嘉兴残杀客民说中》,《申报》1883年4月11日。

⑤ 《谕客民垦荒之弊》,《申报》1882年7月30日。

⑥ 《论嘉属乡人抗勘荒田案》,《申报》1880年5月10日。

声言逃难时田契遗失,便通过邻人指认作证获取土地,甚至空口指认,"执凡系土民之田即应归土著为业之说"①。而客民携家带口而来,在荒地上辛苦开垦,若无切实凭据,田土交还土著自然心有不甘,或强硬拒绝交还土地,或表面同意承佃耕种,实际则拒绝缴纳田租,令土著承受缴纳赋税而田租没有着落的损失。于是归来较迟的土著"反不得与垦户争垦"②,另择田土垦种,土地关系进一步错乱。

再次,土著认为客民与当地盗窃、抢掠、强奸等事件有直接关联。章程试图以县级地方官员登记和建立保甲制度来维持对客民的控制,但这些制度均建立在客民能长时间定居于垦荒地区的基础上。但客民多来去无常,土著猜疑客民若非在家乡没有恒定的产业,必不至于到异乡垦荒,中间必有游手无赖与贫不能立之人,"无赖则性本凶顽,而素贫又最易诱结"③。温台素有"民悍"④的刻板印象,且在外同乡多聚集一处,地方官员未有安插举措,客民结为一党,势力强悍。湘军、淮军留居浙江的散勇亦为土著所忌惮,认为在太平天国战乱间兵勇多以抢掠快速致富,多数难以忍受田间劳作的辛苦,"相时蠢动,故智易萌"⑤。土著控诉客民的种种恶行,如盗取山货,"愈肆攘夺,无论山货茶笋均取之如己物"⑥;霸占房屋,"不论谁家之产强行居住"⑦,嘉兴府东部的海盐县在光绪四年冬天"民房被占者二十余处";砍伐树产,"桑榆荫木尽被砍伐";强借田器,"农器无分尔我,见即强借";摘取以养蚕为业的土著所种植桑树的桑叶,"闻客民各备蚕种,今年欲四出掳叶"⑧;结为匪党,传黄岩、仙居客民在余杭县石洋"搭台演戏,聚集同党一千一百余名,中立头目四名,分领其队,各带洋枪、洋炮、刀矛等类,尽伏台前,歃血盟誓,宰一牛一马,以血和酒,各饮

① 《嘉兴残杀客民说中》,《申报》1883 年 4 月 11 日。

② 《论长兴按亩申粮》,《申报》1880 年 5 月 24 日。

③ 《湖州费村案可疑可惧说》,《申报》1878 年 9 月 4 日。

④ 马新贻:《马端敏公(新贻)奏议》卷三《办理垦荒新旧比较荒熟清理庶狱折》,文海出版社 1965 年版,第 320 页。

⑤ 《湖州费村案可疑可惧说》,《申报》1878 年 9 月 4 日。

⑥ 《详述湖州费村被抢事》,《申报》1878 年 10 月 7 日。

⑦ 《客民可虑》,《申报》1878 年 12 月 27 日。

⑧ 《客民滋事续述》,《申报》1882 年 5 月 2 日。

一杯。饮毕祭旗发炮,四出剽掠"①;强奸女性,"遇有女人单身走路或独在家即被强奸",海盐县有"强奸六七处,父兄恐贻羞隐忍不言"②。

针对越来越多的客民滋事事件,光绪五年(1879)浙江布政使任道镕在垦荒章程的基础之上,新定《土客善后章程》十条,主要希望通过保甲中的客总、圩董等人约束客民恶行。章程主要申明以下几点:(1)重申客民的登记与保甲管理,针对客民迁徙无定的情况,要求由当地客总和圩董报告客民的人口数量和居住地段,发给牌照以资核对,客民开垦需由客总取具保结并报垦荒局入册登记,客民居住的厂棚悬挂门牌,上登记携带眷口、雇用工人信息,禁止留居游民及窝藏盗贼、赌徒。(2)禁止客民霸占土著资产,客民不得擅自居住土著废弃房屋,农具田器更不得强行借用,客民养蚕须自行购买桑叶,不得盗摘土著桑树树叶。(3)保甲防范客民凶斗等事件发生,搜查客民是否私藏有军器、刀械、火药等凶斗器械,调处土客纠葛,不准土客间纠众械斗。(4)客民需按章程缴纳税赋,不得以种植杂粮、秋收后逃避他处等方式违抗征粮,否则由客董赔偿。③

尽管省府再度颁布晓谕,客民与土民之间的冲突并未消失。如光绪八年(1881)七月,秀水县新塍镇有旅人言,当月多次目睹客民在新塍镇滋闹,"一打饭馆,一打两药铺,一打鱼行",而土著只得"均开店畏事隐忍过去"④。如此,客民与当地土著之间的矛盾日积月累,逐渐发酵,渐成不可调解之势。

---

① 《客民滋扰》,《申报》1881 年 4 月 22 日。
② 《客民滋事续述》,《申报》1882 年 5 月 2 日。
③ 光绪《嘉兴县志》卷十一《土客交涉》,第 49 页;《晓谕土客示》,《申报》1882 年 6 月 5 日。
④ 《客民滋事》,《申报》1882 年 9 月 10 日。

第二章　庇客压土:地方财政困境与调适

太平天国战后地区的善后恢复,明面上是土地的重新开垦和人口的大规模流动,背后是政治与财政体系重新建立的过程。战火中人口损失、土地抛荒、册籍毁损,战后中央无法迅速重建原有的田赋收取系统,不得不以多年蠲免的方式暂时放弃财政权力。重建需要经历招徕百姓垦殖田地、将土地重新纳入登记册籍、恢复田赋税收这一漫长的过程,在这一过程中土著和客民纠纷不断,甚至绵延至民国。在已有的史料中,我们发现了一个奇特的现象,县级政府在处理土客纠纷中,因经常支持客民,频遭掌握舆论话语权的土著控诉。按照常识,县官们更应该与拥有更多政治、文化和社会资源的土著交好,但是出乎意料,县官们以"庇客压土"形象出现于各处文字中。这些县级地方政府是在土客纠纷中主持公道,抑或别有隐情? 他们究竟在其中扮演何种角色?另外值得关注的是,对于中央而言,战后地方财政体系长期未能恢复,浙江地区田赋直到清代结束也未能达到原有水平,在这一过程中,有无存在着县级地方政府和中央政府的财政博弈? 进而言之,地方政府是否借战后重建之机获得自身的财政权力? 土客纠纷的背后有无县级地方政府的财政诉求呢?

第一节　地方财政研究的学术认知

对晚清财政的研究起步极早。晚清时,已有英国驻上海领事哲美森搜集清末地丁、漕粮、厘金等多方面财政资料,编纂《中国度支考》。[①] 20 世纪 30 年代的晚清财政史研究,开始将太平天国战争作为清代财政制度的重要转折点,

---

① 哲美森编、林乐知译:《中国度支考》,图书集成局 1897 年刻本。

关注经历太平天国变动后中央与地方的财政关系问题。罗尔纲从清末"兵为将有"论述太平天国战后中央财政控制力的逐渐衰弱与地方财政自主权力的扩大。[①] 彭雨新的《清末中央与各省财政关系》系统梳理了太平天国战乱前后中央与地方财政关系的变化,表现为战前中央财政集权制度在战后衰落,各省督抚独揽所属省区财政权力,清末新政时期有统一财权的努力,度支部尝试清理财政,但最终完全失败。[②] 太平天国战乱后督抚获得财政自主权,出现各省财政专擅局面的观点影响深远,几成定论。陈锋将战后的财政状况概括为太平天国战乱后清代财政制度从中央集权转变为地方分权,最终走向地方与中央争权的演变过程。[③] 在中央与地方督抚财政争权的框架下,学界从钱粮起运、留存比例、协饷制度、外债、海关、厘金等多角度论述中央与各省财权的消长。[④] 20世纪90年代起督抚权力的扩张程度开始受到质疑。刘广京认为清廷中央仍对督抚的财政权力有控制能力。[⑤] 何汉威注意到清末财政关系并非中央与省间非此即彼的"零和"游戏,"省当局既无能力,也无意愿专擅自主;值得注意的是和中央一样,当日的督抚也大大失去有效地监督管理省财政的能力,财权大受其属吏的限制"。[⑥]

从太平天国战乱结束到甲午战争约30年的承平时期,清廷在修复财政制度上也做出了努力。对于清末的财政整顿,学者多关注于中央政府财政政策

---

① 从现代财政学角度出发,对晚清是否存在地方财政、何时出现地方财政的讨论很多,本书仅从地方分权的角度讨论清末地方的财政权力。参见罗尔纲:《清季兵为将有的起源》,《中国社会经济史集刊》第5卷第2期(1937年6月),第235—251页;《湘军新志》第13章,上海出版社1945年版。

② 彭雨新:《清末中央与各省财政关系》,《社会科学杂志》第9卷第1期(1947年6月),第83—85页。

③ 参见何烈:《清咸、同时期的财政》,编译馆中华丛书审委员会编印,1981年;申学锋:《清代中央与地方财政关系的演变》,《河北学刊》2002年第5期,第53—56页;魏光奇:《清代后期中央集权财政体制的瓦解》,《近代史研究》1986年第1期,第207—230页;邓绍辉:《咸同时期中央与地方财政关系的演变》,《史学月刊》2001年第3期,第52—59页。

④ 陈锋:《清代中央财政和地方财政的调整》,《历史研究》1997年第5期,第99—113页;戴一峰:《晚清中央与地方财政关系:以近代海关为中心》,《中国经济史研究》2000年第4期,第57—71页;马金华:《晚清中央与地方的财政关系》,《清史研究》2004年第1期,第94—101页。

⑤ 刘广京:《晚清督抚权力问题商榷》,载氏著《经世思想与新兴企业》,联经出版事业公司1990年版,第255—293页。

⑥ 何汉威:《从清末刚毅、铁良南巡看中央和地方的财政关系》,《"中研院"历史语言研究所集刊》第68本第1分(1997年3月),第55—115页;《清季中央与各省财政关系的反思》,《"中研院"历史语言研究所集刊》第72本第3分(2001年9月),第597—698页。

变化。贾士毅的《民国财政史》中"财政之沿革"一章将光绪朝财政细分为前、中、后三期,梳理各期财政大事。[①] 罗玉东的《光绪朝财政补救之方策》,认为这一时期推行的清理积欠、严格考核奏销等谕令均为官样文章,在地方财政脱离中央控制的局面下没有起到任何作用。[②] 夏鼐的《太平天国前后长江各省之田赋问题》讨论了太平天国后浙江的减赋过程。[③] 刘克祥将这一时期的田赋清理分为减赋和清赋两个阶段。[④] 陈锋开始注意到光绪前期清政府在恢复奏销制度方面的努力。[⑤] 史志宏、徐毅研究 1851 年至 1894 年财政收支的结构和规模,认为清赋运动、漕粮海运和改折在晚清财政收入增加中取得了一定效果。[⑥] 日本学者土居智典探讨晚清奏销制度,提出清末并未出现督抚财政专权下奏销制度的完全坍塌,奏销经制在太平天国战后仍然延续。[⑦] 刘增合的《光绪前期户部整顿财政中的规复旧制及其限度》研究光绪前期 20 年清理州县官员钱粮积亏、加强钱粮奏销考成、归复解协饷制度等财政整饬措施,认为奏销制度规复限度上得失兼具,而解协饷制度则未能回归,同时强调督抚、藩司不是清末财政整饬的全部,应关注府厅州县官员的复杂情态及行政取向。[⑧]

与清末地方财政整顿密切相关的田赋状况与变化,集中体现了中央与地方政府的关系。民国时已有马大英、郎擎霄等人的通史类著作。[⑨] 论文方面,王毓铨、葛寒峰、梁方仲、苏良桂分别从农民负担、耗羡、起运留存等方面研究

---

① 贾士毅:《民国财政史》,商务印书馆 1917 年版。

② 罗玉东:《光绪朝财政补救之方策》,《中国近代经济史研究集刊》第 1 卷第 2 期(1933 年 5 月),第 189—271 页。

③ 夏鼐:《太平天国前后长江各省之田赋问题》,《清华学报》第 10 卷第 2 期(1935 年 4 月),第 409—475 页。

④ 刘克祥:《太平天国后清政府的财政"整顿"和搜刮政策》,《中国社会科学院经济所集刊》1981 年第 3 辑;《十九世纪五十至九十年代清政府的减赋和清赋运动》,《中国社会科学院经济所集刊》1984 年第 7 辑。

⑤ 陈锋:《清代中央财政和地方财政的调整》,《历史研究》1997 年第 5 期,第 99—113 页。

⑥ 史志宏、徐毅:《晚清财政:1851—1894》,上海财经大学出版社 2008 年版。

⑦ 土居智典:《从田赋地丁看晚清奏销制度》,《北大史学》第 11 辑,北京大学出版社 2005 年版,第 274—299 页。

⑧ 刘增合:《光绪前期户部整顿财政中的规复旧制及其限度》,《"中研院"历史语言研究所集刊》第 79 本第 2 分(2008 年 6 月),第 235—299 页。

⑨ 马大英等:《田赋史(下)》,中正书局 1944 年版;郎擎霄:《中国民食史》,商务印书馆 1929 年版。

田赋收支结构。① 20 世纪 50 年代至 80 年代资料汇总编纂成果显著,如严中平等的《中国近代经济史统计资料选辑》、李文治的《中国近代农业史资料》、梁方仲的《中国历代户口、田地、田赋统计》、彭雨新的《清代土地开垦史资料汇编》等均对晚清财政状况有详细选编材料。② 王业键的《清代田赋刍论(1750—1911)》尤其关注清代尤其是晚清时期田赋的实际征收状况,提出清代土地缺漏登录状况严重。王业键将清代田赋行政分为法定制度和非法定制度两种,田赋收入的增加主要依靠非法定的附加税的增加,"这种财政管理上的分散特点使清政府丧失了对全国最大财政收入来源的控制",导致晚清田赋在财政收入中的比重较清初下降。③ 何平认为清代恪守定额化赋税的"承平型赋税征收体制",形成"不完全财政制度",政策受到征收工具、基层组织、吏治状况的制约。④ 日本学者岩井茂树的《中国近代财政史研究》将清代法定田赋固定的财政体系特点定义为"原额主义",强调"清代的财政制度里集权性的本质核心,是与以分散和放任为特点的正额外财政这两者相辅相成结合在一起的"。⑤

目前讨论清末中央与地方财政关系时,学界大多以省级督抚代表地方角色,缺乏对基层赋税主体的州县的财政权力、利益诉求的研究。州县研究方面,瞿同祖的《清代地方政府》首次系统地研究州县地方行政运作制度,讨论州县官员的收入来源和支出状况。⑥ 魏光奇的《有法与无法——清代的州县制度及其运作》与《官治与自治——20 世纪上半期的中国县制》两书对清代至民国间州县制度与实际运行均有讨论,认为清代州县官府为"一个宗法性的自利集团",州县财政为完全听命于州县官的"家产制",清末自治与民国县制改革并

---

① 参见王毓铨:《清末田赋与农民》,《食货》3 卷 5 期(1936 年 3 月),第 237—248 页;葛寒峰:《清代田赋中之耗羡》,《农学月刊》1 卷 5 期(1939 年 10 月),第 45—55 页;梁方仲:《田赋史上起运存留的划分与道路远近的关系》,《人文科学学报》1 卷 1 期(1942 年 6 月),第 31—44 页;苏良桂:《清代田赋考》,《国学丛刊》1942 年第 8—10 期。

② 严中平等:《中国近代经济史统计资料选辑》,科学出版社 1955 年版;李文治:《中国近代农业史资料》,生活·读书·新知三联书店 1957 年版;梁方仲:《中国历代户口、田地、田赋统计》,上海人民出版社 1980 年版;彭雨新:《清代土地开垦史资料汇编》,武汉大学出版社 1992 年版。

③ 王业键:《清代田赋刍论(1750—1911)》,高风等译,人民出版社 2008 年版。

④ 何平:《清代赋税政策研究:1644—1840 年》,故宫出版社 2012 年版。

⑤ 岩井茂树:《中国近代财政史研究》,付勇译,社会科学文献出版社 2011 年版。

⑥ 瞿同祖:《清代地方政府》,范忠信等译,法律出版社 2003 年版。

未建立起统一的县财政系统。① 雍正年间的"耗羡归公"改革与州县"陋规"是研究州县财政的重要问题。美国学者曾小萍《州县官的银两——18世纪中国的合理化财政改革》认为火耗归公改革在乾隆末年失效的原因在于火耗征收变为定额,在保证财政事务的地方灵活性,同时承担官员不法征收毁坏小农经济的恶果,与中央政府严格控制,同时削弱合理化财政改革成果之间,清政府选择后者,从而导致财政的种种困境;②周健的《陋规与清嘉道之际的地方财政》以嘉庆二十五年(1820)清查陋规一事为线索,研究19世纪州县财政体系状况。③ 此外,侯鹏、汤太兵关注于浙江清末新政后地方自治中的县级财政问题,史玉华与岁有生分别以巴县与直隶两个地区为个案考察清代州县财政状况。④

饶有意味的是,州县官员在太平天国战乱后地方控制力减弱之时,是否也掌握了部分地方权力?战后的财政权力是否只是皇帝与督抚官员两方的博弈,作为基层的州县官员是否在其中有自己的利益诉求?这样的利益诉求对于土客关系的处理起到何等效果?这些都是非常值得探讨的地方。通过对同光时期浙江杭州、嘉兴、湖州三府荒田的田赋收取和土客关系的研究,我们探明州县实际运作中的财政权能及与上级政府之间的博弈,也寻求土客矛盾出现的深层次缘由。

第二节　湖州费村土客冲突与州县的暧昧态度

湖州府毗邻安徽的广德州和宁国府,自太平天国战后招垦开始,湖北、河

---

① 魏光奇:《官治与自治——20世纪上半期的中国县制》,商务印书馆2004年版;《有法与无法——清代的州县制度及其运作》,商务印书馆2010年版。

② 曾小萍:《州县官的银两——18世纪中国的合理化财政改革》,董建中译,中国人民大学出版社2005年版。

③ 周健:《陋规与清嘉道之际的地方财政——以嘉庆二十五年清查陋规事件为线索》,《"中研院"近代史研究集刊》第75期(2012年3月),第115-158页。

④ 侯鹏:《清末浙江地方自治中财政的演变》,《地方财政研究》2008年第3期;汤太兵:《清末民初宁绍地区自治财政的结构与运行》,《宁波大学学报(人文科学版)》2011年第1期;史玉华:《清代州县财政与基层社会——以巴县为个案的考察》,经济日报出版社2008年版;岁有生:《清代州县经费研究》,大象出版社2013年版。

南两地的客民就陆续开垦荒田。至同治五年(1866)、六年(1867)，客民渐渐增多，皖南土客冲突的压力不断增加，遂于同治末年逐渐停止招垦，甚至禁止客民进入。曾国藩任两江总督时，就请湖北出示晓谕，不准楚北人继续前往皖南，又派炮船沿江拦截顺江而下的客民。同治十三年(1874)，宁国府府治所在的宣城县令深感客民势力太强，再请湖北、河南两省巡抚出示晓谕，严禁当地人前往皖南垦荒，并规定此后再进入宣城的客民，将由水陆保甲连同载送客民的船只一起扣留，送往县衙，从严治罪。① 在如此严格的禁令下，湖北、河南等地的客民转而大量进入邻近的浙江湖州府。

另外，按安徽善后局制定的开垦章程，3 年无主认领的荒田，即由垦种客民暂时管业，等到 6 年仍无人认领，按照田亩高下向政府交纳一笔费用，官府即可发给执照，土地便成为垦种者的永久产业。② 原先在皖南广德州、宁国府等地垦荒的客民由此发现一条垦荒获利的渠道，在获得土地后售卖出去，换一个地方重新垦种新的荒地。通过这样的土地置换，客民逐渐由皖南经湖州府西面的安吉县与长兴县进入湖州府东部的乌程等县。温鼎在《见闻偶录》中也有记载："粤逆平后，户口凋残，镇之四乡荒田计十之三，乏人工垦，污莱满目，郡西山田荒旷尤多，温台人及湖北人咸来占耕，自同治至光绪初年，湖北人蔓延郡东。"③

除自发迁入的客民，进入当地的或许还有裁撤的楚军营勇。同治二年(1863)至三年(1864)，浙江巡抚左宗棠平复战乱，按照谕令，裁撤遣散的湘军、楚军兵勇应当"由原管将官统带回籍"④。但兵勇回籍困境众多。一则欠饷，没有路费，中央面临严重财政困难，于是将路费问题推给地方官员，先是"饬令所属地方官酌给口粮"⑤，后又令"酌留各州县厘金，以供撤勇之用"⑥，但遣散章程迟迟未出，经费悬而难决。二则兵勇多来自人口压力大的两湖地区，本为无田可耕的失业农民，才选择从军谋生。太平天国战乱间两湖受灾较轻，兵勇回

① 《客民禁入皖省宣城示》，《申报》1978 年 1 月 18 日。
② 《荒产逆产案》，《安徽通志稿·财政考》卷十《田赋下》，第 35 页。
③ 温鼎：《见闻偶录》，转引自民国《南浔志》卷三十一《农桑一》。
④ 《清实录》同治三年甲子九月。
⑤ 《清实录》同治三年甲子十月。
⑥ 《清实录》同治三年甲子十二月。

乡仍需面临无地可耕的境况。回籍困难重重,督抚一方更倾向于就地解散兵勇,遂有左宗棠"创立撤勇归农之法"①。浙江省也曾给予资金,各县划分荒田,让军士垦种。②

客民的到来,改变了杭嘉湖地区原有的耕种方式。当地战前多种植水田,不适宜使用牛耕。乡民多用人力垦田,也少有养牛。农书记载,"吾乡田不宜牛耕,用人力最难"③。太平天国战乱之后前来垦荒的客民,将荡地开垦成旱田,客民于是可以全部使用牛耕。湖州府与嘉兴府交界的乌青镇处,镇志记载:

> 清咸丰庚申、同治甲子,吾乡两次兵燹以后,村落为墟,田地荒芜,豫、楚、皖及本省宁、绍、台之客民咸来垦荒,其耕耘多用牛功,其耕具有锄犁,有水盘。其用锄犁,以绳系之牛肩,牛负以行,且行且耕,垦田治草,并属便利。其用水盘,以水车衔接于盘而使牛负之,旋转以行,蓄水泄水,皆极适用。既省费,亦省功。④

受客民影响,当地乡民也渐渐使用牛力耕田。但限于财力,乡民难以购买耕牛圈养,只能长期租借耕牛。光绪四年(1878),因耕牛纠纷,湖州府的一个乡村里发生了一场土客械斗。

湖州于隋代设州,乌程县即为州治所在。北宋初年,乌程县东南划分为归安县,两县县治同在湖州府城,直至清代。距离府城二十余里,一个名为费村的村庄附近,客民在此地团体合群居住,搭建棚厂,当时人称之为"客厂"。光绪四年(1878)七月九日,费村客民李应荣的一头牛逃出,啃食田地禾苗,被当地乡民罗阿富牵住。李应荣与客厂的一名工人杨秃子前来索取耕牛,双方产生争执,李应荣与杨秃子咬伤了罗阿富的手指。

保甲制度在此时发挥了作用。同治末年,湖州知府宗源瀚在处理湖州归安县与乌程县交界的埭溪一带客民问题时,拟定包括乌程县在内的七县棚民

---

① 《论长兴按亩申粮》,《申报》1880 年 5 月 24 日。
② 《嘉湖两属勘荒清粮情形不同说》,《申报》1880 年 5 月 14 日。
③ 张履祥:《补〈农书〉后》,载《补农书校释》,农业出版社 1983 年版,第 101 页。
④ 民国《乌青镇志》卷七《农桑》。

土著章程,其中第一条即为在棚民中编订保甲:

> 选棚头、棚长,以杜滥充。山村客民多寡不等,每一棚立一棚长,其有自立门户,分产而居者,每十户立一棚长,每村立一棚头,其一村中客民无多而左右山村又相近者,或二村三村立一棚头,各按地段情形分别办理。棚头、棚长必须有家口,有承垦田地,平日安分,本地耆老肯结保者,方准充当。如有旧充棚头、棚长而并无家室、承垦田地无人具保,一概斥退另选。①

"棚头""棚长"也称为"客董"和"客长",有管理客民、稽查田地的职责,政府对其中的优秀者给予奖励:

> 给花红、匾额以示鼓励。棚民之中棚头、棚长,土著之中甲长、牌长,三年之内约束有方、稽查认真、无容留匪类等事者,由官给予花红,并赏给"明干勤慎"等字匾额,平日仍优以礼貌。②

在客民与土著陷入争斗时,当地客长尚勤恩即以客长的身份出面,向土著乡民赔礼,一场纷争暂告结束。

然而,第二天土客之间又产生了一次冲突。有客民将豆苗种植在乡民取水往来的道路旁,豆苗被来往取水的人践踏,客民与乡民发生争论。据说乡民向客民提醒过拉绳将豆苗围起,但客民没有听取建议。

居住在和平乡的河南客民李洪春,七月十二日晚饭时到费村的客厂,见土客争端又起,借机怂恿客民攻击土著乡民。李洪春提议,费村为地域广阔、人口稠密的大村,若能压制住费村的土著力量,即可建立起客民在附近村落中的优势。

为了获得进攻土著的机会,傍晚,李洪春派李应荣和另一名客民李长新,二人各牵上一头牛,到费村土著处请罪,意图诱使土著将牛牵去,即可宣称土著抢夺耕牛。土著对客民的举动十分骇异,怀疑客民要放牛啃食禾苗来挑衅土著,于是将李应荣、李长新二人和两头牛一起捆了起来。当晚李长

---

① 宗源瀚:《颐情馆闻过集·守湖稿》卷九《保甲》,光绪三年刻本。
② 宗源瀚:《颐情馆闻过集·守湖稿》卷九《保甲》,光绪三年刻本。

新逃回。第二天,土著见客民迟迟不来索回李应荣和耕牛,决定将一人二牛放回客民处,客民则要求土著放回人及牛后,还要出资办一台戏,摆一回酒席来向客民赔罪。土著不肯答应客民的要求,提出向县衙控告客民,由县官裁决处理,但当天事情还是在地方士绅的调解下得到缓和。附近的沈村士绅沈永德出面,为土客双方提出调解办法,由土著点香烛赔礼了事,双方均表示同意。①

七月十三日清晨,李洪春率领湖北及河南客民七八百人,击鼓吹号,手持枪械,一部分人在费村村口把守,阻止邻村救援,另一部分挨家挨户劫掠财物。这场劫掠的损失记载不一。8 天后《申报》刊登了关于费村盗案的第一篇文章,记录情况为 140 家所有细软财物被洗劫一空,不能携带的家具物品被砸毁,乡民受伤 10 余人,有 3 名妇女被掳去。② 两个月后《申报》又登载了费村当地人控诉客民抢劫恶行的稿件,受损情况是村中 80 余家的门窗厨灶与养蚕器具被打碎,村民受伤 30 余人,被掳去妇女仍为 3 人。但到了是年年底,浙江巡抚梅启照奏呈查办费村盗案结果时,情况却大为减轻,称“土民烟户、门窗、锅灶、箱柜等物多被毁坏,潘永祥等六人各受微伤”③,妇女被掳则毫无提及,并且客民的客厂也有毁损,客民为之逃避一空。

费村纠纷的直接受理者,既非巡检司,也非保甲局,而是乌程知县。同治三年(1864)战乱平复后,浙江各府纷纷重建保甲局,如杭州在同治三年(1864)正月设立保甲巡防局。④ 保甲局中设立段巡职位,有缉拿盗犯的职责,但管辖范围仅限于城市。且时人认为设置段巡一职目的实是安置冗官,于治安方面并无多大作用。⑤ 乌程县虽有专管治安的两个巡检司机构,但一在湖州府城东北方向的大钱湖闸口,一在南浔镇,且已毁于太平天国战乱⑥,费村并不在巡检司的管理范围。由此,乌程县知县成为费村盗案唯一的受理官员。但土著发现,知县对处理这一场土客械斗的态度极为消极。

---

① 《详述湖州费村被抢事》,《申报》1878 年 10 月 7 日。
② 《掳掠村庄》,《申报》1878 年 8 月 19 日。
③ 《光绪肆年拾一月初四日京报全录》,《申报》1878 年 12 月 16 日。
④ 《夜巡加慎》,《申报》1879 年 1 月 11 日。
⑤ 《论费村被盗事》,《申报》1878 年 8 月 22 日。
⑥ 光绪《乌程县志》卷二《公署》。

就在十三日事发当天,乡民立即去到 20 里外位于湖州府城的乌程县署,向知县报案。当天还有土著拦住一条乘坐了 4 名湖北人的客船,发现了船中有几个衣服包裹和十几车湖丝,查实是在费村抢夺的物品。知县潘玉璿讯问情况后,只让乡民补呈诉状,等待究办。十四日,知县潘玉璿派捕衙前往费村勘察,本人则赴南浔镇征收钱粮。乡民递交诉状时,丁役以知县不在县衙为由,拒绝接受,也拒绝收押 4 名湖北客民。下午潘玉璿返回湖州城时,得知乡民仍在衙署等待,他滞留船中,迟迟不上岸回署。恰好此时有人因命案请求验尸,潘玉璿乘机离开湖州城,而由士绅沈松舟出面调解。沈氏到达县署后见到喊冤的乡民,与乌程县主办刑事判牍的幕友商议后,将呈状收下。直至十六日,潘知县才在土著乡民的舆论压力下亲往费村勘察。但乡民对知县勘察上报的结果非常不满,认为潘玉璿只提及土客争斗,对客民奸淫掳掠等事则隐讳不提。①

七月二十日,土著闵在江将案件上告至浙江巡抚。浙江巡抚梅启照饬令湖州府知府景隆勘察,布政使任道镕又委派浙江候补知府冯誉骢一同前往查验,并向遭受抢掠的土著居民发放抚恤洋一千元。二十一日,景隆与冯誉骢在湖州府堂会审土著与客民,在回复梅启照的禀文中言道事件虽由土著挑起,但客民抢掳逞凶,恃强欺辱土著,请求由军营查拿首犯李洪春惩治。② 但军营直至八月二十九日才发兵前往和平镇缉捕李洪春,见到李洪春等众多客民聚集饮酒赌博,兵役却又不敢轻举妄动,次日就撤回杭州。直到九月,由一名统带装扮成乡民约李洪春一同去出售稻谷,趁机将他捉拿,用炮船押解至杭州,由提刑按察使司审办。③

第三节 太平天国战后州县的财政权能变化

费村盗案只是当时浙江省众多盗案中的一个不大不小的案件,而令人奇怪的是乌程知县潘玉璿对土客械斗的处理如此拖延。在盗案发生后,潘玉璿

① 《详述湖州费村被抢事》,《申报》1878 年 10 月 7 日。
② 《光绪肆年拾一月初四日京报全录》,《申报》1878 年 12 月 16 日。
③ 《缉获匪首》,《申报》1878 年 10 月 17 日。

两处举动激怒土著,一是报案当天并不前往捉拿抢劫的客民,第二天还前去征粮而不捉拿盗贼;二是费村的盗案交给捕衙处理,别处案件却又亲自前往。

按照以往州县的做法,潘玉璿的拖延或许出于担心因辖区内发生盗案而受到处分。清代发生劫盗案件,州县官需要在四个月内捉拿,否则即受严厉处分:

> 凡道路村庄被劫,以失事之日起,扣限四个月,盗犯未获,题参疏防,将承缉州县印捕官住俸,限一年缉拿;限满不获,降一级留任,再限一年缉拿;三限不获,再留任一年缉拿;四限不获,照所降之级调用。①

因而在有呈报盗案时,地方官员多会将劫盗改为偷窃,并试图让双方用赔偿方式私下了结,致使盗贼团体更加无所顾忌。② 有鉴于此,清代对讳盗不报的情况有着更为严厉的处分:

> 州县官讳盗不报,及讳强为窃者,俱革职。前官讳盗之案,凡接任接署之州县,到任三月未能查出揭报者,革职留任。③

虽然处分条例在清末同治时期已有松弛,如同治四年(1865),浙江省的台州府官员讳报械斗,在革除官职后仍宽限一年,让官员完成案件处理。但仍规定"他府所属,仍不得援以为例"④。可见,将乌程知县的拖延与偏袒客民归咎于讳盗,于情于理有所不合。

偏袒客民的更重要原因,应该是地方长官能向客民征收田租,从而获得更多的利益。同治二年(1863)湖州战乱平息后,杨荣绪出任湖州知府,此时的湖州"荒墟白骨,阒无人烟"。杨荣绪设置善后局,"规画庶政,安集流亡"。因湖州各县粮册在战争中丢失殆尽,他又"招来垦辟,试办开征,岁有起色"。⑤ 但经历同治年间9年的开垦,乌程县一县原有熟田和新垦熟田相加,占原额出地的比重仍不过46%(参见表1)。即便如此,乌程县在整个湖州府中交纳赋税的熟田比例还算稍高。同治十一年(1872),湖州府垦熟田地山荡土地面积总和

---

① 文孚纂修:《钦定六部处分则例》卷四十一《盗贼上》,光绪十三年(1887)刊本。
② 《论费村被盗事》,《申报》1878年8月22日。
③ 文孚纂修:《钦定六部处分则例》卷四十一《盗贼上》,光绪十三年(1887)刊本。
④ 《穆宗实录》卷一五五,同治四年九月辛卯。
⑤ 《清史稿》列传二百六十六《循吏·杨荣绪传》。

仅达到原额的四成(参见表2)。

　　熟田面积难以增加的原因,很可能是荒田属于湖州府以下州县私下收取田租的范围。湖州的善后局在实际的运行中,向开垦蠲免田赋荒田的客民收取"租钱",每亩每年收取钱六七百文,善后局还给予执收票,此后逐渐约定俗成,成为一项地方制度,为历任知县继承。为了维持这份收入,知县不愿呈报已开垦的荒田。如在客民率先进入的乌程县西侧长兴县,"荒田陆续开垦五十余万亩,呈报者只三十余万"[①]。在客民进入乌程县后,县官也照长兴县做法私下收取田租。规定自客民开垦当年起,即要交纳每亩每年800文的官租,由掌管土地清丈登记的户书开具收条。800文钱中,600文归县官所得,当地户书与地保各取100文。

　　向客民开垦的荒田每亩每年征收600文以上的租金,在太平天国战后的垦荒地区几乎成了一种惯例。光绪初在任浙江严州府桐庐县训导的长兴人丁养元有《征客租》一诗:

　　　　劫后田亩多荒芜,楚豫客民来于于。喧宾夺主恃其众,不垦碗瘠垦膏腴。

　　　　垦田不下三十万,长官稽册惬心愿。每亩输钱六百余,永为科则如成宪。

　　　　征租局开绅士欢,馈送薪水御岁寒。无主荒田各相认,认无可认归诸官。

　　　　张冠李戴何足道,上供天府知多少。大僚岂皆瞆且聋,不问不闻真绝倒。[②]

---

① 《详述湖州费村被抢事》,《申报》1878年10月7日。

② 丁养元:《征客租》,载潘衍桐:《两浙辖轩续录》卷四十七,光绪十七年(1887)刊本。

表1 同治三年至十一年乌程县开征田地山荡面积

（单位：顷）

乌程县	田		地		山		荡		合计	
	面积	比例	面积	比例	面积	比例	面积	比例	面积	比例
原额	7166.47		837.29		2539.77		488.09		11031.62	
同治三年	2006.61	28.00%	31.84	3.80%					2038.45	18.48%
同治四年	2579.92	36.00%	59.70	7.13%					2639.62	23.93%
同治五年	2742.71	38.27%	345.65	41.28%					3088.36	28.00%
同治六年	2954.64	41.23%	495.94	59.23%	119.20	4.69%	29.24	5.99%	3599.02	32.62%
同治七年	2956.53	41.26%	495.94	59.23%	155.44	6.12%	43.48	8.91%	3651.39	33.10%
同治八年	3266.31	45.58%	495.94	59.23%	199.10	7.84%	43.48	8.91%	4004.83	36.30%
同治九年										
同治十年	3271.83	45.65%	520.40	62.15%	383.36	15.09%	77.89	15.96%	4253.48	38.56%
同治十一年	3618.22	50.49%	578.77	69.12%	521.21	20.52%	338.68	69.39%	5056.88	45.84%

资料来源：同治《湖州府志》卷三十八《经政略·田赋五》，第1—6页

表2 同治三年至十一年湖州府各县开征田土面积

（单位：顷）

湖州府	乌程		归安		长兴		德清		武康		安吉		孝丰		合计	
	面积	比例	面积	比例	面积	比例	面积	比例	面积	比例	面积	比例	面积	比例	面积	比例
原额	11031.62		9404.55		13995.81		5753.61		5275.37		7972.20		7632.39		61065.55	
同治三年	2038.45	18.48%	2772.17	29.48%	1832.54	13.09%	1899.18	33.01%								
同治四年	2639.62	23.93%	3408.55	36.24%	1313.11	9.38%	2943.31	51.16%								
同治五年	3088.36	28.00%	3792.47	40.33%	1058.53	7.56%	3992.74	69.40%								
同治六年	3599.02	32.62%	4692.29	49.89%	2888.91	20.64%	3571.07	62.07%	1873.34	35.63%	821.37	10.30%	816.06	10.69%	18262.06	29.91%
同治七年	3651.39	33.10%	4130.59	43.92%	2972.71	21.24%	3332.85	57.93%	1738.40	33.07%	745.43	9.35%	1077.01	14.11%	17648.38	28.90%
同治八年	4004.83	36.30%	2895.19	30.78%	2882.54	20.60%	2159.37	37.53%	1607.46	30.58%	833.56	10.46%	1295.88	16.98%	15678.83	25.68%
同治九年			5207.25	55.37%	3920.60	28.01%	3942.75	68.53%	2053.92	39.07%	881.94	11.06%	1445.55	18.94%		
同治十年	4253.48	38.56%	5062.94	53.84%	4134.63	29.54%	4219.25	73.33%	2137.02	40.65%	971.31	12.18%	1739.24	22.79%	22517.87	36.87%
同治十一年	5056.88	45.84%	5344.95	56.83%	4450.93	31.80%	4284.06	74.46%	2347.77	44.66%	1080.46	13.55%	1976.42	25.90%	24541.47	40.19%

资料来源：同治《湖州府志》卷三十八《经政略·田赋五》

这首纪事诗提及湖北、河南的客民于太平天国战后至浙西垦荒,客民人数众多,势力强盛,开垦荒田面积达到 30 万亩以上,而开垦荒田每亩需要向官吏捐输 600 余文,且"永为科则",大概至光绪年间已捐纳多年。这笔地租的数额与漕粮正赋不相上下。按《湖州府志》记载,同治四年(1865)浙江减赋之后,田赋征收额度最高的圩田每亩征收米 0.116169221 石。[①] 照浙江地区同治后田赋每石折钱 4000 文至 8000 文等计算[②],正赋每亩在 400 文至 900 文之间。客民交纳的田租并不需要递解中央,已成为县官收入的长期稳定且巨大的来源之一,因而在上客械斗中,发生知县偏袒客民、拖延案情的状况,亦是情理之事。

费村盗案两年之后,报纸又将此事重提,认为费村客民的来源是浙江就地遣散的楚军营勇,而非以往所认知的湖北、河南两省主动迁入的客民,对于案发的缘由,有了更进一步的阐释:浙江省荒田虽照规章免收田赋,然而各县在省府的默许之下设立捐款名目,每亩荒田均需完纳若干田租,作为各县战后恢复的善后经费。最初捐款和田赋漕粮数额不相上下,客民尚能安心垦种。但随着时间推移,捐款不断增加,原本蠲豁田赋的荒田成了苛征的对象。由于官方保留土地原主人追回田地所有权的权利,客民垦种的田亩并不能获得土地的所有权,从而与归来索要田地的土著发生争执。于是,客民激愤之下,发生了费村这一场土客械斗。[③] 这一叙述中,可以看到湖州各县将蠲免赋税的荒田以捐款方式收取租金,已是各县均半公开施行的普遍做法。不仅湖州乌程县如此,在战后人口损失严重的严州府的淳安、遂安等县,与杭州府的余杭、临安、於潜、昌化等县,改粮为捐,蠲赋收租的现象均有存在。诚如当时报纸所言:

> 自宁国广德属境,东入于浙,至严之淳(安)、遂(安),湖之安(吉)、孝(丰),杭之余(杭)、临(安)、於(潜)、昌(化),土著既少,田芜不治,赋额缺如,地方官不耐瘠苦,招徕客民,认田开荒,改粮为捐,以济本地善后经费,

---

① 同治《湖州府志》卷三十七《经政略·田赋四》。
② 谢邦藩:《浙江田赋论述》,载浙江省通志馆编《浙江省通志馆馆刊》,1945 年第 1 卷第 4 期。
③ 《嘉湖两属勘荒清粮情形不同说》,《申报》1880 年 5 月 14 日。

随便报销。而解司之银,仍以荒芜缺额,盖事虽因公,而款实济私也。①

各县县官获得向客民收租机会,源于战后税收权力的空缺。太平天国在浙西建立的税收制度,随着太平天国的失败而结束。清政府又以蠲赋方式暂缓在战后地区重建税收体系。于是,浙西战后地区的税收权力落入州县政府的掌控之中。但中央不可能永远放弃对浙西的税收权力。至光绪六年(1880),太平天国战乱已结束16年,战后田亩抛荒、需要善后资金等理由已难以成立,对垦荒客民的收租已被列入钱漕积弊之一,受到舆论的关注:

> 兵燹以后,荒田到处皆是。初则实无承种之人,粮无可征也。然此何等事关系地方官之肥瘠,有不竭力营之者乎? 报解之数,越十余年而未复其额;招垦之举,岂越十余年而犹无其人? 而州县则巧为蒙蔽,以为地力凋敝,一切善后次第兴办,无不需钱,今以垦荒之客民所纳允作此用,设局以收之,按年分多少,以分别之,事属因求,无不允行。于是年复一年,荒则尽开矣,田则尽熟矣,天时人事又皆顺应矣。变其赋曰捐,以充地方之用,而正赋之缺额如故也。夫寻常小县,其匪扰之善后,则衙署数处也,城墙三五里也,文庙、城隍庙、书院、河道、清节堂、育婴堂,至多不过十余事。历十数年之招垦,每岁所收之捐而犹不能竟其功,使垦熟之田升入纳赋之列,而钱粮渐次复额者,此语果谁欺乎? 其中之弊窦安在,不可知也。瘠苦小县,宦途所不争。今则著名之美缺,反以酬应纷烦,开销重巨,时有赔累之虞。而瘠苦者转得私积其囊,为候补时补苴之备。②

光绪五年(1879)十一月,籍贯浙江的御史章乃奢奏请查办客民侵占荒田、胥吏征多报少、中央税赋不足情况:

> 臣闻浙西之长兴、孝丰等县,荒田甚多,胥为客民侵占,急应查办。该处自遭兵燹以来,其户口不及承平时十成之一二,故田地不能全行开垦,而地方官吏不能不广为招徕,外省流民乘间侵夺。本籍业主或因耕种之无资,或因催科之受累,转相逃避,而不敢认领者,胥役又因之而征多报

① 《论余杭客民猝至势实可危》,《申报》1879年1月15日。
② 《理财仍归本于钱漕论·接续前稿》,《申报》1880年3月20日。

少,中饱浮收,以致客民愈多,土著愈少。且客民之来,行踪无定,若不严为限制,将来流为盗贼,势更滋蔓难图。江南等省以此者恐亦不少,应请旨饬下该督抚,转饬该管守,令认真设法,善为抚绥,俾得安居乐业,则上不亏天庾之正供,下不饱吏胥之私橐,而民生自臻富庶矣。①

章御史的矛头指向了客民和胥吏,并未涉及地方行政长官,上谕批饬由浙江巡抚督查客民垦荒弊端:

> 军务以后,招徕开垦全在地方官办理得宜,庶农民可期复业,而流民不致侵占。若如所奏情形,将来喧客夺主,流弊滋大。著该督抚督饬该管道府,认真查察,如有客民侵夺及胥役弊混等情,即行从严惩办,以杜弊端而安良善。②

当年八月,梅启照从浙江巡抚任上调至北京另候简用,陕西巡抚谭钟麟调任浙江巡抚。十一月,谭钟麟到达杭州,浙江的清查荒产由此开始。

---

① 《光绪五年十一月二十一日京报全录》,《申报》1880 年 1 月 7 日。
② 光绪五年十一月上谕,载《光绪朝上谕档(光绪五年)》第 5 册,广西师范大学出版社 1996 年版,第 379 页。

第三章　中央清查荒田与州县的应对

　　针对浙江州县手头掌控的垦熟荒地,谭钟麟上任伊始,就展开了同光时期力度最大的一次清查。只是谭钟麟的清查政策,却在湖州府长兴县与嘉兴府嘉兴县引发了严重民变,其清理荒田的实际施行过程与结果,凸显出中央以清查方式回收田赋权力的成效。在中央和省府的清查压力下,州县官员面临着上级考成与地方财政利益的两难选择,显示出州县一级基层政府组织在晚清财政中的角色和地位。

第一节　浙江巡抚谭钟麟的清查荒田

　　谭钟麟在同治五年(1866)曾任杭州知府,六年(1867)又署理杭嘉湖道,办理战后之初清理田赋。同治七年(1868)调任河南按察使,十年(1871)授陕西布政使,光绪元年(1875)出任陕西巡抚。[1] 谭钟麟在陕西的八年间,陕西呈报田赋的田亩由同治十二年(1873)的 2584 万亩上升至光绪六年(1880)的 3059.6 万亩。[2] 对于浙江的荒田清理,谭钟麟可谓是最合适的人选。光绪五年(1879)十一月二日,谭钟麟初抵浙江,于奏折之中首先关注田赋问题,感叹浙江民间经济虽有恢复,但官府经费问题比战乱结束之初还要严重:

　　　　伏念浙省本富庶之区,自经兵燹,民气凋残。臣前任杭州府并署杭嘉湖道。其时克复未久,市井零落,而公家经费尚能足用。今自嘉兴至省,

---

　　① 汪诒书:《谭钟麟行状》,《谭文勤公(钟麟)奏稿》卷首,载沈云龙主编《近代中国史料丛刊》第 33 辑,文海出版社 1965 年版,第 28 页。

　　② 《陕西省志》第十一卷《农牧志》,陕西人民出版社 1993 年版,第 65 页。

所过城郭,村市民居比栉,阛阓喧阗,地方大有起色。惟田土尚未全辟,钱漕未能足额。频年水旱,岁不丰登,协款日增,经费之绌较十年前更形棘手。①

所谓经费支绌情况,光绪五年浙江全省收入中,地丁、厘金两项 340 万余两,盐课、盐厘 60 万余两,海关税钞 60 万余两,总计 460 万余两,而当年浙江省的支出需要 810 万余两,②缺额达到 350 万余两之多。即使在东挪西凑之后,实际不敷银两也在二百七八十万两之间。面对这样的财政情形,谭钟麟首先尝试的解决办法是奏请中央,停减浙江省的指定协饷。

然而,同光时期各省普遍存在财政压力,中央征收的地丁钱粮更是严重不足。翰林院侍读王先谦于光绪五年(1879)八月奏折中描述钱赋问题的严重程度:"旧入之款,如地丁杂税、盐务杂款等,共四千万,今止入二千七八百万。"③解决财政困难的最佳方式,无疑是重建战前的田赋地丁征收制度。十月,户部复议,提请皇帝下令,由各省督抚在接到部文起三个月内,清查各州县荒熟田地,开具清单,上交户部。同时要求各省督抚再次核定劝垦章程,以期将田赋回到清初原有的田赋旧额。

次年一月,三个月的期限即将结束,但奏报情况并不理想。户部再次上奏,催促各省督抚奏报所属州县荒熟田亩单,尤其注重太平天国战争中受损严重的浙江等省:

筹裕饷需,常以垦荒为第一要务。查江苏、浙江、安徽等省,著名财赋之区,现在荒地尚多,钱漕缺额年复一年,其为查办未能核实可知。近年山、陕被旱,民多流亡。该处荒田亦应力图垦辟。现计开单奏报三月期限将次届满。应再请旨通饬各该督抚,遵照上年十月奏案,先将所属各州县荒熟田地开单奏报。即并无荒田省分,亦有借口偏灾,以熟报荒,拖欠钱粮,希图蠲缓。非由州县隐匿,即由富绅把持。亦于按到此次部文后,将

① 谭钟麟:《谭文勤公(钟麟)奏稿》卷七《恭报接印日期折》,载沈云龙主编《近代中国史料丛刊》第 33 辑,文海出版社 1965 年版,第 389—390 页。
② 谭钟麟:《谭文勤公(钟麟)奏稿》卷七《历陈库款支绌情形折》,载沈云龙主编《近代中国史料丛刊》第 33 辑,文海出版社 1965 年版,第 399 页。
③ 光绪五年八月王先谦奏折,载《清史稿》卷一百二十六《食货六》。

38

该省有无荒地、征收是否足额,专折奏明。其有清出隐匿、垦有成效者,奏请优叙;因循废弛者,立予严参。并将如何办理开垦之处,专案奏咨报部,以备查核。总之,丁漕等项为入款之大纲,全赖封疆大吏,认真率属,竭力整顿,悉复旧额,毋令本有之财源,视同废弃。①

一月二十五日,上谕批复户部奏稿,严令各省督抚认真办理垦复田亩、清查荒产,并将奏复期限宽裕至两个月之后:

> 国家岁入岁出,自有常经。军兴以来,供亿浩繁,以致京师及各省库储均形支绌。事平之后,帑藏仍未裕如,皆因本有之财源不能规复,可缓之用款未尽减裁。既无以备缓急之需,亦非慎重度支之意。如该部所称严催各省垦荒一条,果能认真查办,行之数年,何尝不可渐复旧额?……各该督抚平日受国厚恩,当此时事多艰,岂可懈驰因循,不知振作?著奉到此旨后,督率藩运各司,并各该关监督等,振刷精神,悉心经画,各尽其职为所当为,勿避嫌怨,勿涉胆徇,勿畏艰难,勿任粉饰,总期于国计民生两有裨益,方为不负委任。仍将如何办理情形赶紧安筹定议,限两个月据实复奏,不准稍有延宕。②

田赋事关官员的钱粮考成。清代于顺治时制定严格的钱粮考成制度,以督促地方官员竭力征收赋税,保证足额的财政收入:

> 布政使、知府、直隶州知州俱应通计所属钱粮完欠,照州县一体参罚:十分全完者,优升;欠一分,罚俸六个月,照常升转;欠二分者,住俸;欠二分者,降职一级;欠四分者,降俸二级;欠五分者,降职一级;欠六分者,降职二级;(俱戴罪督催,停其升转,俟完日开复。)欠七分者,降职一级调用;欠八分者,降职二级调用;欠九分、十分者,革职。③

由于处罚过于严格,大量官员降调,反而更加拖延了田赋征收。在太平天国战乱间,催征更加困难。咸丰年间,钱粮考成数额下调,"合计各属上忙解完

---

① 光绪六年甲午户部奏,载朱寿朋编《光绪朝华东录》第 1 册,中华书局 1958 年版,第 863 页。

② 光绪六年一月上谕,载《光绪朝上谕档(光绪六年)》,第 6 册,广西师范大学出版社 1996 年版,第 28 页。

③ 《清世祖实录》卷八十八,顺治十二年正月辛丑。

至三分,下忙解完至五分,免其议处。上忙完不及三分者,罚俸一年;下忙完不及五分者,降一级留任"①,也即全年钱粮完成八分即可不作处罚。但光绪初年,浙江征收钱粮"尚不满七分之数"②。太平天国战乱后,荒田垦辟也加入官员考核之列。同治元年(1862)九月,即有御史刘庆奏请将召集流亡、垦辟地亩二事作为考核州县官员的重要标准,当地总督、巡抚、布政使随时留心能在此二事上尽心民力的地方官员,"登之荐牍,以备擢用"③。同治五年(1866),马新贻初定浙省垦荒章程八条:"以定劝惩,慎稽查,筹经费以考其成分。"④在户部两次请旨清查荒产、考核钱粮下,浙江巡抚不能不重视荒田垦熟后的清查。

谭钟麟到任之后,即开始在浙江省清查荒田,要求杭嘉湖各属将荒熟田亩开列清单呈报:

> 通饬各属,将境内未垦田地,查明坐落某里某村庄若干,于田畔插标,注明四至地界,由县令亲往勘明,造册申报,另委查勘。并将以前隐匿各产一律确查,果能据实开报,自当宽其既往,免于深究;即地方官应得之咎,亦可吁恳恩施,从宽免议。⑤

> 但令百姓种一亩熟田,完一亩钱粮;州县征一分钱粮,解一分入仓库。⑥

谭钟麟收到一月二十五日的上谕时,已是二月十五日。此时杭嘉湖三府除了杭州府的海宁州、嘉兴府的海盐县与湖州府的长兴县之外,其余 20 县的荒熟田亩均已陆续查报。其中查出已垦熟的田地山荡共有 8374 顷,而登记为荒产的土地尚有 40000 余顷之多。谭钟麟认为这一荒田数额中明显存在欺隐成分,而欺隐则来自两个方面。

---

① 《钦定六部处分则例》卷二十五,光绪十三年(1887)刊本。

② 《查荒余议》,《申报》1880 年 7 月 25 日。

③ 《穆宗实录》卷五,同治元年壬戌九月。

④ 马新贻:《马端敏公(新贻)奏议》卷三《办理垦荒新旧比较荒熟清理庶狱折》,文海出版社 1965 年版,第 323 页。

⑤ 谭钟麟:《谭文勤公(钟麟)奏稿》卷七《各属荒熟田开单奏报片》,载沈云龙主编《近代中国史料丛刊》第 33 辑,文海出版社 1965 年版,第 401 页。

⑥ 谭钟麟:《谭文勤公(钟麟)奏稿》卷七《复陈浙省查荒情形折》,载沈云龙主编《近代中国史料丛刊》第 33 辑,文海出版社 1965 年版,第 429 页。

一是民间的欺隐。由于战争中册籍丢失,同治三年(1864)重新开始对田地征税,直接由花户自行呈报亩数,不免存在以多报少,甚至将征税率较高的田以税率较低的地来呈报,图谋更改征税科则。而且之后历年来都未能清查土著继续开垦的田地数量,原有呈报数字的水分更大。

二是官吏的渔侵。州县官员不清楚境内田地荒熟的具体数字,每年开征田赋时,直接照上一年的数额酌情增加 1‰ 至 2‰ 呈报。然而,地方官知道实际开垦成熟田地的增长率远多于所上报的数字,征收的额度往往多于上报的数额。在官吏的侵占与民间的隐瞒下,浙江省田赋在战后十余年无法恢复到旧额。于是,向上呈报的荒田缺额长期存在,无法稽查核实。

面对混乱的土地呈报情形,浙江省却无力进行彻底的土地丈量。谭钟麟在奏折中直言,民间的土地荒熟状况,只能由民间自行举报,否则官府无法获得土地的真实数字。浙江省府能做的不过是发布晓谕,制定之后垦熟荒田清查出后的处罚措施,在民间"晓以大义,谕以利害,宽其既往,惩其将来"。在二月接到上谕之后,谭钟麟出示晓谕:

> 通省军民人等,食毛践土,宜思覆载恩深。我朝轻徭薄赋,厚待民生。值筹费方殷之际,加派毫无。此次清查粮赋,以应要需。若仍隐匿不报,是诚何心? 自示之后,务各激发天良,力除积习,赶将自己名下未经呈报之成熟田地,及从前短报之产开明坐落、亩分,据实赴县呈明。既往之咎,不复深究。倘有再阳奉阴违,推诿延宕,则是自外生成,法所不贷,无论绅民,提省分别惩办,并将短报之数归于成熟田地项下,按亩摊赔,以足岁额。①

既然省府无法获得田亩实数,所谓清查出短报之数的惩罚威慑力如何,不能不令人怀疑。但在钱粮考成的压力之下,自省府至州县的官员又不可能任由荒田缺额继续存在。在收取荒田捐租与获得考成的两难之下,两起查荒闹事接连发生。

---

① 《光绪六年九月初九日京报全录》,《申报》1880 年 10 月 22 日。

第二节 长兴按亩伸粮

　　光绪六年(1880)三月,湖州府长兴县的县衙门前聚集数百人,声称长兴县知县恽思赞苛征勒索。之后,人群损毁门窗,冲进县衙,将衙署内衣箱什物搬出。但这群人并不抢夺财物,只是把县衙内箱笼堆放在大门后放火焚烧,并且宣布如果有人胆敢私自取出一件物品自留,就将其当众击杀。① 恽思赞赴杭州禀报巡抚谭钟麟,巡抚当即派令候补知府邹仁溥与湖州知府桂斌前往查明。②

　　最初,报纸认为闹事的主角是客民,源于谭钟麟勘察荒地、清理粮册,该举措导致客民原先免于税赋的荒田被查出,勒令完纳钱粮,利益受损,于是集体至县衙闹粮。③ 更有当时人结合蠲赋收租情况,认为客民以垦荒为借口拒绝缴纳田赋,而官员因能获得来自客民的租捐,也不向客民征解,于是客民有了挟制官员的资本,势力逐渐强大。随着谭钟麟派员认真勘察荒田时,地方官无法再袒护客民,势力强大的客民为取得继续不交纳田赋的权利,蜂拥而起冲击官府。④ 但很快,闹事者被证实为当地土著,此事为该县秀才朱炳勋所领导。客民闹粮一说不攻自破。

　　吊诡的是,虽然客民闹事已被澄清,但是对于领头人朱炳勋和事情本身,官方和舆论却有截然不同的说法。

　　官方的叙述可见谭钟麟上呈的奏折:朱炳勋于光绪五年(1879)间用劣米抵交漕粮,遭到知县恽思赞训斥后,不服训斥,向知县咆哮,而被革去生员资格。之后至湖州府上控,但在知府传令审讯的时候却未到公堂。到了光绪六年(1880)三月,长兴县开始清查荒熟田地,恽思赞令各圩地保逐户清查隐匿未报的垦熟荒田,听候勘丈。三月十日,朱炳勋到和平镇扫墓,在长桥清粮局听闻清查荒产后认为可以借机闹事,以报复革去生员之仇,便煽惑乡民,称县令以清田为借口增加征收,将来祸害无穷。朱炳勋的两名朋党孙子毛与蒋邦俊

---

① 《客民滋事》,《申报》1880 年 5 月 10 日。
② 《光绪七年闰七月初七京报全录》,《申报》1881 年 9 月 12 日。
③ 《客民滋事》,《申报》1880 年 5 月 10 日。
④ 《嘉湖两属勘荒清粮情形不同说》,《申报》1880 年 5 月 14 日。

又附言蛊惑,分头前往各乡,要求乡民同往县城请愿,停止清丈。十四日,朱炳勋募集两三百名乡民,于次日鸣锣进城抵达县署,请求停止查丈荒田。知县恽思赞虽在大堂上竭力开导,但随着乡民越集越多,场面失去控制。众多乡民大喊不服清田,拆毁了大堂内的暖阁,又放火焚烧了从内署里搬出的什物。驻防水师和城守兵勇闻讯赶来,却被乡民扣留两名兵勇作为人质。乡民离开县署返回时,又拆毁了长桥清粮局的房屋,随后将兵勇放回。

此事发生后,谭钟麟当即批饬候补知府邹仁溥与湖州知府桂斌前往确查,督同恽思赞妥当办理清粮事务。邹仁溥等人抵达长兴后,邀请当地4名士绅在长桥乡重设清粮局,继续办理清丈,同时查寻首犯朱炳勋下落,抓获解省。

在呈报浙江荒熟田地开单奏报的奏折中,谭钟麟陈述长兴事件:

> 长兴劣生挟知县恽思赞详革之嫌,聚众入城,抄毁县署,实属悍不畏法。业经分委干员前往,密拿首要各犯,解省讯办。如果有抗拒情事,不得不从严惩办一二,以儆效尤。①

之后谭钟麟接到邹仁溥与桂斌的查明情况:

> 该革生朱炳勋与在逃之孙子毛、蒋邦俊同谋,聚众挟嫌滋事,属实并无他。

首犯朱炳勋被拿获后解往杭州,发按察使司讯问,并严斥捉拿孙子毛、蒋邦俊两名从犯。

朱炳勋被拿获一事,孙子毛等人认为系参与清粮的士绅操控。四月五日,孙子毛与数十人在胥仓桥会齐,一齐抵达士绅之一敖荣的药店,拆毁4间房屋,捣毁柜台里的药斗等物品,殴打敖荣。不久又到殷家湾的另一名士绅陈湘家,拆毁15间住房。八日,孙子毛、钦兰度等人拆毁士绅王震的10间住房,十日又拆毁士绅赵瑚的13间住房。谭钟麟随后得到湖州知府禀告:

> 在各乡设局清查荒产,邀同绅士王震等在局办事。孙子毛以拿获朱炳勋解省,系局绅购钱所致,复纠邀莫阿东、徐阿应等多人,先后拆毁各绅

---

① 谭钟麟:《谭文勤公(钟麟)奏稿》卷七《各属荒熟田开单奏报片》,载沈云龙主编《近代中国史料丛刊》第33辑,文海出版社1965年版,第404页。

房屋。

此时恽思赞已交卸长兴知县职务,调往杭州,长兴知县一职由赵定邦接任。莫阿东、钦兰度二人被赵定邦抓获后解往杭州,与朱炳勋一同讯问查办。

因为孙子毛等人迟迟未能拿获,谭钟麟亲自审问朱炳勋、莫阿东、钦兰度三人。谭钟麟认为长兴闹粮事件应照《大清律例》中"激变良民"一条处理。例载:

> 直省习民,假地方公事强行出头,逼勒平民,约会抗粮,聚众联谋,敛钱构讼及借事罢考、罢市,或果有冤抑不于上司控告,擅自聚众至四五十人,尚无哄堂塞署,并未殴官者,照光棍例,为首拟斩立决,为从拟绞监候。如哄堂塞署逞凶殴官,为首斩决枭示。其同谋聚众转相纠约下手殴官者,拟斩立决。其余从犯俱拟绞监候。被胁同行者,各杖一百。[1]

朱炳勋拟定判处斩立决并枭首示众。莫阿东、钦兰度两人因未参与县署闹粮,照拆毁房屋从犯处理,拟定杖一百、流三千里。而长兴县知县恽思赞则在清查荒产中办理得当,不应有任何处罚。[2]

不同于官方的叙述,来自《申报》的报道将朱炳勋塑造成一个不计个人生死、受命抗击官吏苛征的传奇英雄,长兴县知县则成了只为一己利益罔顾法规的狡诈之官。知县奉到谭钟麟勘明荒熟田亩并造册呈报的命令之后,认为土地清理绝非三个月所能完成,决定不按照章程举办彻底清查,而是直接增加粮册上田亩的数额。具体办法是,将粮册上登记的每 100 亩田地直接登记为 125亩——"按亩伸粮"之法。即每户交纳的田赋数额在原有基础上直接增加25%。这样,长兴县即可在不丈量田地,不减少荒田租捐的基础上,实现田赋征额迅速增加,知县恽思赞自诩为此为事半功倍、两全其美的办法。这种做法自然引起交纳田赋的土著乡民的不满,长兴阖邑哗然。其中长兴县城南门至和平山区的嘉会区乡民尤其愤怒,推举当地秀才朱炳勋率领乡民,向知县请求取消按亩伸粮之策。

---

[1] 《大清律例》卷十九《兵律·军政》,天津古籍出版社 1993 年版,第 311 页。
[2] 《光绪七年闰七月初七日京报全录》,《申报》1881 年 9 月 12 日。

朱炳勋自然知道带领众人抗击官府，无论请愿成功与否，自身都将触犯死罪。但带领请愿是一乡的公事，又涉及之后世代须缴纳的田赋，受父老乡亲嘱托，他决定不惜一死也当受任。不过在赴县请愿之前，朱炳勋与一同前往的乡民约法三章：

一、入城后，凡县署内门窗板壁，皆国家物，毋得毁伤；

二、入城之人须多带银钱，市间买卖勿得还价，先付钱而后取货，民间鸡犬勿得惊动；

三、客民非我族类，勿许一人乘机混入。

众人纷纷表示接受约定，朱炳勋同意率领乡民前往县城。与谭钟麟奏折所言时间不同，《申报》所记的长兴的闹事在二十二日而不是十五日。且在乡民请愿之时，恽思赞已得到嘉会区乡民将于二十二日进城请愿的消息，早已暗中将亲眷转移出县衙。二十二日当天，乡民如期赴县城申诉按亩伸粮的荒唐做法。但县官命令属下合上衙署大门，并向乡民开枪以威吓。在枪击中，一名乡民的脚踝受伤，矛盾迅速激化，愤怒的乡民拥入县衙，恽思赞惊慌之下跳墙而逃。乡民未能搜寻到县官，便将房内的衣箱器物抬至大堂之外付之一炬，理由是这些财物都是长兴县的民脂民膏，就算焚毁，也不及恽思赞在长兴搜刮的十分之一。其间也无人私自夺取任何一件物品据为己有。

尽管冲入县署并焚烧衣箱，但乡民并未失去理智。县衙中幕友仆役四处逃窜。乡民安抚他们，说进入县署只是为了求见县官一人，与他人无关。乡民途经厘捐局时，厘捐局委员担心乡民进局抢劫。乡民承诺，进城请愿只为田赋一事，与厘金无关。负责县城治安的炮船兵勇前来弹压闹事，乡民劝退兵勇："君何为者，我等手无寸铁，岂作乱哉？毋溷，乃公速去各供职守。"兵勇竟然悄然退却。恽思赞大为窘迫，派差使送信给湖州知府桂斌。桂斌此时在演武厅组织武科府试，阅读恽思赞的禀告，大惊失色，等到乌程县武童马箭射完散去后，立即委派归安县知县吕懋荣赴长兴勘察，又派八艘炮船扼守湖州城外通往长兴方向的雪水桥。之后，省府又委派候补知府邹仁溥至长兴。而乡民据守长兴城，向委员邹仁溥请求转达浙江巡抚谭钟麟准许三件事情：

一、向年每张串票只收费四文，近则每张加至十八文半，宜复旧；

二、条银每钱现在伸价四十余文,以后宜照市价;

三、某茂才(即秀才朱炳勋)由众交推,非其自甘选事,须宽以宪典,勿治罪。

而乡民的筹码是,光绪五年(1879)长兴一县征收的钱粮串票均保留在手,可以核对当年钱粮征收与报解的数额,如果处理不当,乡民将对知县私吞钱粮提起京控。在委员的安抚之下,乡民于四月初回到嘉会区。①

四月,恽思赞与长兴县士绅16人联名禀告省府,请求将朱炳勋置诸重典惩处。乡民听闻后,拟议再次集合进城,毁坏参与联名的16家士绅的房屋。于是四月初五、初六两日,长兴县城门关闭,长兴县西南的泗安汛守备统带率兵驻守县城,而县城外居住西乡的前任广东顺德县知县陈鳌峰、敖老七两家住房都被拆毁。②

最终,朱炳勋经委员邹仁溥捉拿,发解至钱塘县监禁。在发审局审问时,朱炳勋在供纸上统计发解至杭州省城中交纳给官吏的费用,包括到省解费,湖州府审问时的堂费,路途中差费、房费,发往钱塘县后给予狱官、狱吏、狱卒费用,以及监狱中的使用,总共超过200两。自诉"日遭逼勒,不得已写信回家,卖田应付"③,侧面也可见官场之黑暗。

依照谭钟麟在奏折中的叙述,长兴闹事是由于生员与知县的个人恩怨,煽动乡民抗拒清丈荒田的不满情绪而起。但是既然如此,那么参与闹事的为什么不是大量开垦荒田的客民,反而是持有较多熟田的土著乡民?须知清查已经垦熟却未上报荒田之举,更多的是影响客民的利益,这也是《申报》一开始认为闹事者为客民的原因所在。随着事件逐步披露,即使官方和社会舆论对事件内容各有叙述,但都认定长兴闹事人群来自土著。为什么是大多已经缴纳田赋的土著在闹事?最有可能的是,在保留荒田捐租与达到考成要求的两难中,长兴知县采取损害土著的利益(当然,对于在当地有影响力的士绅大户,知县应该是保护其利益的,损害的是普通土著的利益,也无怪于一些士绅的房产

---

① 《长兴续信》,《申报》1880年5月21日。

② 《乡民拆屋》,《申报》1880年6月18日。

③ 《粮案讯供》,《申报》1880年7月8日。

被土民捣毁），对熟田"按亩伸粮"，掩盖客民所垦熟田的数目，以此保留地方行政长官在战后所获得的对客民收租的财政权力。尽管在谭钟麟奏折中认为恽思赞"清查荒产，出示晓谕，井然有条，并非办理不善，应无庸议"①，且在恽思赞办理光绪五年（1879）经征钱粮，全完地丁银 12500 余两，谭钟麟奏请议叙，以示鼓励。②　但恽思赞在当年即卸任长兴县知县，回到常州故里，仕途就此断绝③，或许朝廷出于体面考虑当时并未彻查此事，暗地里却予以处罚。

我们可以推断，彻底清查田地已经侵占了地方基层行政机构在太平天国后所获取的新的财政利益，浙江巡抚谭钟麟颁布限期三个月的清查荒熟田亩晓谕，其实也并不要求下属州县在极短的时间内完成彻底清丈荒熟田地这一不可能的任务，只要将境内缴纳田赋的额度提高，达到考成要求即可。对长兴县增加既有熟田田赋额度的做法，浙江巡抚可能已有默许或纵容。因而在闹事发生后，长兴知县恽思赞得到巡抚谭钟麟的极力庇护，罪责全部落于闹事首领。在嘉兴县紧接着发生的又一起闹事中，有谭钟麟命令将荒田按比例划为熟田之说，应能从另一方面支持这一猜测。

第三节　嘉兴摊荒入熟

嘉兴府位于浙江东北部，东滨南海，西临太湖，连接浙江省城杭州与江苏、上海。桐乡、秀水两县地处嘉兴府西部，与湖州相接，区域内平原广阔，运河众多，水陆交通之处难以防守。在太平天国战乱后期太平军进攻浙西时，桐乡、秀水一带曾经几度易手。

嘉兴于咸丰十年（1860）被太平军占领，同治三年（1864）清军又攻克嘉兴，在双方的攻守中，战火遍及全府，嘉兴城西部的秀水至桐乡一带受灾严重。咸丰十年，李秀成认为天京距大多地区"俱五六千里之遥，惟东距苏、杭、上海，不及千里之远，厚薄之势既殊，而乘胜下取，其功易成"④，洪仁玕遂命其攻打苏

---

①　《光绪七年闰七月初七日京报全录》，《申报》1881 年 8 月 25 日。
②　《光绪六年四月十二日京报全录》，《申报》1880 年 5 月 30 日。
③　《同知衔浙江归安县知县显考竹坡府君行述》，《恽氏家乘》卷十八《行述》，光裕堂 1917 年刻本。
④　罗尔纲编著：《李秀成自述原稿注》，中华书局 1979 年版，第 554 页。

浙。四月二十六日,李秀成克嘉兴,知府张玉藻及知县以下弃城逃亡。[①] 清军由已革广西提督张玉良等分兵三路反攻嘉兴,围嘉兴城两月之久。[②] 五月初三日起清军与太平军相持对击,日夜无休。太平军三次出击濮院镇,均被民团击退,又在陡亹一带焚烧抢掠。张玉良收集江南溃勇二万五千余人,初七日暂驻石门县,计划由嘉兴西侧双桥、陡门一带攻城。[③] 总兵吴再升进扎陡门,马德昭驻扎牟家营。[④] 五月十七日太平军乘夜由新塍袭击陡门,被清军伏击,张玉良乘势追击,夺取新塍至嘉兴小西门一带太平军设置的关卡,"共计毙贼七八千名,生擒五百二十名"[⑤],二十六日逼近嘉兴城西门城垣。六月间两军几番交战,张玉良曾于六月二十九日"轰倒城墙五丈",仍未攻下。[⑥] 双方相持至七月十九日,李秀成所领太平军自上海撤回援助嘉兴,此时张玉良所领清军已轰破嘉兴南门垛口。[⑦] 李秀成军至后,与张玉良军血战五日,至七月二十三日,清军不支,溃退石门。[⑧] 太平军乘势攻占嘉兴府下各县,七月二十四日攻占石门,二十六日攻占桐乡,八月初四日再占嘉善,初五日再占平湖,至此嘉兴府几乎全部为太平天国所控制。[⑨]

清军攻克浙江时,以嘉兴为浙西杭州倚靠的肥腴之地,而嘉兴西部的桐乡又为杭州进入嘉兴并连接浙西的军事要道,"必先下此城始可分取嘉兴、石门等处"[⑩],为左宗棠所率浙军、与湖州太平军激战之处。同治三年(1864)正月初二日,蒋益澧令太平军降将蔡元吉率浙军夜袭桐乡,被何培章所率太平军阻

① 许瑶光:《谈浙》卷二《谈咸丰十年夏嘉兴失守事略》,载杨家骆主编《太平天国文献汇编》第6册,鼎文书局1973年版,第576—577页。
② 瑞昌、王有龄奏,《钦定剿平粤匪方略》卷二百四十三,载《续修四库全书·史部》第4册,第640页。
③ 瑞昌、王有龄奏,《钦定剿平粤匪方略》卷二百四十三,载《续修四库全书·史部》第4册,第651页。
④ 瑞昌等奏,《钦定剿平粤匪方略》卷二百四十四,载《续修四库全书·史部》第4册,第663—664页。
⑤ 瑞昌、王有龄奏,《钦定剿平粤匪方略》卷二百四十五,载《续修四库全书·史部》第4册,第675页。
⑥ 《杭州将军瑞昌等奏报官军于嘉兴四次功剿获胜情形折》,中国第一历史档案馆编《清政府镇压太平天国档案史料》第22册,社会科学文献出版社1996年版,第419—422页;瑞昌、王有龄奏:《钦定剿平粤匪方略》卷二百四十九,载《续修四库全书·史部》第4册,第60—61页。
⑦ 许瑶光:《谈浙》卷二《谈咸丰十年夏嘉兴失守事略》,载《太平天国文献汇编》第6册,鼎文书局1973年版,第576—577页。
⑧ 王有龄奏,《钦定剿平粤匪方略》卷二百五十,载《续修四库全书·史部》第5册,第60—61页。
⑨ 许瑶光:《谈浙》卷二《谈咸丰十年夏嘉兴失守事略》,载《太平天国文卖汇编》第6册,鼎文书局1973年版,第576—577页。
⑩ 左宗棠:《收复桐乡县城折》,《左宗棠全集·奏稿一》,岳麓书社1987年版,第362页。

拦,次日蒋益澧军围桐乡城。初六日何培章请降,初八日清军入桐乡城,并驻守双桥、乌镇浙西往来要道。① 此时李鸿章所率淮军加强了对嘉兴城东部的攻势,连破嘉兴东北门外太平军守垒。② 湖州太平军黄文金等为缓解嘉兴之围,屡次进军新塍等处,蒋益澧遣杨道恰援助桐乡,又将围攻嘉兴的两支军队撤回桐乡驻守。二月初七日后,太平军自陡亹架浮桥潜渡失败,又合大股军队自乌镇、三里街、陡亹、双桥等处进攻桐乡西门,浙军毙太平军二千余人,生擒百余人。十六日李远继等趁清军防御工事未成,率太平军万余人又来,与浙军鏖战三时,清军于太平军后纵火夹击,斩三百余人,淹毙四百余人。浙军十七、十八二日攻克陡亹,十九日后与湖州太平军在乌镇对峙。③ 二月十八日,淮军攻克嘉兴府城,二十一日又乘胜攻入黄文金占据的新塍、四亭子一带。④ 黄文金军由乌镇退回湖州。

嘉兴府于太平天国末期被太平军控制三年,战乱中人口流失,土地荒芜,无力负担赋税。战后清廷对嘉兴府地区赋税大量蠲免,并开始筹划制定减赋定章。

官员希望通过招垦来促进战乱后的经济恢复,并制定蠲免开垦荒田前两年税赋的政策以鼓励。在蠲免两年粮赋后,办理升科,将荒田转入缴纳正赋的熟田行列。光绪六年,浙江巡抚谭钟麟委员至嘉兴县"清理荒熟,按亩编查,其客垦户亩另立清册"⑤,不意闹出一场大风波。

浙江巡抚谭钟麟收到浙江各县清查荒产的报告后,对嘉兴一县尤为不满,认定该县"禀报含糊,并无荒册呈送,仅以刻板甘结"⑥。光绪六年二月,谭钟麟提库书刘秉文到省发臬司讯究,刘秉文供出嘉兴县尚有熟田数万余亩未曾具报。三月初八日,谭钟麟委派候补道王荫樾与县丞邹增隽、戴兴之等前往嘉兴

---

① 秦湘业、陈钟英纂辑:《平浙纪略》卷六,同治十二年(1873年)浙江书局刻本,载沈云龙主编《近代中国史料丛刊》第24辑,文海出版社1968年版,第196—200页。

② 李鸿章:《各路功剿情形片》,《李鸿章全集·奏议一》,安徽教育出版社2008年版,第447页。

③ 秦湘业、陈钟英纂辑:《平浙纪略》卷六,同治十二年(1873年)浙江书局刻本,载沈云龙主编《近代中国史料丛刊》第24辑,文海出版社1968年版,第196—200页。

④ 李鸿章:《克复嘉兴详细情形折》,《李鸿章全集·奏议一》,安徽教育出版社2008年版,第464页。

⑤ 光绪《嘉兴县志》卷十一《土客交涉》。

⑥ 《光绪六年九月初九日京报全录》,《申报》1880年10月22日。

府勘察荒产,据报载他们此行已奉谭钟麟之饬令,必须严加丈量履勘,以杜绝民间并占荒田将熟田隐匿不报的恶行,并完成将嘉兴县荒田的百分之九十五六登记入粮册,交纳田赋。①

委员三人到嘉兴县之后,嘉兴知府许瑶光安排至宏文馆居住,并呈交庄地全图,刻数方木戳,请委员在勘察核实后加盖戳章。但十六日至二十一日,王荫樾等委员并未下乡,只是命嘉兴县知县廖安之传集庄书 65 名,在宏文馆听候询问。王荫樾会讯间喝打庄书,常熬问至四更,要求将开报的有主荒产全部征粮,并在无主荒产中酌情增加熟产,逼迫庄书出具具结承粮,一旦庄书不敢具结,就要求县令将其解至省府问讯。② 最终定下有主荒田中大约 89.2% 列入熟产,办理升科;无主荒产则为 2%。嘉兴县有主荒田与无主荒田的亩分,嘉兴知县廖安之认为原有报荒册未必确实,之前申报的熟产不过占荒田总额的86% 左右,现在所定升科数量过多,应由委员亲自下乡细访严查,以查勘为实。于是他在二十二至二十三两日预备船只,请委员下乡诣勘,但王荫樾以身体抱恙,拖延不行。③ 嘉兴知府许瑶光在之后向浙江巡抚谭钟麟的禀呈中言,这几日他先后与王荫樾见面五次,王荫樾均拒言如何清查荒产。

嘉兴府客荒征簿上载有的太平天国战乱之后 4.5 万余亩荒田中,有主荒田 2.1 万余亩,无主荒田 2.3 万余亩。可见有主荒产与无主荒产的亩分大致相当,这也在 26 年后清廷大员端方办理浙江荒产的材料中得到证实,④而嘉兴县此次有主荒产的增熟亩分远高于无主荒产。很明显,省级官员迫于国家田赋方面的财政需求大力办理增熟升科,但并不愿过分触碰县级地方官员利益所在的无主荒产,只能默认县级官员对于客民收租的权力,转而针对土著利益所在的有主荒产办理清查。但不期增加熟出举措引起小户乡民的恐慌,担心一旦增熟,粮额又将平分至原有熟田下,于是引发之后的请勘闹事。

荒田升科的额度定下后,有主荒产均需承粮的消息迅速传播至乡间。三

---

① 《论杭嘉湖三郡民情》,《申报》1880 年 5 月 29 日。

② 《嘉兴府知府许瑶光复浙抚谭中丞禀》,《申报》1880 年 6 月 4 日。

③ 《嘉兴府许瑶光、嘉兴县廖安之通禀抚藩臬粮巡各宪》,《申报》1880 年 6 月 1 日。

④ 端方:《端忠敏公奏稿》卷四《遵查嘉湖漕务积弊折》,载沈云龙主编《近代中国史料丛刊》第 10 辑,文海出版社 1965 年版,第 125 页。

月二十四日起,有乡民到宏文馆请委员下乡勘察。乡间流言二十二至二十四日有人雇请有名戏班在城隍庙做三天戏文,猜测为不肖之徒聚众筹备闹事。[1]至二十五日,庄保、业佃在内的乡民已聚集达两三千人到县,均手执箍香,请求下乡勘荒。起初乡民人数尚少,邹增隽、戴兴之二委员以道台王荫樾抱病,病愈即行亲勘理由敷衍,后直接不予理会,闭门不出。之后第二波人数较多的乡民赶到,冲击大门,乃至门格损坏,二委员遂命随丁以马鞭挝击和兵刃恐吓方式驱逐乡民,不料反而激起众怒,厅内大轿被打碎,戴兴之头被打伤。乡民高声喧嚷,认为委员既然是为勘察荒地而来,应请其到荒地实际踏勘。此次前来请勘的乡民多为嘉兴县荒产较多的海盐、塘余、贤埭一带之民,遂拽拉推搡邹增隽与戴兴之至嘉兴县城南门外。第三波人数更多的乡民又至,抓住王荫樾,逼迫其同往南门。

尽管乡民自二十四日起已开始在宏文馆聚集,但嘉兴地方官员未有任何行动。二十五日邹、戴二人被乡民围拥时,情况近于无法控制,嘉兴知府许瑶光与秀水县令黄兆槐得知事态严重,飞马率兵出署解围。黄兆槐先到宏文馆附近,附近小巷已被前来请勘的乡民塞满,人多拥挤,无法继续前行。乡民将黄兆槐误认作嘉兴县令廖安之,将黄兆槐道旗扯碎。黄兆槐绕行进入宏文馆东侧的嘉兴县署,协同知县廖安之,至鼓楼前与许瑶光汇合,三人一同前往闹事场所。至距离宏文馆半里的邀仓弄前遇见被随从丁兵搀扶行走的王荫樾,许瑶光安排其在附近官宦人家房内暂时休息。嘉兴副将侯定贵又派人将南门外乡民驱散,将两委员邹增隽、戴兴之护送至城内,并拿获当时在城外的乡民共 11 名,押解至县署,之后解送省府。此后嘉兴南门外铺户同时关闭,南城门也暂时关闭。[2] 经廖安之检查,王、邹、戴三人各有受伤,以王荫樾伤情最重。许瑶光也在追赶过程中坠马受伤。[3] 宏文馆门窗什物在乡民拥挤推搡中多有损坏,但委员的行李并未遗失。王荫樾深感受辱,忿恨难忍,许瑶光提出两个暂时安置方案,一是移住嘉兴府署,二是水师管官卢成金护送其移住古井庵,王荫樾均不同意。直至二十九日安排炮船,请军门新造的长龙巡河船来到,王

---

① 《来札照登》,《申报》1880 年 5 月 31 日。

② 《查荒闹事》,《申报》1880 年 5 月 6 日。

③ 《兵丁捉船》,《申报》1880 年 5 月 2 日。

荫樾才乘轿出城,嘉兴满城文武官员送别。

乡民围殴省府委员,巡抚谭钟麟听闻后判定为民变,飞札楚军中二营派兵围剿。四月初三日,驻扎馒头山的八百余名楚军奉檄调赴嘉兴。军队尚未进城,许瑶光禀告乡民已经解散,不应张皇其事以至于乡民再次聚集,酿成大祸。①《申报》登载文章,论嘉兴风俗懦良,本不至于生事,若派兵进入,导致乡民与军队相斗,反会激成祸变。② 此外,丁忧在籍的秀水人张豫立恰在杭州,向谭钟麟保证嘉兴乡民不生变乱,请停止用兵。谭钟麟兵符已下,于是借口军队改为巡视乍浦海防,过嘉兴县城而归。③ 闹事一案初步平息。

乡民闹事,犯下聚众围堵官署、殴打官员等罪行,无疑是专制社会的大忌。《申报》对此事反应很快,从迅速刊登的几篇评论中,或许可以看到当时文人士绅尝试发动社会舆论影响事件的最后处理。

先期刊登的文章论以巡抚早期准备不足,其后举措不当。在尚未将查荒章程晓谕各乡时,即派委员下乡查荒,实为不妥之举,易令百姓生疑。查荒本有晓谕乡民,由乡民自行报荒升科一类轻便的政策,应严格督促下级官吏执行,而委派候补道员及同知等官员至当地查勘实属过分之举,百姓因之生疑,以为所定升科粮额必然有意苛求,产生恐慌。④ 嘉兴一府办理升科只需明白示谕乡民,将原有向地方官吏缴纳地租的荒田转入缴纳正赋即可,为安抚乡民情绪,案件处理也只需惩罚为首一二人,点到为止。⑤

其次认为委员在处理乡民跪香时简单粗暴,导致乡民激怒。报纸舆论认为嘉兴闹事多应归罪于查荒委员,"实由于官而不由于民"⑥。先是委员在乡民执香跪求时未能耐心陈述浙抚查荒意旨,并虚心向耆老询问政策难行之处,反将乡民请求置之不理,继之施加武力,激怒舆情,直至被群围殴打,原因无非是委员未能慎重斟酌人情。嘉兴多年未办理升科,骤然开办清查荒田,必须开诚

---

① 《论杭嘉湖三属民情》,《申报》1880 年 5 月 29 日。

② 《论杭州调兵赴禾》,《申报》1880 年 5 月 22 日。

③ 严辰:《墨花吟馆文抄》卷下《张少菓司马六十寿序》,载《清代诗文集汇编》第 689 册,上海古籍出版社 2010 年版,第 557—558 页。

④ 《论嘉属乡人抗勘荒田案》,《申报》1880 年 5 月 10 日。

⑤ 《嘉湖两属勘荒清粮情形不同说》,《申报》1880 年 5 月 14 日。

⑥ 《论民变》,《申报》1880 年 5 月 23 日。

布公,务必使乡民对政策心服口服。升科一议需对当地情形详加分别,或一地荒芜甚重,或一地开荒未成,都应详细查明,而王荫樾等一概以升科办理,不当之举激成民变,办理查荒的官员不应免其责任。王荫樾官至道员,见乡民执香跪请,竟不收其禀状了解冤抑,反而自取其辱,扑打驱赶乡民,"如此不学无术,岂非咎有应得"①。又评论虽然乡民劫官,实则不过请委员尽其应做之事,到地丈勘而已,若再行惩办庄书、地保等人,违背民意,则可能乡民违抗县官,夺回地保,推溺差役,再酿巨案等前车之鉴。②

其后,《申报》文章论及嘉兴荒田升科情况。嘉兴、秀水两县绅士很多是生员出身或生意人捐职获得,"名为绅士,而实则鱼肉乡里之辈,于是官绅胥吏通同一气,牢不可破"③。以熟报荒之事均为此类不肖绅士所为,也是针对势单力薄的普通平民。董事、庄司、地保三令五申如果乡民隐匿不报,丈量查出时将会按律充公,所以乡民断然不敢不以实数呈报。同治末年以来,各地办理升科,实际田赋并不由升入熟田的荒田付给,而是直接摊派在已有熟田之上。土民本就要承担熟田应缴纳的田赋,还由于升科摊派,已在实际的田赋之上被多征收二三成粮赋。此次乡民听闻王荫樾等委员定下又要增加十余万亩熟田,如果继续摊派在已有熟田之下则必然无法承受,遂至县跪香求委员下乡勘察。升科的前提是有切实荒熟田地登记,有真实的田亩图册,只定升科田数,最终不免大部分摊派给平民小户。王荫樾等人当然清楚民间田土匿报的方式,只是对他们而言,清粮时只要增加熟田亩分即可,让庄书督促乡民完纳钱粮就可完成任务,不料却激发民变。④

与长兴县"按亩伸粮"情况相似,即使存在未报垦熟荒田的情况,因"摊荒入熟"受损的并非垦种荒田的客民,反而是拥有熟田的土著。尽管《申报》明确偏向乡民,指责委员,声明"本报曲谅夫民,而来稿于民之中分出等差,其最苦者为平民;本报归咎于官,而来稿于官之中示以区别,其罪大者为委员"⑤,但谭

---

① 《来札照登》,《申报》1880 年 5 月 31 日。
② 《论杭嘉湖三属民情》,《申报》1880 年 5 月 29 日。
③ 《来札照登》,《申报》1880 年 5 月 31 日。
④ 《嘉兴案情宜归罪委员说》,《申报》1880 年 6 月 1 日。
⑤ 《嘉兴案情宜归罪委员说》,《申报》1880 年 6 月 1 日。

钟麟认为《申报》刊登言论不过是庄书等胥吏伙同文人,借舆论用以脱罪,痛骂他们以"知不免于罪,于是四播谣言,百端氛制,甚且禀牍未达于臣辕,禀稿先登诸《申报》"①。谭钟麟奏折中描述事件为:

> 嘉兴委员提讯庄书,辄敢邀集多人,毁辱官长,与劣生挟嫌聚众入城,抄毁衙署。②

上谕要求谭钟麟捉拿案犯,保证清查的有效进行:

> 此等习风断不可长。著谭钟麟即饬分委各员,密拿首要各犯,解省讯办,如敢抗违,即行从严惩办,以儆效尤,务将各属荒熟分数彻底清查。力图垦复,杜欺隐之祸,祛中饱之弊,期于国课民生两有裨益。③

谭钟麟审问拿获 11 人,其中 8 名乡民对执香跪请勘荒一事毫不知情,或许仅是当时路过南门的乡民,当即开释。④ 另外 3 人则供出是庄书、地保邀结他们入城。谭钟麟派人抓获所供庄书王三悌,王三悌又供出邀集他的地保徐永源,但徐永源逃匿在外,案件主使的线索中断。于是又要求乡民供出隐匿田亩最多的士绅,经查证均非滋事之人,免于追究。⑤ 案件直至谭钟麟卸任,陈士杰接任浙江巡抚后才结束。最终为处罚案犯 12 名,其中庄书 2 人、圩长 5 人、地保 1 人、乡民 4 人,定庄书王陆沅为主犯。官方将庄书胥吏作为嘉兴闹事的策划者,结语:"王陆沅因担心查荒受责,起意纠集众人跪香求勘,挟制委员,于是与另一名庄书商量,辗转纠集多人,前赴该道公寓求勘。"⑥一场人数众多的闹事以处罚十几人结束。

六月十三日,谭钟麟罢免许瑶光嘉兴知府官职,挂牌另委。许瑶光自同治

---

① 谭钟麟:《谭文勤公(钟麟)奏稿》卷七《各属荒熟田地开单奏报片》,载沈云龙主编《近代中国史料丛刊》第 33 辑,文海出版社 1965 年版,第 403 页。
② 谭钟麟:《谭文勤公(钟麟)奏稿》卷七《各属荒熟田地开单奏报片》,载沈云龙主编《近代中国史料丛刊》第 33 辑,文海出版社 1965 年版,第 404 页。
③ 《恭录谕旨》,《申报》1880 年 6 月 1 日。
④ 陈士杰:《陈侍郎奏议》卷一《复陈道员王荫樾京控各情片》,载《晚清四部丛刊》第 3 编第 48 册,文听阁图书有限公司,第 12 页。
⑤ 《光绪六年九月初九日京报全录》,《申报》1880 年 10 月 22 日。
⑥ 陈士杰:《陈侍郎奏议》卷一《复陈道员王荫樾京控各情片》,载《晚清四部丛刊》第 3 编第 48 册,文听阁图书有限公司,第 13 页。

二年(1863)起任嘉兴知府,至此 17 年,基业深厚,次日即有嘉兴耆民叩府求留任,嘉兴七县士绅六月二十七日至七月初二日于烟雨楼设宴饯行。他在七月初三日乘船出嘉兴,百姓一路彩船香花相送,初五日到半山,又有五艘炮船前来护送。[①]

许瑶光适才罢官,七月初四日,御史邓承修弹劾谭钟麟办理荒熟田亩清查过于操切,所派道员王荫樾到县后就声称巡抚有摊荒作熟之谕令,以至于在嘉兴造成百姓人心惶惶,并在妇孺入城跪求履勘时,反以马鞭、刀械威吓。奏折言道:

> 奉查嘉兴府属之道员王荫樾,到县后即声言抚宪面谕,不准下乡查勘,惟日坐官寓,严讯庄书,逼勒具结,多认分数。百姓初闻抚宪摊荒作熟之谕,已觉惊疑。又见委员到县,并不履勘荒熟情形,群情惶惑,携带妇孺,纷纷入城跪求履勘。该员又不明白晓谕,反令随员跟役执持马鞭刀械威吓,至激众怒,登时将委员拥出。在百姓情急呼号,事起仓促,而委员之办理乖谬,咎实难辞。乃事后委员则未闻参处,惟闻省札严提嘉兴滋事之人,差役四出查拿,势同瓜蔓,南乡十数乡村闻风逃避。而王荫樾不知愧耻,尚屡次禀催,冀为泄忿。现闻抚臣已将该员逼勒认熟之结,盖印、发县,照册征粮。此外各属盖不查勘,但令多加分数,以求足额。官吏冀免获咎,计无所施,势不至勒荒为熟不止。

> 伏思清查云者,必待查而后能清,未有不查而能清者。遍查或有所难,抽查即可立见。至以荒粮摊入熟田,朝廷从无此政体。该抚臣大张晓谕,开属下以掊克之端,以致嘉、湖、杭州之案,皆由此而起。操切如此,岂朝廷裕课恤民之意哉?夫查荒必须履勘,该抚岂有不知?意谓百姓复业已久,真荒者少,捏荒者多,故作此办法,以期速效耳。不知百分之熟,一分之荒,查之而豁荒征熟,民亦无辞;不查而摊荒入熟,名亦不正。臣观民情危迫如此,真荒当亦不少。封疆大吏苟能率属认真招徕劝课,诚如圣

谕,行之数年,何当不可渐复旧额,何必苟且操切,行如此大拂民意之政耶?①

谭钟麟具折奏复,提到"摊荒作熟"一项实为针对有成熟田地隐匿不报的绅民,"将短报之数归于成熟田地项下,按亩摊赔,以足税额"②。他将嘉兴一案归结为嘉兴县报告含糊,缺荒田册,且有库书刘秉文口供为吞荒之证,遂令查荒,而闹事应咎于嘉兴庄书。而所谓操切是私吞荒产的庄书对查荒举措的抗拒造谣。为了袒护王荫樾,他更是以退为进,说王氏在湖州期间根本没有办理什么事情,既然如此,也就是没有做什么不好的事情,自然应该免于处分。言道:

> 道员王荫樾奉委查荒,提讯庄书,根究侵吞熟田,有刘秉文供词可凭。初非逼认分数,并未尝以庄书认结呈送臣处。其在郡旬日,未出一告示,又未饬县照数征粮,徒以提讯庄书故,大受官辱而返,是始终未尝办理一事,即无不善之处,应请免其参奏。
>
> 查嘉兴庄书近来多捐监生从九品职衔,平日自齿于缙绅之列,忽经委员提讯,长跪公廷,令其尽吐久吞之产,忿不可遏。因诡称荒田要完粮之说,煽惑小民,胁众闹事以泄愤事。后知不免于罪,于是四播谣言,百端挟制。甚至禀牍未达臣辕,禀稿先登诸《申报》。诪张为幻,危辞耸听,犹是恐吓乡愚之故智耳。
>
> 臣稽核田赋,首重查荒,必无专办嘉兴一县,他属不查勘之理。现在各属已有查明者;有绅士请秋成后再查者;有造报含糊,须提书办讯究者。委员四出,严札频催,固未敢操切以图功,亦不敢因浮言而中止。惟有秉公持平,准情酌理,认真查办,以仰副朝廷实事求是之至意。③

对于谭钟麟的解释,上谕表示认可:

① 邓承修:《语冰阁奏议》卷一《奏为浙省清查荒熟办理失宜恐酿成事变》,载沈云龙主编《近代中国史料丛刊》第12辑,文海出版社1965年版,第76—77页。

② 谭钟麟:《谭文勤公(钟麟)奏议》卷七《复陈浙省查荒情形折》,载沈云龙主编《近代中国史料丛刊》第12辑,文海出版社1965年版,第432页。

③ 谭钟麟:《谭文勤公(钟麟)奏议》卷七《复陈浙省查荒情形折》,载沈云龙主编《近代中国史料丛刊》第12辑,文海出版社1965年版,第434—436页。

知道了。仍著该抚认真清查,总期有裨国课,无累民生,方可为妥善。①

遭此弹劾,谭钟麟坚持完成升科,于是"各州县乃勉吐所吞,骤增漕额",谭钟麟的强力查荒确实取得了成效,光绪六年(1886)"增十余万之粮而民无所加赋,增廿余万之厘而商无加税"②。然而增额远不能达到原有的份额。就表3所示的光绪十八年至二十年(1892—1894)的三年间看来,浙江省实收田赋缺额接近140万两,实征占原额的比例仅高于钱粮原额更高的江苏省,仅为50%。

表3　光绪十八年至二十年各省每年钱粮实收情况　　（单位:两）

省份	钱粮原额	实收钱粮	实收比例
江苏	3 377 971	1 468 000	43.46%
浙江	2 794 340	1 400 000	50.10%
江西	2 077 645	1 118 000	53.81%
安徽	1 655 454	1 046 000	63.19%
河南	3 250 263	2 316 000	71.26%
直隶	3 029 644	2 200 000	72.62%
山东	3 380 052	2 600 000	76.92%
福建	1 248 200	1 010 000	80.92%
湖北	1 124 700	950 000	84.47%
山西	3 056 407	2 600 000	85.07%
甘肃	231 104	204 000	88.27%
陕西	1 627 513	1 550 000	95.24%
湖南	1 162 736	1 150 000	98.90%
广东	1 279 903	1 600 000	125.01%

---

① 《光绪六年九月初二日京报全录》,《申报》1880 年 10 月 15 日。
② 严辰:《墨花吟馆文抄》卷下《张少蘘司马六十寿序》,载《清代诗文集汇编》第 689 册,上海古籍出版社 2010 年版,第 557—558 页。

续表

省份	钱粮原额	实收钱粮	实收比例
广西	393 703	500 000	127.00%
云南	210 531	300 000	142.50%
满洲	221 774	560 000	252.51%
四川	668 482	2 390 000	357.53%
贵州	31 581	125 000	395.81%

资料来源:吴汝纶《桐城吴先生日记》卷六《时政》,河北教育出版社 1999 年版,第 339—340 页

光绪七年(1881),谭钟麟升陕甘总督,浙江巡抚一职由陈士杰接任,新抚对于涉案人员的态度跟前任接任不同,在嘉兴县绅民的请求下让被撤职的许瑶光恢复原职,王荫樾却去职归乡。不服气的王荫樾以嘉兴府许瑶光与廖安之因被吞没荒产,暗中主使闹事,"挟恨唆众殴官"①罪名赴都察院呈诉:

> 光绪六年三月间,巡抚谭钟麟饬职带领县丞邹增隽等赴嘉兴县勘查荒田。职仅调各庄书清册,取供备查,突有数百人哄至职寓,将职并随员殴辱。该府县许瑶光、廖安之并不弹压拿人,明系意欲吞荒,暗中主使。职禀谭钟麟,具奏在案。谭钟麟仅将许瑶光、廖安之撤任,嗣经后任嘉兴县施振成解到数犯张茂卿等,臬司孙家谷含糊释放,迄未将职昭雪。②

朝廷又让陈士杰重新审理此案,而查处的结果,恰恰是印证《申报》所持观点,王荫樾确实有办理操切之处,嘉兴地方官员政绩卓越,知府许瑶光的责任仅在于对闹事没有及时觉察预防:

> 因公受辱,固属实情,究之办理,亦稍操切,众所共知。且已将庄书王陆沉等分别问拟至十六名之多,惩办已不为不严。而该府许瑶光政声卓卓,绅民爱戴,变起仓卒,未能先事预防,其疏忽之咎既已交部察议,亦足以示儆。国家办理案件,轻重自有常例。岂能因该道意存拖累,遂为迁就,枉人以法。臣清夜自思,查办此案,实无偏袒。惟该道性多反复。臣

---

① 《德宗实录》卷一百三十八,光绪七年十月癸酉。

② 《光绪七年十月二十五日京报全录》,《申报》1882 年 1 月 6 日。

与许瑶光亦系同年同乡，难保不借为口实。可否照臣前奏完结，以杜借端缠讼之风，抑或饬交闽浙督臣再行查明，以昭折服之处。①

陈士杰在复折中同时也说王荫樾经开导后帖服无词。但随后王荫樾再次上奏都察院，言陈士杰并未传讯，其本人也并未服帖，转而责骂陈士杰办理不公。② 事件最终以陈士杰上奏王荫樾擅用公文肆言诋骂③，上谕交部严加议处结束。④

清查荒产过程之中，地方官员出于客民垦荒所缴纳的田租利益出发，庇护客民。地方官员庇护客民的事件在浙江亦不少见，与嘉兴相邻的湖州府乌程县"经客民垦种未报者不下数万亩，民与为仇，官乃曲庇"⑤，长兴县"同治年间业主未曾归认之田，悉被占去，藉口垦荒，抗征不纳，而官以岁收其租之故，亦遂不复抑勒"⑥，"客民以官与有利势必庇护，是以有恃无恐，欺凌土著，霸占强买之风所在皆有"⑦。土民指责地方官府"庇客压土"⑧，对客民仇恨日深。

光绪八年，浙抚陈士杰发布晓谕土客示，重申任道镕《土客善后章程》十条，并以"此后该客民毋庸再行招致同乡纷纷来浙，以致无地可垦，进退为难"⑨，停止招垦政策。同年，复职的嘉兴知府许瑶光出示禁止客民继续到嘉兴。⑩ 但土客积怨并未因招垦政策停止而消散，仍不断有大大小小的冲突爆发。

①　陈士杰：《陈侍郎奏议》卷一《复陈道员王荫樾京控各情片》，载《晚清四部丛刊》第 3 编第 48 册，文听阁图书有限公司 2010 年版，第 12 页。

②　《本馆自己接到电音》，《申报》1882 年 9 月 2 日。

③　陈士杰：《陈侍郎奏议》卷一《复奏道员王荫樾二次京控片案》，载《晚清四部丛刊》第 3 编第 48 册，文听阁图书有限公司 2010 年版，第 22 页；《陈侍郎奏议》卷一《奏道员王荫樾擅用公文肆口谩骂请旨惩办缘由片》，载《晚清四部丛刊》第 3 编第 48 册，文听阁图书有限公司 2010 年版，第 35 页。

④　《本馆自己接到电音》，《申报》1882 年 10 月 1 日。

⑤　《详述湖州费村被抢事》，《申报》1878 年 10 月 7 日。

⑥　《嘉湖两属勘荒清粮情形不同说》，《申报》1880 年 5 月 14 日。

⑦　《论长兴按亩申粮》，《申报》1880 年 5 月 24 日。

⑧　周家楣：《期不负斋文集》卷四《致陈隽臣中丞书》，载《清代诗文集汇编》第 726 册，上海古籍出版社 2010 年版，第 691 页。

⑨　《晓谕土客示》，《上海新报》光绪八年四月二十三日。

⑩　光绪《嘉兴县志》卷十一《土客交涉》。

第四章 地方士绅的影子：
光绪九年桐乡、秀水土客冲突

　　在近代浙江的土客之争中，大体存在着中央和省、县级行政机构、士绅、客民和土著五种力量，它们各自的利益诉求，在一场场土客冲突中得以反映。中央和省府为了解决财政匮乏，急欲增加田赋，在农村生产秩序恢复的背景下，推行查田。而此时县级官员却在太平天国战后已经获得了客民垦荒纳租的财政利益，那些胥吏和庄书也得以分润，他们不愿意将客民缴纳给他们的租金转变成田赋交给中央，即使在地方官员政绩考核中，荒地升科无疑是重要的内容之一。在土著和客民的冲突中，地方基层官员往往袒护客民，省政府在执行中央增加田赋的政策中，也默认地方官员的财政利益，并不关注那些已经具备升科条件的荒地，只是在已经登记在册的熟田上再增加缴纳中央的田赋，如长兴的按亩伸田、嘉兴的摊荒入熟，大体如此，在在都是损害土著的利益。于是乎土客冲突中，普通土著与知县常常处于敌对双方。但是历史的面相绝非如此简单，县官出于政绩考核的压力，推行政事又势必与当地士绅大户交好。作为地方秩序的维护者，大多数士绅对于客民的大量进入，殊无好感，虽也无力阻挡，但在舆论上常常持驱逐客民之论。在一些土客冲突中，或许有着士绅的参与，县官在处理上就常常摇摆不定，无所作为，这也导致客民不满县官、痛恨士绅。光绪九年的桐乡、秀水土客冲突就是典型的例子。

第一节 从买糖纠纷到土客械斗

　　前珠庙位于桐乡东北，与秀水县相邻。据民国《乌青镇志》记载，为前朱村

东岳庙俗称,始建于宋咸淳九年(1273)。① 清代东岳庙会盛行于嘉兴,如桐乡
濮院镇"东岳会俗名行香会……康熙以来绸业日盛,民殷物阜,而举国若狂之
事起矣。又有所谓大会十年一举"②。东岳庙除祭祀东岳大帝外,也常被用作
迎春之所,桐乡县东门外东岳庙"每岁立春,邑令率僚属迎春于此"③,海宁县东
岳庙"每岁立春,邑令率僚属迎春东郊,必始于此"④。青镇的前珠庙将东岳神
与土地神祭祀结合,清康熙时人盛爌所纂的《前朱里纪略》载前珠庙前身前朱
道院为"宋南渡淳熙年间众建,供奉东岳土地"⑤,又有《东前珠庙赡田旧碑记》
记载"本庙自淳熙间众建安东岳土地典祀"⑥。二月初为桐乡风俗中祭祀土地
的时候,当月"乡村好事者醵钱演戏酬神,名春台戏"⑦。

　　光绪九年(1883)农历二月初三日,一户钱姓人家在此演戏酬神,有在前珠
庙西南的金塘桥一带垦荒的两湖客民叶少明、王老七等人前来听戏,在买糖时
与摆糖摊的江北人发生口角,双方的争执中,两湖客民将江北人殴伤。或许是
出于对弱势一方的同情,在一旁围观的土著陈小二、徐小四帮同江北人与两湖
客民争斗,抓住一名客民张福山为质,要求与客民评理。客民叶少明等邀同多
人,又将张福山夺回。或说客民闹至当地某姓祠堂,毁坏木主、门窗,激怒士绅
禀告县官缉捕。⑧《申报》记录当时一种更为戏剧化的传言:有一帮太湖盐枭路
过看戏,见土著被数十客民围殴,路见不平,遂持枪炮协助。两湖客民势不能
抵,传集数百同乡,手持戈矛犁锄争斗,背城一战。盐枭一面暗中吩咐土著焚
烧客民居住的草棚,使客民不敢恋战;一面布置船炮枪械,严阵以待。双方争
杀时火光冲天,土民如山坍海啸而来,不分两湖客民抑或宁绍客民,均放火焚

---

　　① 民国《乌青镇志》卷十四《乡村》。

　　② 沈廷瑞:《东畲杂记》"东岳会"条,光绪十三年刻本。

　　③ 光绪《嘉兴府志》卷十一《坛庙二》,载《中国地方志集成·浙江府县志集》第12册,上海书店
1993年版,第303页。

　　④ 乾隆《海宁县志》卷二《建置志》。

　　⑤ 盛爌:《前朱里纪略·古迹》,载《中国地方志集成·乡镇志专辑》第21册,上海书店1992年版,
第5页。

　　⑥ 《东前珠庙赡田旧碑记》,载《中国地方志集成·乡镇志专辑》第21册,上海书店出版社1992年
版,第6页。

　　⑦ 光绪《桐乡县志》卷二《疆域志下·风俗》,第6页,载《中国地方志集成·浙江府县志集》第23
册,上海书店1993年版,第118页。

　　⑧ 《县官急死》,《申报》1883年4月9日。

烧草棚,围殴客民并将尸体投至运河中。① 或说有盐枭与枪船将该处六间草棚焚毁。②

本是一件无关紧要的买糖争端,在土客长期积愤下扩大为一场客民与土著之间的冲突。次日,客民叶少明又与多人至前珠庙报复土著,毁坏附近几间土著的住房。秀水县人陈先风,诨名陈大木刀,"强而有力,素通盐枭"③,与太湖盐枭有所往来,或本为盐枭。陈大木刀声言,因客民强横,土著难以安身,欲通过放火烧毁客民居住的草棚来驱逐客民。陈大木刀遂邀集当地土著,先与高锡毛、毛葆成二人商议,由二人准备枪械火药。其后,陈大木刀以殴打辱骂逼迫地保陆村荣,民人钱阿三、姚阿三、唐阿五、徐慎大五人入伙帮助,毛葆成纠合吴加大、朱五、姚得元三人同行,并雇佣太湖渔户沈文沅的一艘渔船。

浙北运河流经秀水时有一段落差较大,建闸以节制流速,即命名陡门。陡门为嘉兴县军事重地,太平天国时期陡门为太平军在嘉兴设置关口之处。④ 太平天国"兵燹后居民稀少"⑤,田土荒芜。据光绪六年(1880)嘉兴府知府许瑶光向浙江巡抚谭钟麟的禀报所言,秀水一带为嘉兴荒产最多,而陡门周边均为荒田。⑥ 有众多客民来浙垦荒,"据云该处田租极低,输洋四元可得良田十亩,绍人闻之,争先而往,自正月下旬至今往昔已有百数十人,无不荷锄负锸,携家挈眷而来,所带耕牛共有二十余只,于是诛茅作屋,编草为庐"⑦。陡门一带荒田成为两湖与绍兴客民搭建草棚居住的集中之处。光绪九年(1883)二月初八日,陈大木刀等人在陡门地方会齐,陈大木刀先令陆村荣、钱阿三、姚阿三、唐阿五、徐慎大鸣锣助势,他与高锡毛、毛葆成、吴加大、朱五、姚得元几人在运河南北两岸分别放火焚烧客民草棚,火随风而起,延烧草棚二十余间,居住草棚

① 《械斗详述》,《申报》1883 年 4 月 4 日。

② 《县官急死》,《申报》1883 年 4 月 9 日。

③ 严辰:《桐溪达叟自编年谱》第 93 页,载《北京图书馆藏珍本年谱丛刊》第 165 册,北京图书馆出版社 1999 年版,第 454 页。

④ 沈梓:《避寇日记》咸丰十一年八月廿四日:"陡门长毛伪粹天侯者出告示云:'前奉朗天义令,嘉兴只设陡门一关,其余关口均已辍去。'"载太平天国历史博物馆编《太平天国史料丛编简辑》,中华书局 1963 年版,第 80 页。

⑤ 金蓉镜编:《重修秀水县志》(不分卷),载《浙江图书馆藏稀见方志丛刊》第 24 册,国家图书馆出版社 2011 版,第 208 页。

⑥ 《嘉兴府知府许瑶光复浙抚谭中丞禀》,《申报》1880 年 6 月 4 日。

⑦ 《土客残杀续闻》,《申报》1883 年 3 月 29 日。

内的程方全等客民四人逃避不及丧命。高锡毛用鸟枪轰打,打死薛郭氏等客民三人。陆村荣、钱阿三、姚阿三、唐阿五、徐慎大五人担心酿成大祸,先行逃回。陈大木刀与高锡毛等人又到秀水县新塍镇与濮院镇、桐乡县董家桥一带放火烧棚,每处烧毁草棚数量从一二间至六七间不等,三客民身亡。客民见草棚被烧,扑打陈大木刀等人。陈大木刀、高锡毛等与客民乱殴中,鲍才有、鲍桂生,工人王武全、王运来等一家四命重伤毙命。受雇的太湖渔户沈汶元在场助势,并未动手。闹事后,陈大木刀等人将尸体抛弃至运河内,土著各自逃散。①对这一械斗规模,《申报》报道不尽相同。有报道认为死者众多,客民与土著二月初间互相报复,客民被杀害者达三四百人之多,受伤者不计其数,土著也有伤死者。② 桐乡至秀水一带的陡门、濮院、桐乡几镇数百草棚起火,初八日当夜各乡挖掘坎沟埋尸,坎深至八九尺。死者以宁绍客民居多,两湖客民次之。③另一报道则说事件较为轻微。土著驱逐客民时,有匪徒乘机生事,并无杀人放火、炮船焚毁等事。④

第二节　地方官员的应对与处理

械斗次日清晨,秀水客民进城禀告知县,时任秀水县令陈璃当即下乡勘察,而土著与客民各执一词,十二日知县向嘉兴知府禀告勘察结果,知府龚嘉儁谕令秀水县知县赶紧了结此事。十三日,陈知县再度下乡,至新塍镇,客民攀舆泣诉,知县并不理会,以至于船轿均被打毁⑤,十五日回署时,仍未有任何具体措施。⑥ 县令对客民的禀告采取勘而不办的态度,客民显然不甘心。十四日起,客民陆续进入乌镇,至十六日夜间聚集客民八百人之多,导致十七日乌镇罢市,居民纷纷迁徙躲避,镇上请来炮船兵勇扎营梭巡,尚能维持秩序。其

---

① 《光绪十年二月十日京报全录》,《申报》1884 年 3 月 23 日。
② 《土客残杀》,《申报》1883 年 3 月 26 日。
③ 《县官急死》,《申报》1883 年 4 月 9 日。
④ 《来信照录》,《申报》1883 年 4 月 10 日。
⑤ 《德宗实录》卷一百六十二,光绪九年四月庚子。
⑥ 《县官急死》,《申报》1883 年 4 月 9 日。

后到来客民不下三千人,均屯驻乌镇乡间,土著不顾正值养蚕之时,举家逃避。① 另有草棚被焚,无家可归的客民在城墙一带聚集暂住,陈县令十五日回署后,客民涌入秀水县署,将田器农具、耕牛等搬入县署大堂,要求县官提供食物和栖身之所。十八日为秀水县试之日,秀水知县陈璃在点名后即回署,午后呕血数升而亡。②

十二日,浙江省府才得到了嘉兴府客民滋事的报告③,当即委派候补府张浚万太守前往勘察。张浚万于十八日回到省府禀复。十九日,浙江巡抚刘秉璋了解事态严重,又委派候补知府徐士霖及候补知县潘骥同二人前往勘察。④

四月间,刘秉璋将陈大木刀等案犯获到审办,将事件缘由附片上奏,上谕批复"著该抚将此案提讯确情按律定拟具奏,杭嘉湖各府客民开垦荒地,与土民时启衅端,该抚当督饬属员,将地亩详细清查,酌议章程,妥为办理,务令日久相安"。之后御史黄兆枋上奏《浙江匪徒蟠结请饬分别惩办》一折,提及"浙江秀水县属斗门塘地方,客民与居民械斗,互有杀伤,该署令履勘,船轿均被打毁",上谕"客民垦荒全在平时安插得宜,勤加抚驭,俾得土著日久相安,并著刘秉璋将客民妥筹安置,毋任四出纷扰"⑤。刘秉璋与徐士霖等筹划嘉兴客民遣留方案,先对秀水县内客民多加抚恤,对其中愿意回籍或迁徙他乡的客民给予旅费,或补偿垦种荒田的本钱,分批押送出境。死亡客民的亲属及待审问的人暂留备质。对其中仍愿留在秀水垦种的客民,酌情给予种子工本,帮助其重新复业。秀水客民基本安定,而桐乡受害客民却迟迟未能统计开报。四月间,桐乡客民约三十余人逐渐在乌镇社庙屯聚,声称要寻找士绅申冤复业。为首者刘琴山即刘孝权,或许曾是湘军中的一员参将⑥,此时在乌镇开设小押铺。乌镇有设督捕同知衙门,在康熙元年(1662)由湖州府督捕同知移驻,控制石门、

---

① 《垦荒详述》,《申报》1883年6月2日。

② 《县官急死》,《申报》1883年4月9日。

③ 《土客残杀续闻》,《申报》1883年3月29日。

④ 《械斗详述》,《申报》1883年4月4日。

⑤ 《德宗实录》卷一百六十二,光绪九年四月甲戌。

⑥ 曾国藩:《酌保鲍超一军出力员弁折四月初二》,《曾国藩全集·奏稿》第3册,岳麓书社2011年版,第80页;《官军迭克东坝各隘之陆师员弁请奖》,《曾国藩全集·奏稿》第7册,岳麓书社2011年版,第248页;左宗棠:《遵保霆字全军出力员弁折》,《左宗棠全集·奏稿》第3册,岳麓书社1987年版,第209页均在保单中含"刘孝权"一名。

桐乡、秀水、吴江一带,又称督捕同知署,掌管乌镇当地缉拿盗贼,兼理词讼。[①]
刘琴山召集客民至督捕同知署要求复业,无赖游民闻风而来二百余人,沿街索
要费用。候补道唐树森等驰往查办,将刘琴山拿获,押解至省府。在乌镇屯聚
的客民散去后,桐乡开始开办客民调查,查出桐乡尚有无实业的河南、湖北客
民 37 户,酌情安抚,配给棚厂、牛具、资本,清还客民原垦之田,以期能如之前
一般耕作。

　　最终,巡抚刘秉璋将案件交由徐士霖、唐树森查明,由嘉兴府县营汛及在
防水陆各军拿获案犯,又委派杭州知府吴世荣和前署杭州知府林述祖二人会
同审问办理,自己亲自提研案犯,并交布政使德馨、署按察使丰绅泰二人复审。
审办结果,土著方面,惩办陈先风即陈大木刀、高锡毛即高阿九、毛葆成即毛娄
国、吴加大即贾大、陆村荣、钱阿三、姚阿三、唐阿五、徐慎大、朱五即朱胜龙、姚
得元几人,依据《大清律例》"若并非图财而怀挟私仇放火延烧,因而杀人,及焚
压人死者,为首拟斩立决;为从商谋下手燃火者,拟绞监候。其未伤人及伤而
不死者,为首拟斩监候;为从者,发近边充军;诱胁同行者,并杖一百,徒三年。
挟仇放火,除有心烧死一家三命,或一家二命者,仍各按律例拟以斩决、凌迟
外,其止欲烧毁房屋、柴草泄忿,并非有心杀人者,如致死一二命,应照挟仇放
火因而杀人及焚压人死例,首犯拟斩立决;为从商谋下手燃火者,拟绞监候。
若致死一家三命以上,首犯斩决枭示;从犯拟绞立决"[②],刘秉璋认为陈木大刀、
高锡毛、毛葆成三人为其中首犯,无主从之分。三人因对客民不满,起意放火
烧毁草棚驱逐,属于非有心杀人,而致死客民鲍才有等一家三命以上,均判处
斩决枭示,陈木大刀此时已在监狱中毙命,判处戮尸枭首示众。后因陈木大刀
本逃脱至太湖盐枭中,因其母被捉拿而归案自首,念其孝而免于戮尸。[③] 吴加
大、朱五、姚得元被判定为从犯,因听从陈木大刀等命令放火,拟按从犯处以绞
立决。其中朱五、姚得元同陈木大刀一起在监狱中毙命,即不再办理。受雇渔
船沈汶元同判为从犯,但仅止在场助势,下手放火仅有伤人,罪行稍轻,请判从

---

　　① 王家荣主编:《乌镇志》,上海书店 2001 年版,第 246 页。

　　② 张荣铮等点校:《大清律例》,天津古籍出版社 1993 年版,第 568—569 页。

　　③ 严辰:《感篇诗并序》,载《桐溪达叟自编年谱》,《北京图书馆藏珍本年谱丛刊》第 165 册,北京图
书馆出版社 1999 年版,第 454 页。

犯绞立决例上量减一等,拟杖一百,流三千里。陆村荣、钱阿三、姚阿三、唐阿五、徐慎大被陈木大刀胁迫同行,且案中并未放火、帮殴等行为,判为诱胁同行者,杖一百徒三年例。其中陆村荣由于身为地保,此处认定为知法犯法,按《大清律例》"知法犯法,应在平民上加一等罪"①,拟杖一百流二千里。此外,事件之初在前珠庙帮同江北人争斗的陈小拿(即陈阿五)、徐小四(即徐阿四)二人,事发时不及救阻的地保盛守芳也被责罚,拟杖罢市,并革盛守芳地保差役。客民方面,处罚刘琴山煽惑客民屯聚求官,按《大清律例》"聚众至四十人以上,为首者,拟绞监候。四十人以下,二十人以上,为首者,杖一百,流三千里;不及二十人,为首者,杖一百,枷号两个月"②,刘琴山纠结客民三十余人,虽无滋扰,但引起流民刁徒闯入衙门,挟制官吏,依照"在外刁徒身背黄袱,头插黄旗,口称奏诉,直入衙门、挟制官吏者,所在官司就拿送问。若系干己事情及有冤枉者,照例审断,仍治以不应重罪。其不系干己事情,别无冤枉,并究追主使之人,一体问罪,俱发近边充军"③一条问罪,拟发近边充军。对于客民认为的当地士绅幕后指使,刘秉璋否认当地绅士有主使情事,不做办理。④

第三节　客民对士绅的控告

客民在事件发生之后,即认为放火殴人者背后为当地士绅主使。乌镇士绅严辰涉案其中,他留下的自编年谱和诗文集虽仅是一面之词,但也颇能道出事件原委。初十日后,乌青两镇出现了客民张贴的传单,要求向庇护土民的当地士绅严、徐、高、夏、岳五姓复仇。⑤ 首列严姓为青镇大族,世居青镇北栅马道巷,以卖布起家,后逐渐以官商联姻和捐纳从政,其屋宅"高廊广庑,旧有花木亭台,计屋百余间,雕甍绣围,擅胜一时"⑥。此时严家有长兄严锡康官居江苏

---

① 张荣铮等点校:《大清律例》,天津古籍出版社 1993 年版,第 531 页。
② 张荣铮等点校:《大清律例》,天津古籍出版社 1993 年版,第 361 页。
③ 张荣铮等点校:《大清律例》,天津古籍出版社 1993 年版,第 506 页。
④ 《光绪十年二月十日京报全录》,《申报》1884 年 3 月 23 日。
⑤ 《垦荒详述》,《申报》1883 年 5 月 26 日。
⑥ 《寇难琐记》,载南京大学历史系太平天国研究室编《江浙豫皖太平天国史料选编》,江苏人民出版社 1983 年版,第 158 页。

候补知府①，弟严辰为咸丰九年(1859)进士，翰林院庶吉士，不过仕途不顺，同治三年(1864)浙江平定后即辞官归故里。② 小妹严永华嫁沈秉成，咸丰六年(1856)进士，翰林院编修。其余四姓，严辰所言为"秀水及吾镇、濮镇富户"③，其中徐姓为秀水大户，明代兵部尚书徐必达后人，此时已衰落，有功名者仅有附贡生徐元钰一人。④ 高姓为秀水举人。⑤ 夏姓乃是青镇咸丰六年进士夏同善家族，只是此时夏同善已身故三年，后代未有获功名之人。岳姓为濮院岳昭垲家族，岳昭垲为同治元年(1862)贡生，兵乱后与严辰同筹办桐乡善后。⑥

　　客民认为巡抚避重就轻，并未将充当背后主使的当地士绅揪出来，于是两次赴都察院京控，请求彻查案件。当时张佩纶为副都御使，为严辰科举后辈，严辰记载与张佩纶"实无一面识而闻其名，怜其遇，遂定此案咨而不奏"⑦，客民两次京控均被压下不奏。四月十五六日，客民聚集乌青两镇哄闹，严辰偕妻儿至苏州，暂住妹夫沈秉成的耦园，之后游申江，至上海行馆拜谒李鸿章，得到李鸿章一纸为其开释书信，交付曾属于李鸿章淮军部下的时任浙江巡抚刘秉璋，后张佩纶又请在乡服阙的嘉兴进士许景澄为严辰说话。对士绅的控诉就此被压下。

　　严辰为代表的士绅一再否认作为幕后指使的指控，严辰在其文集《墨花吟馆文抄》中反复强调客民"诬控"，证据为客民指控秀水、乌镇、濮院各姓富人，"盖意在罗织也"⑧。对其不愿当堂对簿而寻求庇护的举措，则解释以"虽能辨

　　① 光绪二年九月十二日江苏候补知府严锡康折，载《光绪朝朱批奏折》第二辑《内政·职官》，中华书局 1995 年版，第 140 页。

　　② 严辰：《桐溪达叟自编年谱》，载《北京图书馆藏珍本年谱丛刊》第 165 册，北京图书馆出版社 1999 年版，第 384—386 页。

　　③ 严辰：《桐溪达叟自编年谱》，载《北京图书馆藏珍本年谱丛刊》第 165 册，北京图书馆出版社 1999 年版，第 444 页。

　　④ 金蓉镜编：民国《重修秀水县志·名族传》，《浙江图书馆藏稀见方志丛刊》第 29 册，国家图书馆出版社 2011 年版，第 77—109 页。

　　⑤ 严辰：《感篇诗并序》："客民被土民烧杀而诬控绅士主使，首及辰与秀水高举人。"载《北京图书馆藏珍本年谱丛刊》第 165 册，北京图书馆出版社 1999 年版，第 454 页。

　　⑥ 民国《濮院志》卷十九《人物二》。

　　⑦ 严辰：《感篇诗并序》，《桐溪达叟自编年谱》，载《北京图书馆藏珍本年谱丛刊》第 165 册，北京图书馆出版社 1999 年版，第 454 页。

　　⑧ 严辰：《感篇诗并序》，《桐溪达叟自编年谱》，载《北京图书馆藏珍本年谱丛刊》第 165 册，北京图书馆出版社 1999 年版，第 454 页。

雪,而缠讼不休,牵连对簿,其受累将有不堪言状者"。

客民怀疑士绅主使,其原因可以从士绅多次尝试驱赶客民中窥见。秀水人张豫立曾上言疾呼"有莫先于遣客民,莫善于归旧业,莫亟于缓赋税,莫切于勘荒熟"①等语。嘉兴当地士绅则多次尝试给客民川资,劝其离开。桐乡县令陈瑞到任后,土民请其清理田亩,"已种者每亩偿钱二百文,令其退出草棚,搭费若干照数籧还洋钱,著其拆去,谕以尔等从泗安、广德而来,可仍到彼处开垦,不必逗留在此"②。但客民多在家乡并无田产,不肯离去,遂不拆棚子,不退田亩,县官对此也无强硬对策。光绪九年(1883)械斗后,地方官员劝谕客民离开,许景澄拟章程"资遣客民所占之田,曾经完过粮者,每亩给洋两元,未曾完粮者,每亩给洋一元,草棚器械亦照田计算,每亩给钱五百文"③,客民仍不愿离去。士绅尝试给资遣散无果,客民刘琴山等怀疑焚烧草棚驱逐客民者背后为当地士绅指使,也就不足为怪了。

太平天国战乱结束后,嘉兴人口锐减,土地荒芜。在大量可开垦荒地的吸引以及当地政府的招垦政策下,客民进入嘉兴垦荒,与土著居民在田土产权等方面产生争议,土客矛盾不断加剧。招垦开始之后,随着进入嘉兴的客民数量增多,土著开始控诉客民侵占田产,并行偷盗抢掠等恶行。在国家清查荒田,要求已垦熟荒田按律缴纳正赋后,客民所垦的无主荒田由于受到地方官员庇护,免于升科缴纳大粮,而土著居民所有的有主荒田反不得不升科纳粮,土著与客民在税赋方面产生冲突,仇恨日深。长期的矛盾积累最终以武力冲突的形式爆发,结果即是光绪九年桐乡、秀水一带,多名客民死于土著的纵火或群殴,而土著也因此受到律法的惩办。

在这一系列矛盾升级的过程中,很难找到客民在其中发出的声音。《申报》等文字记载中只能看到土著对客民单方面的控诉。查荒争议中只有土著士绅与官员分别在《申报》与奏折中发出的声音。在光绪九年(1883)的冲突中,也只有土著与官员对此事的记载与评价,客民中即使尝试赴都察院京控,

---

① 严辰:《墨花吟馆文抄》卷下《张少冀司马六十寿序》,载《清代诗文集汇编》第 689 册,上海古籍出版社 2010 年版,第 557—558 页。
② 《垦荒详述》,《申报》1883 年 6 月 2 日。
③ 《垦荒详述》,《申报》1883 年 6 月 2 日。

也在土著士绅的权势下,失去了向上表达其立场的可能性。文字材料所见土著单方面控诉客民的恶行,而就光绪九年(1883)冲突事件看来,居于武力强势地位的正是当地土著,土著围殴客民打死多名客民,却未见土著伤亡。土著一再控诉客民结为匪党,制造军械,而在械斗中串通盐枭、储备枪械弹药的也是土著而非客民一方。

在土著与客民争夺田土等经济资源的过程中,土著利用畛域观念构建起联盟,对抗客民向地方官府缴纳田租换来的官员庇护。在长期又不断加剧的冲突过程中,土著在各类报刊、文集中声讨客民恶行,丑化客民形象,试图引起阅读者对客民的仇恨和对土著的同情,以对抗国家"不择地而居,不择人而予"的招垦政策,建立土著资源争夺中的正确性。在士绅可以影响都察院行动的强势话语下,客民成为几乎完全"失语"的一方。土客双方为维持各自财产和权益而产生矛盾,造成了光绪九年(1883)这场给双方都带来灾难的冲突。

第五章　政绩考核与财政利益的两难

　　土客的冲突彰显出中央和地方财政利益的博弈,饶有意味的是,在高度集权的专制社会,荒田升科是地方官的一项重要考核内容,但是从太平天国战乱以来,浙江知县已不愿以已开垦成熟田的荒地登记在册以缴纳田赋,已成普遍现象。政绩考核与财政利益虽是两难,但知县们更倾向于后者,这一表面不合常理的做法,实际上反映出清代财政制度的近代困境与制度修复的自我调适。

　　浙江巡抚谭钟麟在清查荒田的过程中,完全没有考虑过通过一次彻底的田土丈量来收回州县在荒田上的财政权力的可能性。从中央至督抚都将唯一清查隐匿田地方式理所当然地定为自行举报,已经放弃了自上而下丈量田地的必要性与可行性。而清代原额财政制度下土地丈量长期缺失,州县已经具备了获得财政自主权的可能性,当正额财政无法满足州县支出需要,且晚清州县财政留存进一步削减的情况下,州县只能通过各种手段获取自身的财政权力。事实上,上级官员也在分享着州县正额外的收入,考虑到与州县争夺财政权力可能带来的民变压力,对同光时期州县财政权能的扩大只能予以默许。如果说政绩考核是未来的远大前程的话,那么从客民处收租以维系地方行政的正常运转,就是当下无奈且必然的举措了。

第一节　未经丈量的土地

　　清查荒田,向客民开垦的荒地开征田赋,在清代早有先例。明末清初战火持续四十年,浙江境内虽战争较少,也经历了顺治二年(1645)清兵南下,又有康熙十二年(1673)"三藩"叛乱中耿精忠军队进攻浙江。"其远近各都田畴荒废、庐舍灰烬,或一都之内丁口鲜存,或一里之中爨烟全断;山林日堆白骨,风

雨夜泣青烟。"①顺治六年(1649),中央即颁布上谕,推行招徕流民垦荒:

> 自兵兴以来,地多荒芜,民多逃亡,流离无告,深可悯恻。著户部、都察院传谕各抚、按,转行道、府、州、县有司:凡各处逃亡民人,不论原籍别籍,必广加招徕,编入保甲,俾之安居乐业察。本地方无主荒田,州县官给以印信执照,开垦耕种,永准为业。俟耕至六年之后,有司官亲察成熟亩数,抚、按勘实,奏请奉旨,方议征收钱粮。其六年以前,不许开征,不许分毫金派差徭。如纵容衙官、衙役、乡约、甲长借端科害,州县印官无所辞罪。务使逃民复业,田地垦辟渐多。各州县以招民劝耕之多寡为优劣,道府以责成催督之勤惰为殿最,每岁终抚、按分别具奏,载入考成。该部院速颁示遵行。②

其中,广泛招徕流民、编订保甲、荒田成熟前免于赋税、州县官以招徕定考成几项,在太平天国战后的招垦政策中还一直沿袭。不过清初的招垦开荒的结果并不理想。至顺治九年(1652),荒田三年开征时间到期,但上报开垦的只有河南一省。其中隐匿熟田不报的现象自然存在:

> 又开荒自陆年载入考成,颁行已久。今年据捌年终开荒仅河南壹省报部。其余各省,且无论隐漏不报,即使开于今者,报于明年,报于后年,名为叁年后起征,实为肆、伍年后起征。挪移年限,上欺朝廷。而奸吏猾胥,按日计月,决不肯一刻与民假贷。是国家未获其用,而官吏先据其利也。③

在战火初步平息后,顺治晚期开始推行官员垦荒考成及清查垦熟田地两项政策。顺治十四年(1657)颁布《垦荒劝惩条例》,省府县三级官员的考成均与垦荒面积相关。④ 顺治十五年(1658)又清查隐漏田地,清查重点为山东、河南两省的荒地。山东在 1 个月之内完成 32 县的清查任务,清查出自首田地

---

① 李之芳:《请蠲免被兵地方钱粮第三疏》,载《李文襄公奏疏与文移》,《台湾文献史料丛刊》第 3 辑,大通书局 1984 年版,第 334 页。

② 《世祖实录》卷四十三,顺治六年四月壬子。

③ 《户部尚书葛达洪题请严款各督抚力行垦荒禁革弊端本》,转引自中国第一历史档案馆《顺治年间有关垦荒劝耕的题奏本章》,《历史档案》1981 年第 2 期,第 17 页。

④ 《世祖实录》卷四十五,顺治十四年四月壬午。

5820 余顷。① 河南更是在 1 个月时间内清查出开垦荒地九万余顷,每年增加赋银 40800 余两。② 这样迅速的清查几乎不可能完成实际的土地清丈,很可能是摊派清查熟田份额的结果。

清代以来,赋税的征收几乎不再基于真实的土地清丈的数据。清初试图改变明季钱粮征收的混乱情况,"设官专司其事,檄催府县,严限疾呼,竟有二三年而不送一册者。及催提册至,又混扰欺隐,口费参驳,竟未清楚。盖抚、按取之府县,府县委之吏胥,利在藏奸,不利厘弊"③。因而核查土地不如直接制定田赋原额,而原额的依据则是明末的土地清丈,于是"顺治三年,谕户部稽核钱粮原额,汇为《赋役全书》,悉复明万历间之旧"。④

就浙西三府而言,顺治二年(1645)六月二十八日,清廷颁布《平南恩诏》:

> 河南、江北、江南、浙江等处,人丁、地亩钱粮及关津税银、各运司盐课,自顺治二年六月初一日起,俱照前朝《会计录》原额征解。官吏加耗重收,或分外科敛者,治以重罪。凡加派辽饷、练饷、召买等项,永行蠲免。即正额钱粮,以前拖欠在民者,亦尽行蠲免。
>
> 东南虽号沃壤,但年来加派迭征,诛求无艺,民力殚竭,深可悯念。凡近日一切额外加派,准照三饷等例,悉与豁免。
>
> 明季军兴缺乏,行一切苟且之政,立借富纠贪等项名色,巧取财物,最为弊政。除已征在官外,其余拖欠未完者,悉与豁免。⑤

顺治四年(1647)正月"浙江杭嘉湖三府业经该总督题准,照《平南恩诏》开征"⑥。与明代经历了三次大范围清丈相比,杭嘉湖三府土地数额或全部照搬万历九年(1581)丈量的结果,或在康熙初年土地清丈之后,两百余年间再无清丈举措,土地登记面积增加极小,仅从 461 万顷上升至 467 万顷。⑦

---

① 顺治十五年十一月缪正心题本,载《地丁题本·山东(四)》。转引自彭雨新《清代土地开垦史》,农业出版社 1990 年版,第 38 页。

② 《世祖实录》卷四十六,顺治十五年九月乙卯。

③ 张懋熺:《请定经制以清积蠹疏》,《皇清奏议》卷二,光绪二十八年(1902)刊本。

④ 《清史稿》卷一百二十一《食货二》。

⑤ 雍正朝《浙江通志》卷七十六《蠲恤二》。

⑥ 《世祖实录》卷三十,顺治四年二月癸未。

⑦ 王业键:《清代田赋刍论(1750—1911)》,人民出版社 2008 年版,第 32 页。

　　以嘉兴府为例,属下 7 县几乎照搬明万历九年(1581)的丈量数字,康熙三年(1664)虽有实施丈量田土,但各县多按原额上报,只有平湖与海盐两县为求增加田亩,将弓口缩小,丈量田土与实际面积也不一致。嘉兴县田土原额来自明代赋役全书,实征则除去了四镇仓基义田等不起科田亩,与万历九年丈量的田额接近。① 嘉善县万历九年丈量时使用缩小了二寸的弓尺,至康熙三年使用足额弓尺丈量,原有 1 亩仅剩为 0.933 亩,土地原额多有亏损,却按照旧有数字抄册上报,"康熙三年清丈造册仍按万历原额报部"②。桐乡县于康熙六年(1667)清丈一次,增加土地以旱地为主,此后再未举行清丈。③ 石门县"顺治十四年纂赋役全书,所载田、地、滩、荡原额皆以明万历年刊本为准",康熙六年(1667)与八年(1669)曾增加荒地,之后也再未举行清丈。④ 海盐县"康熙初丈量,各属圩长有欲逢迎当事者,复每每跨水一弓,以有溢额。时嘉兴诸县多近原额,惟平湖赢田独多,海盐次之,有一圩而赢一二百亩者,不无故虚弓口云"⑤。平湖县康熙六年时丈量"另造弓口,较部颁定式短几尺许,丈时每逢河滩港汊,又跨空半弓,积少成多,遂至溢额一万有奇",康熙五十年(1712)的丈量仅限于将垦熟荡地升科。⑥ 在土地丈量中暴露的改变弓口等弊端,使清代将清丈作为一项扰民滋害的工程。治国应"与民休息,无事丈量滋害,免各省之扰累,所以恤民而培万世之根本,即以裕国矣"⑦,也成为朝廷上下的共识。而财政上奉行"原额主义"的清代初期也不存在增加田赋的需要,于是,清代土地登记面积几乎完全停留在与明万历年间测量相近的原额水平。

　　与几乎不变的田亩面积相比,清代浙江的人口在清代中期快速增长,曹树基认为杭嘉湖三府人口年平均增长率应按 4‰—4.5‰估算,至太平天国战前的咸丰八年(1858),杭州、嘉兴、湖州三府人口估计分别为 372.1 万、317.8 万、

---

① 康熙《嘉兴县志》卷三《贡赋志·土田》。

② 光绪《重修嘉善县志》卷十《食货志二·土田》。

③ 光绪《桐乡县志》卷六《食货上·地亩》。

④ 光绪《石门县志》卷三《食货志·田赋》。

⑤ 康熙《海盐县志补遗》卷一。

⑥ 光绪《平湖县志》卷六《食货上·田赋》。

⑦ 杨雍建:《请停丈量以苏民困疏》,载贺长龄、魏源编《皇朝经世文编》卷三十一,道光七年(1827)刊本。

298.9 万人①,人口较乾隆四十一年(1776)增长 40%,而登记土地面积仅增长了 1%。照《嘉庆重修一统志》,三府土地面积分别为 428.1 万、435.6 万、631.6 万亩计算②,杭州、嘉兴两府人均土地面积均低于 2 亩,情况稍好的湖州府人均土地面积也不超过 3 亩。而照清代土地生产力,维持一个人一年温饱的生活水准也需要 2 至 4 亩土地,"率计一岁一人之食,约得四亩"③。在工业革命到来之前,快速的人口增长必然伴随着开垦土地面积的扩大,只是新开垦的土地面积并未登记纳赋,进入中央掌控范围。

田地隐匿的动力之一恰恰是中央宽松的土地政策。自康熙朝至太平天国战乱之前,清廷在田赋达到足够开支的"原额"水平之后,就允许开垦的荒地不缴纳赋税。顺治十三年(1656)的田土清查就采用民间自行举报的方法,为鼓励举报自首,官员不需对未及时升科的土地承担责任,百姓也只需在土地申报登记当年起交纳赋税,以往的田赋则一概免除。诚如康熙《大清会典》所载"省有隐漏田粮、以熟作荒者,许自首免罪,并不追理以前所隐钱粮,其首出地亩当年起科。如待他人发觉,仍治罪追粮"④。康熙十五年(1676)清查时制定新例,对隐匿田地的从重处罚,但给予了八个月的免罪时间,处罚的主要目的更像是鼓励民间自首,"凡隐漏田地,限部文到八个月内,或自首,或查出,俱免罪,钱粮并免追征。如逾限不行首报,事发照新定例治罪"⑤。事实上隐匿田地清查的自首期也有两次宽限。康熙十六年(1677)在八个月自首期结束后展限四个月,十八年(1679)又展限一年。土地申报之前的田赋一概免除,地方官员又不必为此承担责任,田地自然也就趋向于隐而不报。

---

① 曹树基:《太平天国战争对浙江人口的影响》,《复旦学报(社会科学版)》2000 年第 5 期,第 33—44 页;曹树基:《中国人口史》第 5 卷,复旦大学出版社 2001 年版,第 102—113 页。另有学者依据梁方仲的《中国历代户口、田地、田赋统计》得出清代中期浙江人口年均增长率为 9.92‰(参见叶建华:《论清代浙江的人口问题》,《浙江学刊》1999 年第 2 期,第 152—159 页),但梁书中统计数据为"人丁",在清代仅为纳税单位,并不反映人口数或男丁数。

② 转引自梁方仲:《中国历代户口、田地、田赋统计》,上海人民出版社 1980 年版,第 405 页。

③ 洪亮吉:《生计篇》,《清代诗文集汇编》第 413 册,上海古籍出版社 2009 年版,第 380 页;"在南方需用农田亩的生产,方能养一人","据美国贝克氏的估计……南方需 2.5 英亩(折合 15.2 亩)……可维持一家五口最低的生活"。罗尔纲:《太平天国革命前的人口压迫问题》,《中国社会经济史集刊》第 8 卷第 1 期(1949 年 1 月),第 38 页。

④ 康熙《大清会典》卷 20《户部·赋役一·奏报》。

⑤ 康熙《大清会典》卷 20《户部·赋役一·奏报》。

清代前期即有客民到浙江山区垦荒,在山地搭棚居住,被称为"棚民"。这些新开垦的山地很可能也并不登记。乾隆五年(1740)七月即有上谕,明确准许山地免于升科:

> 从来野无旷土,则民食益裕,即使地属畸零,亦物产所资。民间多辟尺寸之地,即多收升斗之储。乃往往任其闲旷,不肯致力者,或因报垦则必升科,或因承种易致争讼,以致愚民退缩不前。前有臣工条奏及此者,部臣以国家惟正之供,无不赋之土,不得概免升科,未议准行。朕思则壤成赋,固有常经。但各省生齿日繁,地不加广,穷民资生无策,亦当筹划变通之计。向闻山多田少之区,其山头地角闲土尚多,或宜禾稼,或宜杂植,即使科粮纳赋,亦属甚微,而民夷随所得之多寡,皆足以资口食。即内地各省,似此未耕之土,不成丘段者,亦颇有之。皆听其闲弃,殊为可惜。嗣后凡边省、内地零星地土可以开垦者,悉听本地民夷垦种,免其升科,并严禁豪强首告争夺。俾民有鼓舞之心,而野无荒芜之壤。其在何等以上,仍令照例升科,何等以下,永免升科之处,各省督抚悉心定议具奏。钦此。①

照此上谕,户部奏准"浙江所属临溪傍崖、畸零不成丘段之硗瘠荒地,听民开垦,免其升科"②。所谓畸零土地的面积界限直到 26 年后的乾隆三十一年(1766)才由户部议定具体数字:"浙江及江苏之江宁等属不及三亩……为断。"③除因垦种小块土地免于征收田赋外,种植杂粮作物也可逃避税收。浙江田赋收取范围限于米、丝等项,而棚民"种植苞芦、靛青、番薯诸物"④,均为杂粮。而光绪八年(1882)浙江巡抚陈士杰出示的《晓谕土客示》规定"客民甫经到地,试种杂粮,情尚可原;次年必当改种禾稻,一律承粮,不准取巧避就,不准于秋收后逃避他方,致亏粮额,如敢违抗,惟该客总赔缴"⑤,可见种植杂粮的田亩也不在浙江的田赋征收范围。

田赋收取上的原额主义,使清代中央安守土地原额,甚至认为土地清丈即

---

① 乾隆《钦定大清会典则例》卷 35《户部·田赋二》。
② 乾隆《钦定大清会典则例》卷 35《户部·田赋二》。
③ 光绪《钦定大清会典》卷 17《户部·尚书侍郎执掌五》。
④ 张鉴:《雷塘庵主弟子记》卷 2,第 8 页。
⑤ 《晓谕土客示》,《申报》1882 年 6 月 5 日。

是与民争利,非至困境而不愿为之。康熙年间在浙江虽有清丈,但中央并不强力推行。康熙在年羹尧任四川巡抚前告诫"比年湖广百姓多往四川开垦居住,地方渐以殷实,为巡抚者,若一到任即欲清丈地亩、增加钱粮,即不得民心矣"①,又指示直隶巡抚赵宏燮"丈量田地关系甚大,天下隐匿田地亦不少,但不可搜剔耳"②。雍正十三年(1735)则直接停止田地丈量:"各省丈量田亩及抑勒首报垦田之事永行停止,违者以违制律论。"③雍正对清丈的看法在雍正六年(1728)禁止安徽巡抚魏廷珍发布清丈田亩消息的上谕中有明确表达:

> 向来各省多有隐匿赋税之地亩。此等情弊,上则有关国课,下则易启争端。且地方一有隐粮漏税之家,则欺陵诈骗之风不能止息,即本人亦未尝享其利也。数年以来,内外大小臣工纷纷条奏以清查为请。朕念清查之举若行之不善,则民间必受扰累。是以特降谕旨,准其自首,既与一岁之期,又展半年之限。此乃体恤闾阎之至意也。今各省之中已有陆续奏报者。其或有迟回观望者,皆系该地方大吏有司不能实力劝导,开示愚蒙,俾小民知奉公大义之所致也。顷闻安徽地方有丈量田亩之说,朕未有丈量之旨,何以有此讹传?此皆魏廷珍不能训谕所属民人,故不得已为此恐吓之词,以惶惑众心耳。夫丈量乃系必不可行之事,必视乎其人,因乎其地,斟酌万妥然后举行一二处。如魏廷珍者,岂可举行此事之人耶?若限内首报未尽,不妨再请展限,从容办理。再有逾限不首者,将来自有国法,何必通行丈量,使未曾隐匿之人亦被扰累耶?安徽一处如此,或他处有似此讹传者亦未可定。著通行晓谕,其未曾降旨丈量之处,概不得以此恐吓愚民。④

在太平天国战后,浙江的田赋已经无法达到原额水平,但在长期以来担心清丈扰民的政治心态之下,百姓自行举报已经成为清查荒田最重要乃至唯一可行的方法。即使在急迫要求提高田赋额度的情况下,浙江巡抚宁可摊派熟

① 《清实录》卷239,康熙四十八年九月己酉。
② 《清实录》卷245,康熙五十年二月戊辰。
③ 嘉庆《钦定大清会典事例二》卷六百零三《刑部二十·户律田宅·盗卖田宅》。
④ 嘉庆《钦定大清会典事例二》卷六百零三《刑部二十·户律田宅·盗卖田宅》。

田份额,也绝不会考虑丈量田地这一选择。在田土丈量长期缺失的情况下,中央将田赋的征收权力限定在原额的范围内,对原额田地以外新开垦的征租则成为州县财政自主权力的来源。受太平天国战争中田地抛荒的影响,同光时期的中央与省府将原额田地压缩到熟田的范围,而州县的田租收取范围扩大到原额中蠲免荒田的部分。

在太平天国战乱中州县衙署几乎焚毁殆尽,图册遗失,稽查田赋必须重新登记。荒田蠲免赋税,登记为荒田便有利可图。同治三年(1864)嘉兴收复后,清廷紧急征收米捐以充作军饷,遂在两三个月时间内草草办理清册编田。时间仓促,无法由官员一方派人实地勘察,清理的方式只能"任凭花户自报田地亩数"①,其间不免以熟田充作荒地。开报亩数至此时,历年垦荒多寡从未清查,每年开征粮赋时就依照上年粮额酌情增加百分之一二呈报,实际已知熟田需缴田赋远不止上报数额。② 以浙西土地肥腴,开办招垦多年来,田赋却未能恢复往日旧额,巡抚一再以荒田为由请求蠲缓。同治十一年(1872)十二月,浙江巡抚杨昌濬以杭、嘉、湖三府"被兵较重,田土荒芜,虽设法招垦而土著归来无几,且邻境各有荒田,故外来客佃亦复寥寥,并因抛荒既久,土性凝结,竭资耕作得不偿失,以致荒芜不能全辟"③,请求缓递一年征粮。光绪五年(1879)正月,浙江巡抚梅启照又以"所有杭嘉湖三府属有漕各州县,兵燹以后荒田过多,虽经督饬地方官连年招劝垦复,委因限于人力骤难复额",请"将漕运白粮粳糯米石一律剔荒就熟征运"④。

查办隐匿熟田,谭钟麟认为其中"一在官吏之欺隐,一在民间之欺隐"⑤。客民承垦荒地多须向官吏缴纳租金,如湖州府东州无主荒田,客民前来开垦,规定先缴纳官租三年。⑥ 有官吏"改粮为捐,以济本地善后经费"⑦,以充作地

---

① 《来札照登》,《申报》1880 年 5 月 31 日。

② 谭钟麟:《谭文勤公(钟麟)奏稿》卷七《各属荒熟田地开单奏报片》,载沈云龙主编《近代中国史料丛刊》第 33 辑,文海出版社 1965 年版,第 403 页。

③ 《十一年十二月十一日京报全录》,《申报》1873 年 2 月 15 日。

④ 《光绪五年正月初十日十一日京报全录》,《申报》1879 年 2 月 26 日。

⑤ 谭钟麟:《谭文勤公(钟麟)奏稿》卷七《复陈浙省查荒情形折》,载沈云龙主编《近代中国史料丛刊》第 33 辑,文海出版社 1965 年版,第 430 页。

⑥ 同治《湖州府志》卷十八《舆地略》。

⑦ 《论余杭客民猝至势实可危》,《申报》1879 年 1 月 15 日。

方文庙、城隍庙、书院、河道、育婴堂等事业的需要,向垦种荒田的客民征取捐输,其间上下其手,弊端丛生。①《申报》中常见客民不堪官租之重,情愿升科的言论,理由有二:一则"岁纳捐项仍不减于漕粮,且反有浮于钱漕"②,且官吏索要的捐款日渐加重,名为蠲免赋税,实为苛政,希望以确定的田赋取代以捐纳为名索要的各项小费③;二则"垦田之人,无论为土为客,均以纳粮为便,盖完捐则产尚虚悬,土人以人之争夺为虑,客民以官之驱逐为忧,而纳粮则业可世守,既不虑原户之索归,又不虑后来之侵占"④,升科纳粮即承认客民于土地的产权。但这些似乎都出于土著士绅的认识,文章中均有控诉客民恶行之处,可猜想写作者立场所在。至于田租实数,地方官员私下所收,难见记载,但湖州有"客民之黠者,则又售其已垦之田,步步移换"⑤,想必垦荒有其有利可得之处。金蓉镜在民国五年(1916)记载,同光年间招垦后,嘉兴府"客民始则利其免科,继则利其租轻,争先占垦。暨乎辛亥改革之后,客荒一律升科,与土著无异,渐觉无利可图,或舍而他徙,或典卖从业,颇有所闻"⑥,民国五年浙江客民因升科他徙,或可为之前租轻的一条旁证。

关于民间的欺隐,时人以为隐匿垦熟荒田不报者"皆系大户,田多难查,有声势可倚,或与胥吏相识者,方敢隐匿一二",平民则不可能有所隐匿,因为"至于田有荒熟,亦必此等有声势可倚,及与胥吏相识者,方有荒田可免还粮,若平民则虽荒田亦要还粮也"⑦。普遍认为所谓土豪大猾及不肖士绅隐匿田亩的做法为与胥吏串通,利用申报荒田蠲免正税,继而与胥吏分肥。至于一般小民,不但隐匿熟田困难重重,大户隐匿的熟田赋税反而要均摊于所有熟田之上,实际加重了小户的田赋。"同治季年,早有垦荒作熟,查报升科之合,乃庄司不问田之有无,总之要照百姓现在还粮之熟田均摊升科。譬如平民有实田十亩,便要加派征熟田一二亩。平民无可如何,虽实出只有十亩,亦只好还十一二亩之

---

① 《理财仍归本于钱漕论》,《申报》1880 年 3 月 19 日。

② 《论嘉属乡人抗勘荒田案》,《申报》1880 年 5 月 10 日。

③ 《嘉湖两属勘荒清粮情形不同说》,《申报》1880 年 5 月 14 日。

④ 《原杭湖属客民滋事之由》,《申报》1881 年 5 月 16 日。

⑤ 《详述湖州费村被抢事》,《申报》1878 年 10 月 7 日。

⑥ 金蓉镜:《嘉兴士绅请求减征银米呈内阁财政部稿》,《均赋余议》,第 18 页。

⑦ 《来札照登》,《申报》1880 年 5 月 31 日。

粮,此一二亩便是有粮无田也。且升科已非一次,是以平民实田十亩,此刻有还至十二三亩者,此中尚须视乡人之强弱以为派田之多寡。"①

第二节　正额外的地方财政状况

太平天国战后,中央试图以招徕客民,复垦荒田,解决杭嘉湖地区田赋缺额问题。而客民到来之后,原有赋税额度迟迟不能恢复,可见当时州县地方财政的困境绝非招垦即可解决。清代州县财政继承明代设立"存留银"制度,在《赋役全书》中制定地方定额的开支预算,作为拨付州县的正常财政经费。随着时间的推移,清代浙江存留银数额和占税收总额的比例都在不断下降。

表 4　浙江存留银数及其百分比

年份	存留银（两）	占税收总额百分比
康熙二十四年	732 054	25.06％
雍正二年	687 277	23.10％
乾隆十八年	169 059	7.31％
嘉庆年间	310 643	12.35％
光绪年间	250 528	10.20％

资料来源:"清康熙二十四年、雍正二年、乾隆十八年各直省地丁钱粮起运存留银数及其百分比""清嘉庆及光绪年间各直省起运存留正耗银数及其百分比",梁方仲:《中国历代户口、田地、田赋统计》,第 586—589 页

在光绪年间浙江存留银数约为清初的三分之一,考虑到清代长期的物价上涨,存留银的实际价值下跌更为严重。存留银的预算基本只考虑了州县官员及佐贰官俸禄、人数不多的胥吏俸禄、举办科举祭祀活动的费用几个方面。以杭州府为例,属下 9 州县的知州知县每人所分配的存留银不过俸禄 45 两,门子、皂隶、马快、民壮等每人经费 6 两,每州县分配 2 名门子,16 名皂隶,8 名马快,民壮 27 人,禁卒 8 人,轿伞扇夫 7 人,库子 4 人,斗级 4 人,共 456 两,另有备置马匹船只经费 10.8 两。② 预算中的俸禄十分微薄,以至于不足以维持

---

① 《来札照登》,《申报》1880 年 5 月 31 日。

② 乾隆《杭州府志》卷四十五《赋税一》。

生活,"知州八十两,知县四十五两,计每月支俸三两零,一家一日粗食安饱兼喂马匹,亦得费银五六钱,一月俸不足五六日之费,尚有二十余日将忍饥不食乎?"[①]

一县需要的差役也远不止存留所预算的 76 人:

> 县内惟知县负责,行政司法皆应亲理。然一人精力实有不及,则委其事于幕友、胥吏。其时知县到任,必先延聘幕友,分刑名、钱谷。广宗事简,或由一人兼之,厚其薪俸,待以宾师,凡公文书申报上宪者,胥听命焉。至如收发文书、看守押犯,均委其责于家丁。其外有六房,分为吏、户、礼、兵、刑、工。凡官员铨选、除授、注册之事属于吏房,赋税、差徭、户婚、田土、仓库、钱谷之事属于户房,考试科举、朝贺典礼、坛庙祭祀之事属于礼房,武试、马政、兵戎、驿传之事属于兵房,人民狱讼、审讯盗匪之事属于刑房,建筑营造、水利河工之事属于工房。每房有典吏一人或二人。《大清会典》广宗典吏十二人,其下有清书,无定员,由典吏进退。六房各县定制比于朝廷六部,其后各房以事繁自立名目,如广宗户房有库房、仓房、粮房、总算房、户南房、户北房之分,礼房有刑南、刑北、承发房之分。或以事分,或以区村分,官不过问也。凡上下文移,先由各房拟稿,送幕友核定,知县惟画诺而已。各房均无薪给纸笔,亦自由备,惟借陋规以资生活。[②]

官员还需要聘请幕友、家丁、长随等必要的工作人员,需支付相当多的酬金。在浙江长期以幕友为职业的汪辉祖,记录自乾隆十八年(1753)初任幕友至乾隆四十九年(1784)间,幕友薪水的快速上涨:"余初幕时,岁修之数,刑名不过二百六十金,钱谷不过二百二十金,已为极丰。松江董君非三百金不就,号称董三百。壬午以后,渐次加增,至甲辰、乙巳已有至八百金者。"[③]幕友中掌管刑名者薪水较高,乾隆十八年(1753)前后每年可得 260 两,掌管钱谷者可得 220 两,二十七年(1762)起逐渐增加,至乾隆四十九年(1784),幕友的薪水可达到 800 两。而随着物价上涨,清末幕友薪资又有提高,同治年间四川总督聘请

---

① 蒋良骐:《东华录》卷九,中华书局 1980 年版,第 139 页。
② 民国《广德县志》卷六《法制略》。
③ 汪辉祖:《汪辉祖自定年谱》,台湾商务印书馆 1980 年版,第 109 页。

的刑名幕友达到 1300 两。

　　雍正时期,中央以"养廉银"制度补充官员的个人与办公支出。养廉银本意应灵活补充官员的需要,但随着对州县加收的火耗的确定,养廉银数额也变成了定额,浙江知县养廉银在 500 至 1800 两之间,知府养廉在 1200 至 2400 之间①,为官员俸禄的几倍至几十倍。养廉银数额长期固定,至光绪朝时,浙江养廉银仍与雍正时相同②,而与物价相对同步上涨的幕友薪俸已增加数倍。清末浙江养廉银数又多次扣减。咸丰五年(1855)起,核减各营兵饷、各员丁役各项、各衙门公用以及工程采买并物料等项,州县养廉只拨发九成:

> 　　停减养廉定章,一二品督抚、藩司减三成;三品臬司、运司减二成,提学司亦三品,仍照从前提督学院之案减三成;四品道府减二成;五品至七品同知、通判、知州、知县减一成;将军、副都统并武职三品以上均减一成。由藩库支者存藩库,由运库支者存运库候拨。③

　　地方财政的困窘使得州县官员长期依赖于正额外的财政收取,形成补贴经费的惯例性征收,即"州县陋规"。陋规没有政书规定,却也形成了长期内较为稳定,且被州县官员与民间共同熟知的名目与数额。《吴煦档案》中保存了湖州府乌程县道光二十三年(1843 年)的收支账册,周健据此计算乌程县在道光二十三年的盈余情况,见表 5:

表 5　道光二十三年乌程县浮收情况④

名目	实际每两/石征收	市价或法定每两/石征收	每两/石盈余
地丁	1.682 两	1.05 两(含火耗 0.05 两)/1659 文	0.632 两/741 文
南米	6120 文	2275～2925 文	3195～3845 文
漕粮	5553 文	2275～2925 文	2628～3278 文

---

① 《清朝文献通考》卷 42《国用》。
② 光绪《大清会典事例》卷 261《户部·俸饷·外官养廉一》。
③ 《浙江财政说明书·岁入门·收款·杂款》,载《清末民国财政史料辑刊》第 10 册,国家图书馆出版社 2007 年版,第 18 页。
④ 周健:《陋规与清嘉道之际的地方财政》,《中研院近代史研究所集刊》第 75 期(2012 年 3 月),第 124 页。

续表

名目	实际每两/石征收	市价或法定每两/石征收	每两/石盈余
税契	84 文	银 3 分	36.6 文
产单	940 文	500 文	440 文
盐课	8500 文	1580 文	6920 文
盐规			每年 680 两
当规			每年 2764 两

　　浮收所得,不但要支付乌程县本县人员、用具开支,补充救济和监犯费用,还要承担湖州府署的开支。乌程县还要向湖州、杭州两府知府,杭嘉湖道,以及浙江省府部门呈送"规"与"礼"。在这份乌程县收支状况清单中,乌程县向直接管辖的湖州知府交纳高达 360 两的规礼。州县作为最基层的部门,承担着向上级政府补充行政费用的最基础职能。自中央部门至省级的督抚,再至知府一级,都长期依赖州县浮收提供的"陋规"支撑用度。

表 6　道光二十三年乌程县正额外部分支出

	名目	修金	伙食	节礼	随洋
人员薪俸	府署发审	33.333 两	72000 文(6000 文/月)	4~16 元/(人·次)	1~2 元
	本县幕友	800 两/人	120000 文(10000 文/月)	4~8 元/(人·次)	2 元
	征收人员	80~120 两/人	91000 文(7000 文/月)	4 元/(人·次)	1 元
	名目	规礼	门包	小随	外开发
致送上级	布政使		30 元	3 元	11 元
	按察使	200 两	20 元	2 元	4 元
	杭嘉湖道	200 两	20 元	2 元	4 元
	盐运使		10 元	1 元	2 元
	粮道		10 元	1 元	2400 文
	学政		4 元	400 文	1 元
	杭州知府		4 元	400 文	560 文
	湖州知府	360 两	68.4 两	6.84 两	840 文

续表

名目	规费	随洋		
湖州府署费用	府署月费	800 两 (66.666 两/月)	10 元		
	知府因公往返杭州	50 两/次			
	年终盘查	400 两			
	节费	20148 文			

资料来源:《浙江乌程县收支账册(1843 年)》,太平天国历史博物馆编:《吴煦档案选编》第 7 辑,江苏人民出版社 1983 年版,第 17—22 页

清末物价上涨,而地方存留和养廉都又被扣减,州县地方越来越依赖于正额外的收入补充,用以维持州县日常的运转以及举办善后新政。州县上一级的府、省乃至中央也同样依赖州县上交的"规费"运转。在州县隐匿田亩,私下收取捐租的同时,督抚也在其中通过陋规分享收益。中央面临经费不足时,则以原额考成的形式向督抚摊派,督抚则进一步向州县摊派,州县面临征收足额正赋及上级规费、摊派时,也理所当然地获得了自由筹款的财政自主权力。在小规模政府及低成本控制的行政模式下,分散性的财权使上级政府逐渐失去了对基层州县财权的控制能力,无法获得实际的荒田垦熟情况。

正额内的地方财政不足以支撑州县政府的自身运转,州县以上的府、省乃至中央也需要来自州县的额外收入弥补支出缺口。州县的财政自主收入,是维持整个财政体系在原额水平下正常运转的必需补充。在同光时期物价上涨,地方法定收入遭到扣减之时,州县通过抢夺荒田租赋扩大财政来源,也是州县财政制度自我修复的结果。

第三节　中央财政中的田赋比重下降

田赋的收取以土地的生产力为限制。清代一直以轻徭薄赋自我标榜,但在正额外田赋附加的存在下,实际的农业负担几乎已经达到了土地的极限。嘉兴县士绅金蓉镜计算当地一亩田地的支出与收入见表 7、表 8:

表 7　嘉兴县田地收支

支出	金额	收入	金额
开潭挑灰半工	70 文	米 1.5 石	6 元
窖泥灰 8 担	1200 文（每担 150 文）	豆 0.5 斗	1 元
窖泥稻草 350 斤	140 文（每斤 0.4 文）	柴	1.5 元
挖河泥二船半一工	160 文		
加料挖河泥半工	70 文		
踏车、挡秧、播种谷、盖灰半工	70 文		
收春花、拔豆、挑豆一工	140 文		
收豆 5 斗剥豆二工	280 文		
拆干晒运批岸脚折小股一工	150 文		
戽水、踏车、包车赶种至稻熟工钱	0.5 元		
种田、挑秧、堆秧二工	480 文		
挡苗、挑晚垄灰半工	70 文		
晚垄灰 8 担	1200 文（每担 150 文）		
耘苗 3 遍一工半	200 文		
割稻、缚稻一工	120 文		
收稻、掼稻、簸谷、堆柴、盖柴半工	70 文		
垒田一工	220 文		
打潭（上入下土）豆、盖豆一工半	180 文		
提豆沟一工	120 文		
砻米、筵米、扇米一工	140 文		
大小工共 17 工伙食	2550 文（每工 150）		
下种垄灰钱	3800 文		
银粮	1.1 元		
包水	0.5 元		
合计	钱 8830 文，银 1.6 元	合计	银 8.5 元

资料来源：金蓉镜：《均赋余议》，嘉兴振新社民国六年刻本

　　计算耕作一亩田地，实际却亏损银 2 元有余，只能用丝织业弥补种植土地的亏损。因而田地被抛荒，或农户拒缴田租，佃农和业主两受其害。嘉兴田地种植桑树才能稍有盈余。

表8　嘉兴桑地支出

项目	金额/文
清明间 3 日削头秒地一工半	180
挑田泥二工	280
剖泥一工	120
四月秒地三工（忙工）	480
五月削地 2 遍三工	360
六月削地 2 遍三工	360
七月削地 2 遍三工	360
八月捋枯菜一工	120
冬挑灰每亩 15 担一工	125
冬挑灰	2250（每担 150）
垒冻地三工	360
灰壅价	2260
伙食	3075（每工 150）
合计	10330

资料来源：金蓉镜：《均赋余议》，嘉兴振新社民国六年刻本

　　桑田每亩可出桑叶 5 担，收入 10 元，如表 8 所示，扣除支出税粮后盈余 0.5 元。用桑地的微薄盈利弥补耕地的亏损，可见农业的艰难。田赋负担沉重，一旦财政清查的负担转嫁到缴纳赋税的熟田田亩之上，垦种田地即无法温饱。因此，"按亩伸粮"与"摊荒作熟"举动一经提出，即引发民变。即使清代对聚众冲击官府处以极重惩罚，也无法阻止清查带来的闹事。在民变的威胁下，与其和州县争夺田赋收入，不如转向其他商业性税收。表 9 为王业键估计的清代田赋占赋税中的比重，田赋由乾隆年间的 73% 下降至宣统年间的 35.1%。浙江设立的海关税、厘金、各种各样的杂税收入增长率都远高于田赋。商品税更容易随着物价的增长而增长，且不受土地原额政策的限制。

表 9　清朝赋税结构的变化①

税		1753 年占总税收	1908 年占总税收	1908 年/1753 年
田赋	总额	73.5%	35.1%	189%
	定额	80.7%	46.9%	124%
	附加税	19.3%	64.9%	460%
其他税	总额	26.5%	64.9%	968%
	盐税	11.9%	15.4%	513%
	内地税（常关）	7.3%	2.3%	124%
	海关税		11.3%	
	厘金		13.6%	
	杂税	7.3%	22.3%	1203%

---

①　王业键:《清代田赋刍论(1750—1911)》,第 106 页。

结　论

　　州县从太平天国战后蠲免抛荒田地获得的财政权力,在同光时期一直存在,以至光绪末年已成为中央也不得不直面承认的现实。光绪三十年(1904)的奏折中出现了"客荒"一词,专指嘉兴、湖州两府太平天国战后隐匿不报的垦熟田地。江南监察道御史将战后的"蠲赋收租"或"改粮为租"现象定为向不登记交纳田赋正供的土地收取盈余,用于地方善后的开支。但太平天国战争结束近 40 年,善后经费已变为嘉湖地方官员的私人收入,两地州县成为收入颇丰的美缺,尤其是嘉兴的客荒田地多于湖州。御史钱能训为此上奏:

> 额征之外,有所谓客荒也。浙西州县各约十余万亩不等,以嘉兴为多。原定章程除给籽种外,酌收盈余不入正供,尽数拨作地方善后经费。十余年来,悉数垦复。亩收之数,实已不赀。而历任皆隐蚀不报,名为拨作地方善后经费,而地方不得分毫之益,其利皆入私橐。故嘉湖有客荒,州县名为美缺,调剂频仍,皆督抚私人恣睢,于利民事益不暇究矣。[①]

　　客荒一词并非钱能训的发明,在嘉湖两属存在专门向客垦荒田征收钱粮的客荒征簿,嘉兴、秀水两县客垦荒田交纳的田租比一般熟田的田租少一百数十文。征簿中的无主荒田一直被作为各县存留,即为州县可自由支配的收入。钱能训估计浙江的客荒地亩平均每县在十万亩,每年收入超过百万两。建议中央委派江苏巡抚端方到浙江清查:

> 方今筹款为难,倘能查明实数,酌提若干,作为新政要需,有益于国,无损于民,于财政不无小补。江苏抚臣端方办事认真,且江苏漕务与浙西

<hr />

[①]　《江南道监察御史钱奏为浙省漕弊日深,吏治日坏,请旨饬查折》,《申报》1905 年 1 月 8 日。

情形大致相同,可否请旨饬下江苏巡抚端方查办之处,恭候圣裁。

光绪三十年(1904)八月,上谕由两江总督李兴锐到浙江查办漕粮弊端,李兴锐委托江西候补知府曹树藩秘密前往查勘。不久李兴锐离任,端方接任两江总督,又委派江苏候补道俞明震到嘉兴与湖州一带确查赋额征收情形,发现实际荒田隐匿结果比钱能训的估计更为严重:

> 客荒一条,调查嘉兴、秀水两县卷宗,客垦荒田纳租较轻,比正粮每亩减收一百数十文,其余嘉湖所属各县大略相同。嘉兴客荒征簿共载四万五千二百四十余亩,内有主之田二万三千六百七十余亩,早经归入大粮报解。无主者二万一千五百七十余亩,向俱征存不解,上年查提中饱,该署县瞿倬禀将前项无主客垦一律改归大粮报解。秀水客荒征簿共载五万四千二百十三亩零,内有主之田一万六千六百三十余亩,已归大粮报解,无主者二万七千五百八十二亩零,征存不解留抵。应行支解各款嘉兴原定额田八十七万一千六百亩有零,截至光绪廿九年分止,仅报成熟田七十五万四千亩零。秀水原定额田六十四万四千六百九十亩零,截至本年止,仅报成熟田五十二万四千四百六十亩零,比较原额荒田,均在十万亩以外。其余嘉湖所属各县,亦各有荒田十余万亩及二三十万亩不等,而湖州之长兴一县,竟有荒田六十余万亩之多,安吉一县亦有五十万亩,为数最巨,骇人听闻。兵燹之后,生聚垂四十年,未经垦复之地尚复如此其多,则客垦之亩数必溢于所报之亩,可不问而知。同治初年浙省曾设清赋局清赋,而未清丈,吏胥之窟穴其中者,遂皆因缘为奸,虽地方官亦无从洞悉。近年藩司查挤荒田,各县往往虚报新垦,名曰透报,迨新垦起征,又复列入欤缓,搪塞牵混,大半有名无实,此查明客荒之实在情形也。①

端方勘察结果表明湖州府的客荒仍然比嘉兴府更多,客荒数额较少的嘉兴、秀水两县,嘉兴县约有 11.76 万亩,秀水县约有 12 万亩,其他各县 10 至 30 万亩之间,荒田最多的湖州长兴县超过了 60 万亩,总计嘉湖两府的客荒在三四百万亩以上。不过,端方认为清查客荒的前景并不乐观:

---

① 《署两江总督端奏查明浙江嘉湖两府漕务积弊情形折》,《东方杂志》1905 年第 2 卷第 2 期。

至于客荒一条,则积弊相沿,已非一日。其中舛误纠结一时难以清理。奴才揆思其故,盖缘嘉湖两属蚕利素饶,土著之民不暇用力耕作,以致全境田亩多由客垦,实与他省漕务情形不同。官既乐其以熟作荒,便于影射,民亦乐其以租易粮,稍得便宜。客民冬去春来,租皆一次完纳,官吏无催科之苦,而有沾足之心,年复一年,久已积重难返。此时即有清刚之吏,欲加清查,亦恐无从着手。惟是清丈虽不易行,而改租归粮自是一定办法。似应酌设清查客垦局,专查两府客垦荒熟地亩,坐落区处,及每年足缴客租细数,以为分期改归大粮报解地步。但求客租之着落,不问新垦之有无。或亦变通核实之一法。倘能办有头续,则嘉湖两属荒田不下三四百万亩,除去荒歉实数,粮赋所增何虑不得大宗巨款①。

客荒已成为地方财政的重要来源,地方官员与百姓均可通过"以熟作荒"获利,而自中央至省府官吏已失去对客荒田地的控制力,无法直接清查丈量,只能通过掌握客垦荒田的地亩区位数据,逐渐加强对州县财政的控制力,分期将客荒纳入熟田登记。然而清代的局势已无法等待这一缓慢的清查过程,直到辛亥革命之后,才有"客荒一律升科,与土著无异"②。

费村土客冲突后,乌程县在费村"蠲赋收租"的说法也在光绪末年的"客荒"问题中再一次得到证实。州县政府以收取用于地方善后经费的正额外收入的方式,填补进荒田正赋蠲免而产生的财权真空,将大量田土长期以免除赋税的荒田形式登记,长期以"捐"或"租"的形式私下收取法定外的收入。外来客民垦种免于收取田赋的荒田时,需要向州县官府交纳与田赋额度接近的官租或捐款,捐租的金额比田赋稍低,外来客民也可以从此获利,州县官员因而与外来客民结成利益相关的联盟,典型反映是在出现客民与土著乡民的资源争夺时,与其他地区知县更倾向于保护土著乡民利益不同,知县反而对外来客民更为偏袒。

州县获取更多的税收自主权力,并不意味着国家或省府对州县完全失去控制。即使太平天国战后中央放松钱粮考成的要求,在谭钟麟清查荒田中,州

---

① 《署两江总督端奏查明浙江嘉湖两府漕务积弊情形折》,《东方杂志》1905 年第 2 卷第 2 期。
② 金蓉镜:《均赋余议》,第 18 页。

县官员仍然不能忽视钱粮考成的压力。在面临客垦荒田盈余利益与考成的两难间,湖州府长兴县知县以增加原有熟田浮收等方式增加账面上的熟田额度,从而小幅度提高田赋收入。嘉兴府下的州县也无法反对省府增加熟田份额的要求。但省府以清查提高对州县财权的控制成效甚微,浙江巡抚即使委派专员清查,也无法获得州县田地荒熟的真实情况。最终,清查也随着谭钟麟的离任匆忙结束。

州县获取财政自由权早在清初就已存在。在清代原额主义的财政制度下,中央并不需要真实的田亩丈量情况,只要求征收达到以明代清丈数据为基础的原额预算所需的田赋额度,对继续增加田赋不甚重视,放任州县不收取新开垦土地的田赋。清代的土地清查大多只摊派税收额度,并不愿意下乡丈量土地,只是固守静态的财政原额。而对于动态的财政需求,清代政府则依赖于正额之外的地方财政收入。在小规模政府及低成本控制的行政模式下,分散性的财权使得各级政府都能获得运转。而在清末政府活动成本提高的状况下,州县凭借其财政自主权力争取更多的田赋收入,省府对州县的财权控制力下降,且在民变的压力下,无法对州县采取过于强硬的举措,也无法将对州县财政的控制力恢复到太平天国战前的水平。

太平天国战后浙江省的财政权力状况表明,中央财政和地方财政的关系并不是中央与督抚之间的二元博弈,中央集权的减弱并不意味着督抚专擅财权。清代财政控制力在战乱中减弱的结果,最大的可能是财政权力分散到州县基层政权。州县通过赋税收取的自主权力,将用于战争善后的暂时政策长期保留,与省府和中央争夺田赋财源。当然这种争夺与纠葛也是传统财政体制在太平天国战乱之后自我修复的结果,更多地体现着传统财政体制的弹性,以便维系着地方基层组织的运转。

下　编

史料汇编

体例说明：

　　1.本汇编以浙江土著、客民相关问题为主体,适当摘录江苏同时期相关史料作为比对。

　　2.本汇编按照内容分成三大类,各分类下按照时间排序。

　　3.本汇编史料来源于《申报》、地方志、督抚奏折、上谕、政典、文集、公文。

　　4.原文漫漶不能辨认之字,用□代替。

一、太平天国战争之后的浙江土地和人口情况

战后浙江情形［左宗棠:《沥陈浙省残黎困敝情形片》(1863 年,同治二年),《左宗棠全集·奏稿一》,岳麓书社 1987 年版,第 187 页］

人物雕耗,田土荒芜,弥望白骨黄茅,炊烟断绝。

战后浙西情形(左宗棠:《致李黼堂》,《左宗棠全集·书信一》,岳麓书社 2009 年版,第 439 页)

浙西屡经劫夺,闾左生意俱穷,难民之窜身荒谷者,面无人色,坐视其转侧沟壑无以活之。

战后临安人口(宣统《临安县志》卷二《户口》)

同治初年兵燹之余……仅存丁口八九千人。

战后海宁(冯氏:《花溪日记》,《太平天国文献汇编》第 6 册,第 677 页)

被烧房屋十之七,沿乡数里尽伤残,被掳千余,死难被杀万余……鱼池积尸,两岸皆平。

战后嘉兴县(光绪《嘉兴县志》卷十一《田赋下·土客交涉》)

户口流亡,田亩荒秽,东南各乡庄尤甚。

战后长兴(同治《长兴县志》卷首《序》)

兵燹之余,民物凋丧,其列于册者孑遗之民仅十之三焉。

战后安吉(同治《安吉县志》卷十八《杂记》)

往时户口十三万有奇,至甲子秋贼退,编排止六千遗人而已。

战后德清(民国《德清县新志》卷十一《艺文》)

县人生还者不过十之二三。

战后乌青镇(民国《乌青镇志》卷 7《农桑》,第 8—9 页)

清咸丰庚申、同治甲子,吾乡两次兵燹以后,村落为墟,田地荒芜,豫、楚、

93

皖及本省宁、绍、台之客民咸来垦荒,其耕耘多用牛功,其耕具有锄犁,有水盘。其用锄犁,以绳系之牛肩,牛负以行,且行且耕,垦田治草,并属便利。其用水盘,以水车衔接于盘而使牛负之,旋转以行,蓄水泄水,皆极适用。既省费,亦省功。

战后南浔(民国《南浔志》卷三十一《农桑一》,第 2 页)

粤逆平后,户口凋残,镇之四乡荒田计十之三,乏人工垦,污莱满目,郡西山田荒旷尤多,温台人及湖北人咸来占耕,自同治至光绪初年,湖北人蔓延郡东。

左宗棠、马新贻奏浙江田赋,刘锦藻评议(选自刘锦藻《清续文献通考》卷三田赋考三,民国景十通本)

浙江巡抚左宗棠奏,略称查杭嘉湖三府漕额之重,与江苏苏松太等。苏松太既议减三分之一,则杭嘉湖亦宜仿照办理。就杭嘉湖三属征粮科则言之,又以嘉湖为重,杭州次之。就嘉湖两府言之,又以归安、乌程、嘉善、嘉兴、秀水为最重,平湖、海盐、桐乡、石门、德清次之,长兴、武康各属又次之。杭属临安、於潜、昌化、新城等县,山多田少,较之嘉湖粮赋固轻,出产亦远逊也。

我朝定鼎以来,康熙中免三分之一者一年,全免者一年。雍正六年又减嘉湖二府额赋十分之一,计银八万一千余两。中间偶遇水旱偏灾,无不随时蠲缓,厚泽深仁有加无已,故民力得以稍舒。至乾隆、嘉庆年间,家给人足,曾历办全漕。道光癸未辛卯以后,两次大水,民间元气大伤,赋重之处未能全漕起运,遂岁报灾歉,蠲缓频仍,然朝廷虽屡沛殊恩,而小民未尽沾实惠。盖一县之中,花户繁多,灾歉蠲免,悉听经书册报。世家大族丰收者亦能蠲缓,编氓小户被歉者尚或全征。且大户仅完缴正额,小户更任意诛求,迟至廒满停收,即须改征折色,每石价至五六千文不等。以小户之浮收,抵大户之不足,官吏征收不善,小民咨怨有词,故闹漕之案,往往因之而起。兹奉恩旨饬议,核减漕粮,将举数百年积困而纾之,固三郡群黎所呼吁祈祷而不得者。臣等躬逢盛世,若不能博访利弊之所在,而悉心参酌衷诸至当,以规永久,不独无以副朝廷旷古未有之隆施,亦何以慰草野久困思苏之至意。谨就现在漕务应行筹办大概情形,列为四条,敬为我皇上陈之:

一曰减正额。浙省杭嘉湖三属额征漕白改漕南匠行月等米,共一百一十余万石。征粮之则大小不同,即浮额之粮亦多寡不一。现须分别量减。自应先去浮额之甚,以除轻重不均之弊。拟各按上中下赋则分别定数:如每亩征米一斗一升以上至一斗八九升者为上则,自六升以上至不及一斗一升者为中则,不及六升者为下则,按科则之重轻分别核减,总期于额征数目酌减三分之一,庶科则定而减数因之而均也。

一曰减浮收。向来收漕加耗,每石自一二斗至七八斗不等,各视花户贵贱强弱,以定收数多寡。今额漕既经减定,则浮收之款岂可任其因仍?惟州县办漕有修仓、搭篷、纸张、油烛之费,有仓夫、斗级、漕记、差役饭食之费,有内河运米、交兑、夫船耗米之费,有交米书役守候之费,一切用款甚巨。且收漕交兑,相隔一二月,风晾搬转,亏折必多,不能不于正漕之外,酌留运费,以资津贴。应俟查明各州县用款,由外核实办理。其向来加尖加价勒折诸弊,自核定之后,概行裁革,绅民一律均收,不得再有大小户之分,庶谷禄平而公私因之而利也。

一曰筹运费。浙省向办海运,每石需费约银八钱,除向给帮丁漕截银三钱四分六丝抵支外,尚不敷银四钱五分零。现正额浮收概行分别核减,自未便再由州县籍提津贴,拟请将海运经费每石定以八钱为额,除支漕截外,不敷之款另行筹足。查浙漕如照统减三分之一,每年起运之米不过六十万石,上下漕截一款不另核减,计可余银十余万两,又节省给帮本折行月经费实米变价,可得银十二三万两,又屯田租息及节省帮弁廉俸,可得银数万两,统计将及三十万两,足抵海运经费。至所动正款八钱,按年将动用款目,据实奏结,应毋庸造册报销,以归简便,并不得逾八钱之数,以示其限制。庶浮费裁而上下因之而利也。

一曰裁陋规。向来州县收漕,一切陋规极为繁杂。此次核定章程,应令各州县据实查明,开折呈送,分别裁减,庶弊窦清而漕政因之而肃也。嗣后非实在旱潦,不得再报灾歉,即实在民欠,亦不得再报垫完。而近来数十年相沿陋习亦可除矣。至应减米数,须查明科则方能核定。现在地方新复,册籍无存,已饬各属勒限赶造,除白粮粳糯为天庾正供,拟仍照额办运,拟减之数应统于漕粮项下注扣。此外南粮行月匠粮等,仍各归各款按成扣减。至杭嘉湖三属漕粮税,则轻重不同,自应查照各县科则量减,再并计总数共减若干。伏查各处被扰情形,如杭属之临安、新城、於潜、昌化,湖属之长兴、武康、孝丰、安吉皆路通徽宁,受害尤烈,室庐尽成灰烬,田地久已荒芜,即招集遗黎,亦寥寥可数。从前道光年间及咸丰初年,办理漕运,每届皆不过七八十万石及五六十万石不等,现拟照杭嘉湖全额统减三分之一,如能办理全漕,与历届尚不相上下。惟刻下三属情形既照减三分之一,明岁新漕亦断难如数征纳,而欲为经久之计,又不能不通计国赋盈虚,以为定则,可否仰恳天恩,俯准将杭嘉湖钱粮统减三分之一,明岁新漕再酌量办理之处,出自圣裁。至海运经费,每石向抵支销漕截银三钱四分六丝,此次请以八钱作为定额,与部案不符。惟查商船水脚及南北用费,每石实需银八钱,其余不敷之项皆系各县津贴,此时不将津贴一项裁革,则虽有核减之名,仍未能得核减之实,故不得不据实沥陈,吁恳圣恩准予漕截,并行月屯租各项下照数动支,庶漕弊可以尽革。又通省地漕银两,及浙东各属南米,或关系饷需,或抵支兵食,除正额毋庸查减,其浮收之款亦应分别裁革。现宁波、绍兴、温州三府业已定章,处州亦经减定,其余各属应即一律核减,以昭公溥。

又谕,据左宗棠、马新贻奏:杭嘉湖三属共减米二十六万六千七百六十五石零等语,加恩著照所请,各按科则重轻,分别上中下三则,一律永远减免以纾民力。自此次减免之后,该督抚务当督饬各该州县按照奏定新章核实征收,断不准有浮收抑勒等弊。至大户包揽,及一切漏规,概行禁革以除积弊。该督抚即刊刻誊黄遍行晓谕,务使实惠及民用,副朝廷轸念民艰至意。

臣谨案:浙西赋重,始于南宋贾似道之公田,继由明洪武之挟怨、杨宪之倍征,终于嘉靖赵瀛之扒平,而官民田俱困。国朝顺治间曾谕:故明仇怨地方钱粮加重不宜踵行,饬各省详察具奏。当时江西袁瑞等府奏复旧额,浙省并未上请照额征收。雍正五年减嘉湖二府银八万六千余两,乾隆四年又减乌程、归安、德清三县银四万二千余两。至是复以大难初平,杭嘉湖漕米,照江苏例按原额普减三十分之八,皇恩迭沛远轶宋明,惟是轻科递轻,重科仍不免偏重,三府米额尚存八十五万二千余石,银额一百三十二万五千余两,较诸他郡仍属悬绝。

夫浙西一隅,幅员不及四川一大府,而四川全省之赋为六十万元,湖南倍之,贵州半之,合三省之赋,不逮三府之半,是必亭林所谓一亩之田化十亩而后可也。不敢援无漕省分为例,有漕若江西都昌县亩科银四分八厘至二分七厘,科米三升四合至一升九合,举以相衡,高至三四倍。就本省浙东八府而论,地宽亩大征米只二十余万石,以各县最重科则比较,银则乐清、定海、瑞安各只五分零,米则寿昌、庆元、遂安各只一合零,景宁、淳安不及一合,他省普通科则银不过三五分,米虽苏松同称重赋,无逾九升者,偏枯至此,亦可悯矣。或谓嘉湖蚕桑利厚,足资补助,不知种育之资本甚巨,而收成则丰啬不齐,且蚕成茧有捐,茧成丝有捐,丝成绸有捐,虽间接者商,而实取于农,欲令剜肉以补疮,未免忍心而害理。或谓地属膏腴,力能担负,不知《禹贡》扬州之域厥田下下,水利失修十年九潦,丰岁亦只一熟,不如浙东之两熟。

浙东亩值百余元,浙西仅值一二十元,地价昭然,肥硗立辨。匪特此也,更受缩弓之弊,古方田算法以五尺为步,二百四十步为亩,《赋役全书》不注明亩之大小,致清丈率多从俗,大者八尺为步,千二百步为亩,如直隶真定、江西吉安等府是也。江苏接壤以六尺为步,而嘉湖有不足五尺者,官吏缘其赋重,利其亩多,庐隙水滨,悉登田册,浮粮浮额,两害交臻。尤甚者,洪杨乱后,田多农少,招客垦荒,客民占种,虽亦承粮,而土民之原额不除,一律追比,有粮无产,是浮收也;一产两粮,是重税也。民以田产为累,官以催科为难,至不得已时,以例灾暗减,近百年中从未有一岁埽数者,朝留掊克之名,野切逋负之痛,上下交困,后患无穷。执政者动惜度支竭蹶为词,实则浙西各县轻重亦至不等,先减重者不过十余县,就全局论固不在此几微,就岁入言未必遽形短绌。我朝政尚宽大三百年来,惜无有流贾生之涕而呼吁上闻者,穷变通久,或将待其人而后行,不禁馨香祷祝以求之矣。

左宗棠上奏蠲免钱粮,得准(《谕准左宗棠所奏蠲免浙江省新复郡县同治三年钱粮》,《左宗棠全集·奏稿一》,第 370 页)

现在杭、嘉、湖三府均未克复,户口半多流亡,征册亦俱毁失,势难核实勾稽。

同治三年上谕:"加恩著照所请,所有被扰最深之富阳、新城、於潜、昌化、临安、余杭、海宁、仁和、钱塘、嘉兴、秀水、嘉善、海盐、石门、平湖、桐乡、德清、武康、孝丰等州县,应征同治三年钱粮,著援照二年成案,均予蠲免。"

马新贻奏议筹办开垦[《马端敏公（新贻）奏议》卷一《缕陈浙省应办事宜六条折》（1864 年），第 23 页]

浙中田地向多膏腴，而浙西为最，自遭兵燹以来大半皆成荒土。推求其故，总缘人民流亡，十室九空所致。夫小民虽愚，谋生则智。其有籍而不归，有田而不耕者，岂其本心哉？亦力有所不逮故耳。为今之计，必须酌借工本，以资兴作。拟饬各州县设法招辑，毋论本籍流民及邻境庄农，有愿耕作者，均准认地栽种。或籽种、农具一时力难措办，由司库另筹款项，发交地方官酌量借给，秋收后归还，不取其利。其如何招辑，及成熟后如何征纳之处，均责成地方官因地制宜，禀由臣酌核饬遵。嗣后即以招徕之多寡，田地之荒熟，以定州县考成。庶于拯民之中，暗寓察吏之法。劝惩并施，宽以岁月，则田土可无荒芜，人民可期复业矣。

马新贻奏报浙西无法征收钱粮，予以蠲缓（马新贻：《杭嘉湖三府属应征钱粮分别蠲缓折》，《马端敏公（新贻）奏议》卷 1，第 55 页）

合无仰恳天恩，俯准援照安徽成案，将被害最深之临（安）、（於）潜、新（城）、昌（化）、武（康）、安（吉）、孝（丰）七县应征同治四、五两年钱漕银米全行蠲免；其余被扰稍次，田地未尽开垦州县亦难照额征收，请将仁和、钱塘、富阳、余杭四县应征本年钱粮，缓俟秋成酌定成数启征；海宁、嘉兴、秀水、嘉善、海盐、平湖、石门、桐乡、乌程、归安、长兴、德清十二州县应征本年钱粮，缓俟麦熟蚕毕，查明荒熟，酌定成数，分别征蠲，以纾民力，届时再行具奏。

上谕："该府即刊刻誊黄，遍行晓谕，务使实惠均沾，毋任吏胥舞弊，用副朝廷轸念民依之至意，余著照所议办理。"（《咸丰同治两朝上谕档第十五册（同治四年）》，第 148 页）

马新贻奏报浙江垦荒章程[马新贻：《办理垦荒新旧比较荒熟清理庶狱折》（1866），《马端敏公（新贻）奏议》卷 3，第 315－332 页]

奏为浙省办理垦荒已有头绪，谨录原定章程并续办比较荒熟册由、清理庶狱以重农事各情，恭折复陈，仰祈圣鉴事。

窃臣恭阅邸抄，同治五年五月二十五日，奉上谕："御史汪朝棨奏，被兵新复地方亟宜招徕垦荒一折：'东南数省半遭兵燹，农民类多失业，各地方官于收复后勒限催科，而于劝民垦荒事宜往往虚应故事，殊非重农足食之道，亟宜认真劝谕,加意招徕。'惟各直省情形不同,办理自难一致,著各该督抚因地制宜,妥议章程,广为招垦,按荒熟之成数定属员之举劾,务使实力奉行,以拯民困而尽地利。钦此。"跪读之下,仰见我皇上轸念灾区,尽地利以裕民食之至意。

伏查浙省民生富庶,土地膏腴,漕白二米岁输天庾者,计七十余万石。自咸丰十年、十一年省城两遭沦陷,通省府厅州县相继不守,惟定海、西安、瑞安、泰顺、龙泉、庆元等处幸获保全,四乡亦皆被扰。嗣经以次克复而元气大伤,光景迥非昔比。臣前年十二月到任,体察各属情形,除宁、台、温、处四府属及绍兴所属之山阴、会稽、萧山、余姚、上虞、嵊县、新昌七县,衢州府属之江山、常山两县,克复较早,被扰稍轻,田土已逐渐垦复外,其余杭、嘉、湖、金、衢、严六府及绍属之诸暨一县,或被贼占据最久,或为贼往来熟径。虽受害轻重不同,而败屋颓垣,荒烟蔓草,数十里无人迹者,盖所在皆然。目睹心伤,焦灼万状。窃思地方当凋残之后,欲复元气,首重农功,而近今农务所先,无过招垦荒产。当经通饬各府,督同所属州县,先将该地方荒产分数查明开报。

臣与各司道周咨博访,广集众议,拟定《垦荒章程》八条。首以清荒产、广招徕以开其先,次以发牛种、定租赋、修水利以培其后,即以定劝惩、慎稽查、筹经费以考其成,分晰开列,刊发各属,实力办理。

随据各州县将所清荒产分数申报前来,虽具大概情形,仍多不实不尽之处。本年四月,臣复拟定比较荒熟册式,通行各属,一体照办。册内首开各州县通境原额田地山荡若干顷;次分东西南北四隅,隅各田地山荡若干顷;内上年已种若干顷,本年新垦若干顷,逐一确指,分别开报。因即各属所开原额之数,与上年垦种之数相较,而实在荒产之多少可知,即被灾之重轻自见;复即上年已种之数与本年新垦之数相较,而该地方垦种之成数可知,即该州县之勤惰自见;且既分列四隅,则勘验抽查亦皆显而易见,不致有隐饰含混之弊。

综核已到各属册报,并周询详察,通计各州县内如富阳、余杭、临安、於潜、新城、昌化、长兴、孝丰、安吉、武康、淳安、分水等县被灾最重,荒产最多,又田地本极瘠薄,收获之利不丰,荒废已历数年,开垦之费甚巨。故虽上年发给牛、种,仅止本地有数遗民承领垦种。核之各该县原额田地山荡,不及十分之二三,情形最为可悯。次则仁和、钱塘、嘉兴、秀水、嘉善、海盐、平湖、石门、桐乡、乌程、归安、金华、兰溪、汤溪、龙游、建德、桐庐、寿昌、诸暨等县被灾次重,荒产亦少,计上今两年垦种田地,约及原额十分之四五六。其海宁、德清、东阳、义乌、永康、浦江、西安、开化、遂安、武义等州县被灾较轻,荒产亦少,计上今两年垦种之数,约及原额十分之七、八、九不等。此浙省各州县被灾轻重、荒产多少与上今两年开垦成数之实在情形也。

而其间尤有疾首痛心,不忍言状者。逆贼之扰,虽四民同被其毒,而士人商贾,或外有亲友生计可投,或向于道路往来熟悉,或稍有轻便衣赀可携以为苟且糊口之计,故流散者虽多,死亡者较少;至于各处农民,外无可依,内无可携,贼氛所至,被掳者死于锋镝,避匿者饿填山谷,故流散殊少,死亡最多。流者可以招之复还,死者不能起而复生。故在被灾较重之区,其本地之农断不敷耕本地之土,此言之最可惨者。致于招徕外户,必先业佃相安,方能久居无事。浙中温、台两属,山多田少,且被害较轻,民多出谋开垦;而杭、嘉、湖等处,乡民皆以其性情素悍,不愿与同乡井,如竟稍加勉强,势必滋生事端,殊非慎始虑终之道;其与浙接界之苏、皖、江西各省,前亦同经贼扰,彼亦各有荒田,孰肯舍近谋远?此在浙省荒产较少之州县,尚可于三五年内以期生理之渐完;至若荒产最多之区,直非一二十年难期元气之全复,此又通筹浙省荒产多少、垦复难易之实在情形也。

臣仰承恩命,来抚是邦。当大难甫平之后,疮痍未起之时,勤求民隐,夙夜罔懈。而劝农务本为国至计,尤应首事图维。计年余以来,幸已稍有头绪,惟系地方应办之事,是以先未具奏。钦奉前因,臣惟更与司道等各按情形,分勒期限,严饬各府督同所属,遵照章程妥速奉行,务求实效。臣仍随时明查暗访,分别勤惰,秉公举劾,以示劝惩。务使荒产年少一年,如限垦复。庶闾阎元气渐完,生计日足,以仰慰我皇上轸恤鸿慈于万一。

再臣愚见,欲劝农民,首重农时。向来乡愚无知,不忍细故以及奸徒讼棍抬诈扳诬,一经牵连成讼,往往累月经年不得还乡归里。从前身虽到官,尚可雇工代作。今并无工可雇,遂致农时一失,补种无从。不但终岁饥寒,并来年种植之资,亦以坐食而尽,其为病农之祸最隐而烈。臣上年四月,查照定例,札饬各州县,凡民间讼案,当农忙之时,除命盗重情外,概不得率行准理,妄事提传。一面清理旧案,省释无干。本年复加严饬责令各州县,将月结旧案若干起,省释人证若干名;月收新词若干起,提传人证若干名,逐月开报,以便查考。

但有拖延，即分别指催，克期讯结。现在截至本年六月底，计通省各州县未结新旧各讼案，多者约十余起，少者不过六七起，是各属未结词讼尚不为多。从此力清旧案，慎受新词，狱讼日稀，拖累日少，于农事自无失时之病。

所有浙省办理垦荒事宜，及清理庶狱以重农事各缘由，谨录原定章程，恭折复陈，是否有当，伏乞皇太后、皇上圣鉴，训示。谨奏。

——清荒产。被扰地方，庄册毁失，户口流亡。若不逐一清厘，听民自弃自取，漫无综核，不但争竞易起，更恐粮赋无著。当饬各府督饬所属州县，会督绅董、业佃、庄保人等，自奉文之日起，将境内现在荒废田地，按照坐落都图、庄所、亩分，逐段查勘实数，先就现在分别有无业主、被荒几年，详细开报，由县核明，按月汇详。其寺观、书院、义学、义渡等田，以及城乡市镇被焚屋地、无主山荡塘，均令一律查明册报。或有沙石淤塞，开掘成废，一时难复，应请豁免粮赋者，亦即并查，另案禀办。倘业佃恐完粮交租，故匿不举，及以熟报荒，以少报多种种情弊，查出治以应得之罪。

——广招徕。朝廷有分土，无分民。查杭、嘉、湖、金、衢、严各属被害最惨，农民减少，田地就荒者多则五六年，少亦三四年，非设法广为招募，难期起色。此后，不拘本地、外处之人，凡愿承垦，均准计口授田。有主者由主招垦，无主者由官招垦。至如温、台民悍，不必招之使来，有愿来者，亦不必麾之使去，均须赴县报明来历及认垦坐落处所、亩数、粮额字号，逐一注册，并取本地带领之人切实保结，由县给单承种。或一田有数人认垦，以先到者为定。未奉定章之先，或业已有人佃种，亦饬赴县报明给单，以归划一。外来客民人地生疏，土著者不得欺凌。赴县呈报，书差不得丝毫需索，如违重办。

——定租赋。查荒芜田、地、山、荡、塘等项，现在所在皆有，其间无主荒废者固多，而有主坐误者亦正不少。此时若不设法招垦，明定章程，在久荒之产业主，因招佃稍难，且恐收租，即应纳粮，未免因循坐误；在佃户，因垦熟不易，且既费工本又需佃租，余润无多，亦未免迟疑观望；在各州县，则无论有主无主，惟视地土之荒熟以分征蠲，而于恤农劝垦之道，不知耐心讲求，坐视业荒赋悬，公私两受其病。但开荒不外劝垦，劝垦不外恤农。恤农不得其法，则未垦者怀疑生畏，瞻顾不前，已垦者构讼酿争，弊累百出。

臣与各司道周咨博访，再四筹酌，招佃垦荒一事，须以有主无主为断，不宜一律办理，庶可上下交益，行之无碍。应令将荒废之产，其有主者，责成业主招佃垦种，除同治三年分粮赋已准免外，以后有人承佃，即应交租，业主既已收租，即应输赋。如内有荒久产业，开垦工本较多，业主本年尚不收租者，即准查明请蠲本年粮赋。及必应请蠲两年者，是惟责成州县，确查何人何项田产有租，何项田产无租，以分征蠲。则小民感沐宽大，急求口食，必不肯任其抛荒，甘处穷厄。而有租者有赋，无租者无赋，佃业两平，自不致废时失业，争执构讼，使恤农者转致病农，裕赋者适以亏赋矣。

至无主产业与有主者迥不相同，办法虽难，招垦较易。应责成州县确切查明，实在无主田业，即由该州县设法招佃，先给准垦印单，饬令赶紧垦种，准以该州县开征之年为始，免租二年。其免租二年内粮赋亦即查明，按年请蠲。二年以后照额征粮，于粮串内加增"认垦"二字。如始而无主认田，继而有主认田，即查明取结，饬令业主酌给垦户工本，或仍给原垦之人佃种，按年交租，改照有主田产办理。

倘数年后无主归认，准其作为己业，报税过户。所有原产已绝之户，遗存坟墓，责成垦田之人代为照料。其各属庙产，如僧、道逃亡故绝，亦即照无主民产一律招垦，准免租赋二年。二年之后，报明拨作书院、育婴堂等项公产，照例完纳粮赋。第报荒新垦无主田产，须以同治三年各该州县开报荒产分数为限，只准年少一年，不准更有所多，以免州县捏冒侵混。

——发牛、种。农夫资本微薄，裹粮远来，多有无力购备牛、种者，且现在此间牛少，非贩于台郡，即买自江西，其价甚贵。前经筹拨银二万四千余两，发存各属，酌量借给，以资工本。仍定稽查之法，按宋制每夫给牛一只，治田五十亩。自此次定章之后，除自己有牛不计外，其领银置备者，实已买牛若干头，谷若干石，该种田若干亩，分饬各县据实开报。并查有实在力难自办者，仍准续给。将来并同前借牛价，由县分作三年收还归款。其籽种限秋后缴还，饬令积储以备下年放给。如收放之时有奸民猾吏从中掯勒作弊，查出从重治罪。

——修水利。浙西各属山乡，田地陂塘甚少，十日不雨，即虑旱；其近水之区，地势低洼，山溪暴涨，又虑水患。况前被贼踞，断路开壕，塘堰掘坍，沟渠填塞，所在有之，旱潦尤无可恃。现议开垦，兼筹水利，经费固属为难，然不早为之所，即有人耕种，设遇旱干水溢，必至前功尽弃，废然而返，于垦荒之政大有关碍。应饬各属，先尽有水之田垦附种，凡塘坝有应兴筑沟洫，有应挑挖者，赶紧设法修复，因其势而利导之，庶几旱涝有备，年成可望，小民之幸，斯公家之利矣。

——定劝惩。此次兴议开垦，酌给牛、种，宽免租税，在无业贫民，自应乐于从事。然必地方官经理得宜，勤于劝课，方有实效。土地辟，田野治，则有庆；土地荒芜，则有让。汉王粲谓："农益地辟，则吏受大赏；农损地狭，则吏受大罚。"诚以官之贤否勤惰不齐，不得不酌定考成，以资激劝。此各属荒田，既经遵饬开报，每岁垦田若干，不难按册而知，此后即以垦荒之多寡，定考成之殿最。除随时委员赴乡查看外，并于年终将该县实荒若干、已垦若干、未垦若干造册，由府详核。凡各州县荒产自一分至九分以上，皆限定该牧令每年垦复一分，即予奏请奖励；倘一年垦不足数，或两年仍未垦复一分者，即分别记过撤参，明定举劾，以示劝惩；如有一年内能垦复二三分者，另行专案从优请奖；其荒产不及一分者，责令一年内垦复，量请奖叙。统以同治五年为始。倘有已垦不报，冀便私图；未垦报垦，希邀奖叙者，一经查明，从严参处。如绅富有能捐牛、种，倡率开垦者，以开垦之多寡量予奖励。知府有督率之责，其劝惩之法，合所属之分数，照州县之例分成举劾，以示平允。总期官有实心，野无旷土，复我朝固有之赋，不致年久缺废，方为称职。

——慎稽查。此次招垦，原不择地而居，不择人而予。但各处之人杂处其中，良莠不齐，必寓以保甲之法。十家设一甲长，与本地农民互相稽察，不准存留无业游民，及私宰赌博，恃众行强等事；即采取柴薪、放注水泉、栽种园蔬，亦须查明界限，均由地方官责令绅耆庄保妥为经理，毋许混争生事。倘有不服约束，禀官从重究办。

——筹经费。各县现在清查荒田，招人垦种，所有由县另给印单，须将垦户人口、年岁、籍贯，并认垦某县都图荒田亩数、保人及归完业主年限，逐一载明，方昭核实。其应须纸饭各费自不可少，著由地方官暂行筹垫，据实开报，立即筹给。仍先出示晓谕，不准勒派分文，以免垦户疑畏，及牧令各费畏难，胥吏借端需索等弊。

李瀚章奏浙江垦荒依照原定章程［李瀚章《浙省垦荒请仍照原定章程折》
(1868)，《合肥李勤恪公（瀚章）政书》卷4，第364页］

奏为浙省垦荒事宜应请仍照原定章程办理，并各属本年钱粮仍应分别征
蠲，恭折奏祈圣鉴事。窃准部咨议复太仆寺少卿彭祖贤奏，声明升科例限以广
开垦一折，请旨饬下该督抚详慎讲求，妥议章程，奏明覈办。再该京卿所请续
报水旱垦出六年、十年概不起征之处，是否能行，亦应一并详议，以昭慎重等
因。同治七年十二月十一日奉旨依议。钦此。抄录原奏行文到浙。

臣查开荒不外劝垦，劝垦不外恤农。浙省杭、嘉、湖、金、衢、严六府属及绍
属之诸暨一县荒芜各产，前经升任抚臣马新贻拟定招垦章程，通饬各属遵办，
并奏奉谕旨：览所奏事宜，尚属详尽该督惟当督饬各地方官实心实力，次第兴
办等因。钦此。钦遵各在案。内有"定租赋"一条，议将荒芜各产，有主者责成
业主招佃垦种，交租输赋。其有久荒之产，垦本较重，业主当年尚不收租者，准
请蠲本年粮赋。及必应请免两年租赋者，惟责各州县确查何产有租，何产无
租，以分征蠲。至无主产业，亦责各州县查明招佃，先给印单垦种，准以开征之
年为始，免租二年。此二年内粮赋亦按年请蠲，以后照额征输。始而无主，继
而有主出认者，亦查明取给，饬令业主酌给垦户工本，或仍给原佃之人佃种，改
照有主之产办理。终久无主认管者，准其作为己业，报税过户。其僧道逃亡故
绝之庙产，亦照无主民产一律招垦，准免租赋二年后，报明拨作书院、育婴堂等
项公用，照例完纳租赋各等因。筹划似已详尽，历年勘办各属荒蠲案内，新垦
各产粮赋如有未获丰收，暨山陬瘠区贼扰较深者，均经奏蒙恩施，分别半蠲、全
蠲，及当年全蠲，次年半蠲。凡此曲予优恤，无非重农足食，欲广招徕起见。

年来开垦之数虽渐加增，而未能遽复原额者，良由此次贼扰几遍，虽四民
同受其毒，而农夫为尤甚。被掳者捐躯锋镝，避匿者饿填山谷。流散既少，故
生还无多。本地之农不敷耕本地之土，各邻省同被贼扰，均有荒产，孰肯舍近
图远。此实限于人民稀少，并非招徕之不力，亦非有所畏而不前也。

所有垦荒事宜，原定章程遵行数年，官民相安，亦无更胜一筹之策，应请照
旧办理，毋庸另议更张，转滋闾阎疑惑。即彭祖贤请照报垦水旱田例六年、十
年概不起征之处，诚如部议条例所载，系指新开田地而言，与熟田抛荒情形不
同，亦请毋庸置议。际此东作正兴，各属荒产急应乘时设法招垦，本年钱粮仍

不能不剔熟征输。容臣督同藩司,严饬各州县广招垦种,务使荒土年少一年,粮额得以渐复。仍俟栽种齐全,查勘荒种各分数,另行奏请分别征蠲,以昭覈实。

据署藩司刘齐衔据详前来,理合恭折具奏。伏祈皇太后、皇上圣鉴,敕部查照施行。谨奏。

杭嘉湖荒田(《申报》1873 年 2 月 15 日,《十一年十二月十一日京报全录》)

浙江巡抚臣杨昌濬跪奏:为查明浙江省杭嘉湖三府属新漕,数饬催提前征运,并封雇宁沙各船情形,恭折驰奏仰祈圣鉴事。

窃准部咨本年漕粮提前赶办,仍由海运等因,经臣督同司道将一切事宜赶紧筹办,一面严饬各属按数提前征运。去后兹据粮道如山详称,体察杭嘉湖三府情形,因被兵较重田土荒芜,虽设法招垦,而土著归来无几,且邻境各有荒田,故外来客佃亦复寥寥。并因抛荒既久,土性凝结,竭资耕作得不偿失,以致荒芜不能全辟,兼之夏秋雨泽愆期,田禾受伤。现据杭嘉湖三府勘报,除各州县应行带征,历年缓征递征粮,均因复被歉收,力难带微,仍请递缓一年征存以民困外,本届新计征米四十五万三千七百余石,开折详请具奏并声明分委各员驰赴宁波、上海会同地方官督饬号商绅董,凡宁港商船及赴未归船只设法一律招回,尽数封雇,并将苏省协浙装运之沙船预为招雇,总期多多益善俾免缺乏。惟江浙两省起运米数均增用船赤广,现经直隶督臣李鸿章饬令商局轮船试运粮,与沙宁各船相辅而行,较为迅速等情。

漕粮为天庚正供,且值仓需米孔殷,尤应提前宽筹起运以供支放。惟是浙西三属,兵燹之后,农力不足,虽饬地方官设法招垦,荒土尚难全辟,不得不兼筹并顾,征熟蠲荒,期于国计民生两无妨碍。且本年夏秋雨泽愆期,设法筹征比上届多米三万二千余石,实已不遗余力,委难再筹增运。臣当督同司道严饬各属克期开仓,惩劝兼施,赶收交兑以期无误放洋,一面催提截行月折各款樽节支销以资济运。至雇船为海运要务,本年米数较之上届有增,需船尤多,恐有不敷。臣惟有先事与苏省商酌循旧,宽为协拨,一面查照李鸿章所奏试用轮船转运以补沙宁船之不足,除将切章程及群细米数另行具奏外,谨将新征运米数及预筹封雇宁各船情形会同闽浙总督臣李鹤年、署运总督臣文彬恭折驰陈伏乞皇太后皇上圣鉴。

再据杭嘉三府各州县以招佃开荒籽种不齐,兼以本年夏秋之间两泽愆期,田禾受伤含浆不足,米粒不能饱绽,饬据司道查系实在情形,应请循照历届成案,准其红白兼收粳籼并纳以示体恤,除仍饬认真拣选毋许滥收滋弊,并咨户部暨仓场侍郎查照合并陈明谨奏。

军机大臣奉旨:知道了,钦此。

论近日田河情形(《申报》1875 年 12 月 30 日)

自古及今,言王政者,无不首重耕桑,故孔子论道千乘之国,则曰,使民以时。孟子告齐梁行政,则曰,不违农时。及至两汉以后,在位之君,能重农事者则治,反是则乱,数千年来,一定不易之理也。然天下事之最苦者莫如农,利之最薄者莫如耕,故少有积财之家,无不趋而为商,因其所得较厚,而所为较乐也。本朝自定鼎以后,至道光之时,皆以农事为重,几至穷乡僻壤,海澨山陬,若能播种之区类,皆辟而为田,已使地无旷工。皆因耕种之事,上下交重,故能尽地之力,古今无比,猗与盛哉。

自兵燹之后,田多荒芜,东南诸省为尤甚,皖南各县几乎十田九荒,即苏浙两省之苏、松、常、镇、太、杭、嘉、湖七府一州,亦多废田。余常往来于各郡之地,见有荒芜之田,犬牙相错,数亩之间,每至其中,亦多茂草,或附城郭,或近河滩,亦尚有未能复原者。因思苏浙八郡当承平之日均能务农,何以一经兵燹竟至如此不治,前见切衷道流论田一则,皆论数郡情形,始知有田之家利如此薄,为农者流事如此苦,亦无怪其任田废而不治也。

不但此也,余每询诸故老,究其不肯开垦之故,余谓年复一年听其污秽,将来恐欲复其为田不可得者,何如及早开垦之为得计。皆曰,子言虽是,然何言之太易也。吾苏浙两省自遭兵燹,人丁希少,不敷耕种之用,且财物空虚,更属无力,及此其中之复垦为田者,业已竭尽心力,始能播种,而每岁所入仍不敷出,安有余力尚能再垦。且垦荒为田,费尽若干财力,初一二年所收之谷尚不敷本年用度,故定例可邀免征。今闻有竭蹶,甫垦之田,庄书粮差等均报为熟,照例征粮,故皆畏葸不敢复垦也。

然此等之言,皆系得之传闻,不知确有实据否。倘或有之,地方有司实宜严禁,力杜其弊。不然任田亩荒芜,民间不肯垦复,每岁少征若干钱漕已属非计。且复垦之田毗连芜废之区,而众草黄稗之子飞入垦熟田中,耘者虽费多力,恐难尽除,使每岁所收之谷未免减色,其为害于熟田亦属不小,此荒田所以万难不行开垦也。若在上者以有司之劝民开垦多少者为考成,则有司或能设法以劝民,亦未可知。

再兵燹之后,不但田间之沟洫淤塞,而且行船之水道亦不流通,此连年所以常忧水旱之灾也。现闻由杭州以至镇江,如石门如丹阳等河尤为沮滞,若不大加浚修,必至日浅一日,不徒农有水旱之忧,即商亦觉行路之难也。厘金一款虽不能为民垦田,似尚可为民浚河,望勿使东南水利反成西北情形,是不能不有求于为民上者。

浙省编纂减赋全案告成(《申报》1873 年 5 月 17 日《四月初二日京报全录》)

浙江巡抚臣杨昌濬跪奏:为浙省编纂减赋全案告成,厘定顷亩科则以昭画一,恭折具奏,仰祈圣鉴。窃照案准部咨饬纂减赋全案刊送等因,奏奉谕旨依议,钦此,钦遵行文到浙,即经饬令司道,派员开□。溯查此案,前于同治二年六月间,钦奉恩减免漕粮,当经前抚臣奏准部议,酌减二十分之八,督饬清赋局司道查明。浙省原额应征漕粮米数计,应减征米二十六万六千七百六十五石零。恪遵谕旨,分成量减开单具奏。旋奉部议,覆准通饬遵照,嗣将各县额征数目,分别有闰无闰,查造清册,咨部覆准各在案。兹据藩司卢定勋,粮道如山会详称,业将钦奉,论及京外章奏文册,并现在编定科则细册,厘为十卷,与江苏所纂全案大同小异,惟各属顷亩科则,与各解款,均载《赋役全书》。

若如苏省,本有首届编纂之书,不难按照该年额数纂办。今浙省两次遭兵,全书被毁殆尽,前经户部颁发者,又多远年,全书仅存残佚志乘以为凭借者,虽科则并无今昔之分,尚可即为依据,而顷亩岁有升坍,难免参差。今既刊刻成书,自应厘剔准确,方可登诸梨枣,永为规制。当经督饬承办委员即就全书志乘,与各奏册,悉心勾稽,参互考订,已将各属顷亩米额,截清年分,查明升豁额存各数,并按全书志乘,核定原征科则,分县分则,编纂准确。饬据各属逐加核金,核数相符,业经分别未减以前,既减以后,造具分则细册,刊入全案,永为各属征漕张本。嗣后征解银、未查办蠲缓银,以同治十三年起,连十二年分为始。

即照此次编定准数核办,其一年以前所办蠲缓案,仍照清赋原定数目核实办理,庶免纷更。惟升豁之案,必须合额,应俟定案之后,由各该衙门查办过升豁各案,如果数有参差,造册详咨更正。至此次编定顷亩数目,如就全书志乘而论,数均吻合。惟自大丈至今,事远年湮,桑田沧海,时多变迁,加以兵燹之后,被匪掘濠筑垒,及滨海临江各州县沙淤坍削,已成荒废,不能垦复,各产不知凡几,恐与原额难以符合。现饬各属赶紧劝垦,一俟各产全辟,再行查露,以清粮产具样。本议送核发并请具奏前来,臣覆加查核所编文册十卷尚属明晰妥善,除将样本核发传匠刊刻,一俟装行成帙分送查核外,合将浙省编纂减赋全案告成并厘定各属顷亩科则解额,请以此次编定为准缘由恭折具奏,伏乞皇上圣鉴,敕部核覆施行,再白粮加三春耗及南粮续定耗米均不入全书科则,是以此次册内亦不开载。其应如何随正科征,各有例案可稽,现饬各属仍照例案纂入由单,□正核实科征合并声明谨奏。

奉朱批:户部议奏,钦此。

杭郡田亩情形(《申报》1876 年 1 月 20 日《杭郡田亩情形》)

夫国以民为本,而民以食为天。故自禹平水土以来,耕种之利大兴,历代相沿久而不废,重农贵粟,良有以也。

然试以近日杭郡之田计之,常年得利三四厘者真为上等,饶沃不可多得,余惟灶沙等田有钱利,约计每年所入尚有盈余利息。若征田,则每年之钱耗属钱邑者,每亩需四五百文,属仁邑者,每亩或需七八百文,或多至九百文光景。又需粮书、里长诸项开销,各费多寡不同,收租之家如遇丰年,每亩可得糙米六七斗、三四斗不等。近年米价既平,租米又系次色,即以丰年所收计之,尚难敷每年钱耗之费。故人均愿置买沙田,而征田则无过而问焉者也。然如钱邑,大小洪字号有塘圈之田,大洪字号田每亩约值二十千文左右,小洪字号田每亩约值十二三千文,此外沙田或仅四五千文,或二三千文,然非竟无收割者。若定南北安吉一二三四五六七八等图征田,其最上等之田每亩亦仅仅二十余千,况出其下者,南阡北陌,多于上等之田二三十倍哉?

仁邑征田,或尚有每亩值三四十千文者,然亦鲜有顾问之人。甚矣!田之不足资以为生也。前切衷道流论田一篇,真能洞鉴时势,有慨乎其言之然。如仁钱两邑,饶沃之田,偶遇丰登,种田者每亩尚可收得三石有余,虽今年晴雨不齐,而钱邑之补种者,实非荒歉。仁邑则较去年为成熟。大宪轸念民瘼,犹将钱邑之报荒者,安吉等图,每亩歉缓征米四合,体恤亦云至矣。人固不愿舍商而尽为农,人亦不能舍农而尽为商。盖商以通货,而农以裕食也。若杭之於潜、新城、余杭数县,则固荒无千里,垦种者寡。仁钱海富四邑,成熟虽多,荒田亦复不少。即此推之,今日之田多人少,想亦宇内胥同。贫民但能垦种田地,佣工力作,未必竟至冻馁,迫而为盗贼、为乞丐也。

严州近年开垦渐多,半系外来客民(《申报》1876 年 7 月 24 日《光绪二年闰五月十四日京报全录》)

浙江巡抚臣杨昌濬跪奏:为知县人地未宜,拣员对调,以资治理,恭折仰祈圣鉴事。窃照知县为亲民之官,责任烦重,必须量缺择人,未可稍事迁就。兹查严州府建德县知县,虽系专冲简缺,而地当孔道政务实烦,且严郡被匪蹂躏最甚,田野荒芜,人民稀少。近年开垦渐多,半系外来客民,其能抚辑招徕,尤为不易。此缺现在情形,非初资人员所能胜任,现补是缺之唐煦春,系江西德化县优贡,以知县签分浙江,题署建德县知县。该员人甚安详,办事亦勤,惟历练未深,恐于此缺不甚相宜,未便令其尝试,致有贻误,应即拣员对调,务使人地相当,庶几治理有效。查有上虞县知县王晋玉,系江苏溧阳县附贡,由保浙江候补知县,题署宣平县,回避姻亲开缺另补,嗣复题署上虞县知县,于同治十年八月初四日到任,业经试署期满,题请实授。该员才能肆应,办事稳练,前年调署建德县,措置裕如,地方渐有起色,以之调补是缺,实属才称其能。

湖州歉收,客民难免不藉端生事(《申报》1876 年 9 月 21 日《湖州确音》)

昨早传得湖州府城内,近因妖魅压人,民心惶惑,已将六门紧闭云云。本馆嗣即确访得并无其事,不过稽查城门之员弁见有面生可疑之人,略事盘诘耳。即邪术害人之说,近亦稍息。

所虑者西乡山田今年因旱干太甚,或将粒米无收。而力田之农又非土著,皆系各外省客民,本无室家财产,一旦值此歉岁,糊口无资,难免不藉端生事。是在有司者早为安顿也。

派营驻扎(《申报》1876 年 10 月 5 日)

浙之湖州,以月初误得谣言,居民半纷纷迁避,嗣后共知无事,然西乡一带客民今年荒歉无收,难免不乘时骚动。是以浙抚杨中丞闻信后,即派张军门带领水营赴南浔等处梭巡,又派城守营高守戎率领洋枪队,随同军门赴湖听候差遣,嗣据湖人传述,洋枪队已往泗安镇之界牌开驻扎矣。昨又悉苏抚吴中丞闻有湖州信息,亦派赵景川观察带领四营前往太湖与浙省交界地方驻守云。

沈葆桢、吴元炳奏拟请援案减漕疏（刘锦藻《清续文献通考》卷四田赋考四，光绪三年）

光绪三年，两江总督沈葆桢、江苏巡抚吴元炳奏略称，窃照江宁府属熟地恳请减则征收一案，迭经前督臣李宗羲等奏陈，均经部臣议驳。嗣署督臣刘坤一，会同臣元炳吁请，暂减三年，部议光绪元年丁漕准予减征，二年按元年所减数目酌减一半，三年查照原定科则征收等因，当经转行饬遵在案。

臣葆桢莅任后，因各属荒田严催未垦，而江宁府属转多垦，而复荒者骤闻之，不胜其疑，再四访求，金称江宁赋重亚于苏松，而地硗等于徐海，以十余年废耕之土，责诸数百里孑遗之民，倘钱漕照额征收，窃恐年复一年，流亡多而荒芜更甚。国家大利在农，若不培其本根，恐抚字催科二者均无从下手。藩司孙衣言到任，正值上忙，奏销之际，迭经通盘筹划，以为利农必在劝垦，而非减漕则无以利农。

兹据详称：从前江宁府属权办抵征，上则田每亩征钱二百五十文，下则田每亩征钱一百三十文，为数甚廉，似应争先开垦，趋之若鹜，乃求之汲汲，应者寥寥。实由兵燹之余，乡民自种自食，每户不过十数亩而止，余地招募客民，给以资本，应募者来自江北，土性异宜，加以强悍难驯，费资多而交租少。大约从前每亩收米一石者，今只收稻百斤或七八十斤，碾米不能四斗，稍加催索，则席卷潜逃，牛具田租均归乌有，而田已执熟，赋无可蠲办抵征。时弊已如此，今复丁漕原额，总计上则田每亩须完钱四五百文，较之抵征数几倍之。农服先畴，弃之则无以为生，守之又不数偿课，良懦释耒，狡黠揭竿。上年六合闹漕，虽借屯米为辞，实则希图普减。户部职在裕国，原难轻议更张，第裕国必先裕民，欲使兵燹之余生尽纳承平之并税，情既不忍，治且难行。万一别滋事端，窃恐所失更甚。目前虽遵部议，上忙勉强启征。

现届六月，各州县报解不前，加以亢旱兼旬，蝻蝗蔽野，近幸渥沾雨泽，插秧已迟所宜，及早熟筹预杜后患。因思地丁一项，不敢再请减征，惟有援照同治二年恩免苏松太三属虚粮之案，除江宁府一属除高淳、溧水二县向完折色不计外，其上元、江宁、句容、六合、江浦五县额征漕粮等米，一律减免十分之三。查该县田地荒熟并计应征原额漕屯兵恤等米共十五万四千八百八十九石有奇，以十分之三核计减，米四万六千四百六十六石有奇。就现在启征熟田而计，应征原额漕粮等米九万二千九百九十五石有奇，共请减三成米二万七千八百九十八石有奇，尚应征熟田米六万五千九十七石有奇。将来继垦熟田，亦照此科征，不再加重。斯民具有天良，幸沐皇仁优渥如此，断无不踊跃乐输者。有田之家既得田之盈余，岂肯轻弃其业？无田之民不畏田之赔累，更当竞趋于耕。十余年后，民间增数十万之熟田，国家即多数十万之正赋等情，详请具奏前来。

臣等伏查漕粮关系正供，不容轻议增减。苏松等属同治二年蠲免十分之三，此破格之恩，岂寻常所当援例。然江宁府属沦陷之久倍于苏松，荼毒之酷甚于苏松，田土瘠而遗黎稀，更无从与苏松比较。同是朝廷赤子，何忍听其既登衽席者驯致流亡？苏松太减米五十四万余石之多，为前古未有之隆施，所以巩万世无疆之宝祚。今于江宁府属再减米二万七千余石，仅及苏松太二十之一，于国计似无大损，而圣主如伤之隐周浃彷徨，其以人情为田，一树百获者，何可数计。惟前所请减者，有二成半、二成、一成半之分，今则统减三成，似乎冀幸过甚。然前次米粮一律请减，今者不减银而减米，相权不甚悬殊。惟有吁恩鸿慈逾格。特旨准照苏松太成案核减上元、江宁、句容、六合、江浦五县漕米三成。俾民无以纳课为畏途，而以垦荒为利薮，臣等不胜感激屏营之至。

杭嘉湖三府兵燹之后，设法招垦土著归来，仍属寥寥（浙江巡抚臣梅启照奏，《申报》1879 年 2 月 17 日，《光绪四年十二月廿三日京报全录》）

浙抚梅奏：为查明浙省新漕米数及豫筹封雇各船情形折子；又奏：为嘉湖二府白粮米石剔荒就熟征运情形夹片。

浙江巡抚臣梅启照跪奏，为查明浙江省杭嘉湖三府属新漕米数饬催提前征运并豫筹承运商船情形，恭折驰奏仰祈圣鉴事。窃准部咨本年漕粮提前赶办，仍由海运赴津径交通坝等因，经臣督同司道将一切事宜赶紧筹办，并严饬各属按数提前征运，去后兹据粮道胡毓筠详称体察杭嘉湖三府情形，因兵燹之后，田土荒芜较甚，迭经设法招垦土著归来，仍属寥寥。委系人少田多，以致未能全辟，兼之本年入夏以来，晴雨失时，禾苗未能长发，迨至刈获之际，大雨兼旬，田禾被水淹没，收成因而减色，致成灾歉。现据杭嘉湖三府勘报，除各州县应行带征历年缓征递缓漕粮，均因频年灾歉，民困未苏，力难带征，仍请递缓一年征取外，本届新漕计可征米四十五万五千一百余石，开折详请具奏。一面分委各员驰赴宁波、上海，会同地方官督饬号商绅董，凡宁港商船及续行进口船只,勒限封雇。其苏省协浙装运之沙船亦已豫为雇备,并饬令招商局轮船循案协运以期妥速等因,前来,臣查漕粮为天庾正供,且值京仓需米孔殷,尤应提前宽筹起运以供支放。

惟是浙江三属兵燹之后,农力不足,虽饬地方官设法招垦,年有加增而荒土究未全辟,不得不兼筹并顾征熟蠲荒,期于国计民生两无妨碍。本年秋成之后一再委勘并饬该管知府亲诣确查,认真厘剔,始得核定征运米四十五万五千一百余石,较之上年计多征米三万七千一百余石,实已不遗余力,除督同司道饬各属克期开仓,惩劝兼施,赶收交兑,一面催提漕截行月米折各款,撙节支销以济运用。全雇船为海运要务,本届粮米仍由粮道,径运赴通,尤宜船只齐全,以期衔尾放洋,妥速藏事,并将一切章程及详细米数及豫筹封雇各船情形,谨会同闽浙总督臣何璟、漕运总督臣文彬,恭折驰陈,伏乞皇太后、皇上圣鉴。再据杭嘉湖三府属各州县以招佃开荒籽种不齐,兼之本年夏秋以来连旬风雨,饬据司道查系实在情形,应请循照历届成案,准其红白兼收、籼粳并纳,以示体恤,除严饬认真拣选,毋许滥收滋弊外,合并陈明谨奏。

军机大臣奉旨:户部知道,钦此。

梅启照片,再查浙省嘉湖二府属各州县应征白粮米石,例应照额征收全数起运。兵燹以后,该二属荒产较多,历经奏请蒙恩准按照漕粮成熟分数征收起运在案,兹届光绪四年冬漕起运之际,经臣饬将白粮照额办运去后,现据嘉湖二府转据各该县禀称,现在荒土未能全辟,而本年所种之田自夏徂秋,旸雨失时,收成因而减色。现今新谷登场未能一律饱绽,且近年籽种不齐,米色红白,本难一律,纵使严加选剔,大致相同,惟有请将荒田应征白粮,援照历届成案,一律随漕减运等情。又经臣饬据藩司任道镕、粮道胡毓筠详加体察,该二府所禀委无虚捏,仍请将嘉湖二府属白粮粳糯米石一律剔荒就熟征运,会详请奏前来,除本届嘉湖各属各县纵歉田亩项下应征白粮,仍饬按数办运统于漕粮内详扣以符定制外,合无仰恳天恩逾格俯准,将本年应征白粮,仍按漕粮成熟分数。

浙江惟田土尚未全辟,钱漕未能足额(《申报》1880 年 3 月 20 日,《光绪六年正月二十四日京报全录》)

头品顶戴浙江巡抚臣谭钟麟跪奏,恭报微臣接任日期,叩谢天恩,仰祈圣鉴事。窃臣蒙恩调补浙江巡抚,陛辞出京,于十一月初二日抵浙江。初三日准前抚臣梅启照委杭州府知府龚嘉儁、抚标中军参将唐湘远齐送钦颁浙江巡抚关防一颗,两浙盐政印信一颗,并王命旗牌文卷各件前来。臣谨设香案,望阙叩头谢恩,祇领任事。伏念浙省本富庶之区,自经兵燹,民气凋残。臣前任杭州府并署杭嘉湖道,其时克复未久,市井零落,而公家经费尚能足用。今自嘉兴至省,所过城郭村市,民居比栉,阛阓喧阗,地方大有起色。惟田土尚未全辟,钱漕未能足额。频年水旱,岁不丰登,协款日增,经费支绌较十年前更形棘手。此外,盐漕、厘税、海塘、水利以及办理海防各务均关紧要,臣智识浅陋深,惟有怀遵圣训,尽心尽力,任怨任劳,培养元气,留意人材,朝夕兢惕,不敢稍涉怠玩,以期仰答高深于万一。除俟察看吏治民情,再行详细奏报外,谨将微臣接印任事日期恭折具陈,叩谢天恩。伏乞皇太后、皇上圣鉴。再,臣经过直隶、山东、江苏地方,均极安靖,麦苗畅茂,合并陈明谨奏。

军机大臣奉旨:知道了,钦此。

杭州、嘉兴、湖州地区遭兵最重(祁世长为恭报考试情形,《申报》1883 年 10 月 4 日,《光绪九年八月二十三日京报全录》)

吏部左侍郎浙江学政臣祁世长跪奏:臣于两郡试毕,由浙东回杭州,驻扎衙门,料理日行公事,即于四月初八日赴湖州府接试。该府所属乌程、归安、长兴、德清、安吉、武康、孝丰七县应试文童共七百十四名,多不过二百,少仅十数人,半月试毕,接赴嘉兴。该府所属嘉兴、秀水、嘉善、海盐、平湖、石门、桐乡七县,应试文童共六百七十二名,多则百余名,少仅数十,亦半月试毕,即回杭州。接试旗籍文生四名,文童二十一名,入场安静守法,文理亦尚清顺,武童则箭枝弓马多合式者,所属各县除仁和、钱塘、海宁文童一百余名外,若余杭、临安、新城、於潜、昌化等县人数不过数十名不等,三府武童杭州二百余名,嘉兴一百余名,湖州不满百名。盖三属从前遭兵最重,人数最少,进额又多,童卯之年,遂游庠序,故文风较宁绍为逊。文生考优等者亦颇有讲究法律,阐发义理之文。童生则瑕瑜互见,兼有不足额处,其生童卷内有夹递说帖诗句,及真草不符,草稿乱书违例者,均发交各提调官查明惩办,生则黜革,童则扣除,总以毓秀湖山,人多颖悟,文章造诣不患不华瞻丽,则第恐过于聪明,文浮于行,转入浮嚣一路。臣于下学讲书,考毕发落时,反复训谕以朴实立品为先,勉成大器,为朝廷桢干之用。臣当随时谨慎,自持公勤校,以冀仰答裁成之至意。所有岁试情形,谨缮折陈明,伏乞皇太后皇上圣鉴。

再臣自春徂夏,经过各属地方,菜花盈野,麦陇齐青,因春雨过多,农夫用水轮放田间储水为插秧计。湖州、嘉兴一带桑畴葱郁,蚕事正兴,亦因阴雨连绵,春寒过甚,减丝减色。

桐乡土客构衅,经抚臣派员弹压办理,将煽惑匪徒拿获,民情均称安帖。

五六两月气候甚正,稻穗、杨花晴日烘晒,若此场雨后应时,岁时可期丰稔。理合附陈,谨奏。

军机大臣奉旨:知道了。钦此。

廖寿丰议安集浙西客民章程(浙江巡抚廖寿丰,1895 年,中国第一历史档案馆编:《光绪朝朱批奏折》第 26 辑,中华书局 1995 年版,第 395－405 页)

头品顶戴浙江巡抚臣廖寿丰跪奏:为筹议安集浙西客民章程,并查明归安县征收钱粮尚无差役需索情弊,恭折覆陈,仰祈圣鉴事。窃臣承准军机大臣字寄光绪二十一年正月二十九日,奉上谕:"有人奏浙西客民恃众滋事,请豫筹安辑,以弭衅端一折,据称:'浙西乱定之后,田多荒芜,大吏设法招垦,各县设有客民保甲委员,每乡造有户册定章,非不周密,积久视为具文,任意流徙,莫可稽查。二十年来党类愈众,鱼肉土著,习为故常,又有捕鱼放鸭等船,与客民同为一类,种种不法,层见叠出,客民所垦之田,从未清丈升科,编入额征,与土民同完赋税,且客民按亩抽派,有公费委员利其财贿,土客争讼之案,每至经岁不结,土民控诉无门,亦将铤而走险'等语。浙西客民著籍已久,该地方官果能绥辑得宜,何至土客寻仇,积成隐患。廖寿丰妥定《安集客民章程》,责成各该州县实力筹办,遇有土客争讼之案,务须办理持平,不准稍涉偏袒。另片奏归安县征收钱漕差役勒索陋规各节,并著廖寿丰确切查明,如有前项弊端,即行一律禁革,以苏民困。原折片均钞给阅看,将此谕令知之,钦此。"遵旨寄信前来,臣查浙江省嘉兴、湖州两府兵燹后田多荒芜,招徕客民开垦,其来自外省者,河南、湖北之人居多,来自本省者,温、台、宁、绍之人居多。前于光绪五年议定章程,委员分乡安插,编查户口,申明禁约,复立客董客保以相约束,土客寻仇之风自是稍息,十余年来尚未有械斗重案。惟是人数既多,族类不一,安分务农者固不乏人,而鱼肉土著,横强滋事者亦复不少。臣前在浙江臬司任内檄行保甲,深知各该处客强土弱情形。上年臣到浙后,复经严檄通饬,并委员周历清查,迭获匪犯到案讯办。虽近来地方稍称静谧,自非随时稽查防范,不足以消隐患而弭衅端。此次钦奉谕旨,遵即转行藩臬两司会同查办,一面遴选候补知府向人冠驰往嘉兴、湖州等府,按照原奏所指各节逐一密查。去后旋据该委员禀称垦荒客民以湖属为最多,嘉兴次之,耕凿已久,大半相安无事。其不安分者莫如春来冬去帮工无定之人,鱼肉土著之事诚不能免,近来查办较严,颇知敛迹,更因各县分办水陆保甲,尚无公然为匪之事。客垦之田,除嘉属之石门、平湖向无客民外,其嘉兴、秀水、嘉善、桐乡、海盐五县光绪五年间因土客忿争,一律清账升科,编入额征。湖属长兴一县客垦较多,现亦开办升科,其未办各县亦拟次第仿办。客民贫苦者众,按亩抽费未必乐从,闻有一二捐助善举公款,并无专集讼费情事。其有到官涉讼者,亦皆随时了结等语。随于查明后,会同嘉湖二府,酌议章程,专送核办前来。臣复督同署藩司聂缉椝、署臬司郑嵩龄参酌成规,悉心核议。兹据该司等会议《安集章程》十条:

一曰慎选客长。缘客民人多类杂,虽有各帮公举董保,然用非其人,或致多事,应责成地方官遴选公正循谨者补充。如果稽查得力,土客相安,由县量予鼓励。若徇情容隐,滋生事端,即严行惩治。

一曰编查户口。各属向有户册,行之已久,不免视为具文。应令地方官切实整顿,每户给以门牌,十户为甲,十甲为保,责令相互稽查,一家犯法,九家连坐,仍由县随时抽查,有迁徙别处者,亦即报明注册,并于年终将户口总册造报送府,以凭稽核。

一曰严查雇工。客民垦种田亩,必须添雇工人,即土民田亦多须雇工帮助,而此项工人大半强悍性成,踪迹靡定。应饬令董保查明姓名、年貌、籍贯,填成腰牌,并须有认识保人,方许收用。如有来历不明,立予驱逐。

一曰编查船号。捕鱼放鸭等船,良莠不一,为匪滋事,在所不免。应令设立船户甲长,以十船为一甲,取具连环保结造册存案,并于船旁大书甲号,由地方官不时抽查。如有不法情事,指提严办。

一曰申明禁约。客民有误伐竹木柴薪,或争水利,致相口角,均投董保理处,不服禀官审断,不准擅行争斗。其有强垦霸种,抗粮骗租,甚或窝盗聚赌奸拐等情,各治以应得之罪。该管董保容隐不报,许被害者禀局控县,一并革究。

一曰按则升科。客民承垦荒田,除桐乡、安吉等县先已升科入额者毋庸议外,其余各属应先出示晓谕,各户呈缴田单,核册相符,给予印照,编户入册,一律升科,应完赋税,与土民一体征收。

一曰秉公判断。查客民虽无敛集公费,委员亦无利其财贿之事,但土客相争均应由地方官传集质讯,不分土客,只论是非,务令曲直昭然,两造允服。如有迁延不结,及审断不公,即将该地方官严参示儆。

一曰建设义塾。客民生聚日繁,贤愚不一,非尽心教育,难期向善。应饬各县查明乡村大小,劝捐经费,设立义学,延请端正塾师,尽心教导,务使渐知礼让,一变其犷悍之习。

一曰照例入籍。客民承垦已久,原不容过分界限,应查明所执垦单粮串,核其姓名、籍贯,与册载相符,垦种已在二十年以上者,照例取结详请入籍,使与土著分畛域,一面咨明各原籍立案,以符定例。

一曰严查考试。既准入籍,例得应试,第恐有向未在浙客民依附影射,适启土客争讼之渐,嗣后凡有入籍客民,本身子弟愿应试者,应先出示晓谕,于试前三个月,由董保赴县报明,传集面试,查明年貌,三代相符,列册收考。若先未报明,不准与试。俟下届查明再办,以杜冒混。

以上各节,臣覆加查核,均属周妥,已檄司严饬该属实力奉行,如有未尽事宜,仍当饬令各该府县随时体察情形,禀明办理。至归安县征粮,差役勒索陋规一节,前于光绪十二年间经该县知县沈宝青察知其弊,业经详明勒碑示禁在案。以前而言,现在遍加察访,尚无其事。惟差役藉粮需索,是其惯技,难保日久不故智复萌,除饬令该府县再行出示永禁,仍随时查访,违即严办外,所有遵旨筹议安集浙西客民章程,并查明归安县征收钱粮漕尚无差役需索情弊,谨恭折覆陈,伏乞皇上圣鉴。谨奏。

知道了。光绪二十一年六月十六日。

廖寿丰遵旨会筹协缉江浙交界各匪,恭折浙江省办理大概情形(浙江巡抚廖寿丰,1895年,编者:《光绪朝朱批奏折》第27辑,中华书局1995年版,第409-412页)

头品顶戴浙江巡抚臣廖寿丰跪奏:为遵旨会筹协缉江浙交界各匪,谨将浙江省办理大概情形恭折具陈,仰祈圣鉴事。窃臣承准军机大臣字寄光绪二十一年七月十九日,奉上谕,有人奏"江浙交界盗风日炽,请饬合筹剿办"一折,据称江苏之吴江、震泽，浙江之嘉兴、秀水、嘉善、乌程、归安等县，壤地相接，客民麇集，盐枭赌匪，聚党日多，勾结衙役汛兵，肆行无忌。地介两者，事易推诿，历年以来，抢劫、拒捕、械斗伤人、戕害营弁，掳人勒赎之案层见叠出，该地方官积习相沿，养痈不治，殊甚痛恨。著张之洞、赵舒翘、廖寿丰各就地方情形，将捕匪事宜，详细会商，妥筹协缉，严惩之法，毋任欺饰规避等因。钦此。遵旨寄信前来。臣查苏浙接壤，濒临太湖一带，盗贼出没，贩私聚赌，为害闾阎，已非一日。官吏狃于积习，相率因循。民间畏其寻仇，亦隐忍而不敢控告。臣去年到任，访悉情形，即经严饬各属认真缉拿。旋值海防戒严，未克专力于此。即如嘉兴汛弁李含芳捕匪被戕，虽已获犯唐老窝子讯办，迄未大加惩创。良由该匪等党与众多互为耳目，一经官兵掩捕，即已闻风远飏。地介两省，此拿彼窜，是以缉捕较难得力。今奉寄谕，饬令两省协缉，仰见圣明烛照无远弗屈。臣于奉旨后，钦遵恭录，咨会署两江督臣张之洞，江苏抚臣赵舒翘筹商办理。随即密饬嘉兴、湖州两府地方文武会同认真查拿，并派嘉、湖水师分统副将费金绶、张丽堂督带师船，在于各该府县属境内常川梭巡，遇有匪踪，立即掩捕。一面檄调管带寅字前旗副将郭荣桂，寅字后旗县丞张善友，寅字新前旗游击朱松茂，寅字新后旗都司胡惟贵等，分扎嘉湖两府属界连苏省吴江、震泽、青浦等县之王江泾、新塍、西塘、天凝庄、陶庄、杨庙、王家滩、乌镇、南浔、清镇、张家滩等处，以扼其由苏窜浙之路。复经函商江苏抚臣赵舒翘，密饬各军互相接应，会哨兜拿。旋准覆称调拨各防营水路布置，并密委干员察访该匪等踪迹，严拿匪首，解散胁从等语，并由署两江督臣张之洞咨会将兼统浙西盐捕水师营总兵李新燕撤参。查得补用游击浦口营都司陈光全勇略兼优，驭众有术，经该督臣会同赵舒翘，暨臣三处会委，该都司统带浙西盐捕营事务，以专责成而联声势。八月间于嘉善县境西塘地方访有枭匪聚赌，县丞张善友带勇往拿，该匪等胆敢拒捕。该县丞督率勇丁奋拿，枪毙匪目林新义，格伤余党二十余名，夺获匪船一号，劈山土炮一尊，及军械等件。嗣于秀水县境南汇地方查有胁从四十余人，经副将费金绶拿解嘉兴府会同审讯，尚无为匪重情，当经分别惩办，递解回籍。两月以来，迭据各该员弁禀报，匪党星散，现在浙江境内查无匪徒聚赌情事，其江苏境内历经该省认真缉拿，屡有捕获，现闻亦皆敛迹。此协缉各匪之大概情形也。

　　伏思捕匪事宜,在乎巡缉得力,尤以捕治首恶,清查窝顿为拔本塞源之要策。现经严檄各该员弁悬立重赏,会同苏省,务将首要各匪犯缉拿,务获惩治,以免散而复聚之虑,并严禁衙役汛兵得规包庇,以防隐匿窝留诸弊。江苏抚臣赵舒翘到任以后,整顿地方不遗余力。臣迭接抚臣来函,于此事办理甚属认真,必能和衷共济。臣仍当督饬地方文武,无分畛域,实力搜捕,以期仰副圣主,绥靖闾阎之至意。除随时会商署两江督臣暨江苏抚臣合筹协缉外,所有遵旨办理捕匪事宜大概情形谨先恭折具陈,伏乞皇上圣鉴,谨奏。

　　另有旨。

二、中央、地方决策以及新闻舆论中的土客问题

和土客说(方浚颐,《二知轩文存》,清光绪四年刻本卷十二)

有铜鼓樵夫,过顶湖钓叟之居,适濠上散人先在座,揖樵夫而问曰:"仆闻贵邑有客民之难,吴使君忠义勃发,请命于大府,提兵五千人以往,老谋深算,数月相持,卒下广海一寨。以仆思之食毛践土,莫非王臣,何为土,何为客,兵连祸结,恐广海之外,更有广海。不如土与客和,休兵息民,策至善也。"樵夫睨钓叟而言曰:"恶是何言欤?是何言欤?"

钓叟喟然叹曰:"客误矣。今夫村市之间,百货云集,填街塞巷。趁墟者,男妇老弱,毂击肩摩,动以千百计,适强暴之徒,臂鹰牵犬,冲器而过,老父扶杖诃之,则瞋目握拳,恶声相加,摔老父蹭诸地,一市哗然,为之不平,持梃乱扑,如雨点下,而强暴者,自知理屈,踉谢老父以去,市人亦遂不之校。此无他,一时之忿,且众寡悬殊,可以和也。甲与乙富豪不相下,其田亩则阡陌相连,犬牙交错,陂塘之水,两家公之。春夏无雨,决水灌田,甲之佃与乙之佃争者屡矣。一日者,乙佃挥锄伤甲佃至死,甲纠众与斗,甲胜乙负,乙家亦有死者,遂讼诸官,数年费赀巨万,甲乙并悔,戚里解劝,谓死伤相抵,讼奚为。因罢讼,是杀人之仇,既经报复,亦可以和也。若今之客匪,则大不然,其始至也,贫无立锥,我土人授田,使耕指山令种,俾得生育长养,以有室家,乃忘恩负义,一至于此,乌能和?客但与土斗,犹可说也。兹则焚烧我庐舍,残毁我邱墓,夷伤我骨肉,掳掠我妻孥,离散我族党,一家之事,害及百家,怨深矣,乌能和?且彼之屋宇,我之屋宇也,彼之田园,我之田园也,还我屋宇、田园,则彼将终身露处矣,乌能和?且一邑客匪,尚不足虑,以八九县之地,任其蚁聚蜂屯,煽惑滋扰,吾民虽懦恐,父母斯民者,亦不忍坐视不问也,乌能和?向也,横行乡里,今也,抗拒官

兵,向也,盘踞村庄,今也,攻下城寨,固天理所难容,王法所必诛也,万万不能和!自那龙之役,劫官劫饷,隐忍未发。不久,复有广海之事,距广海九十里之曹涌,深沟固垒,富有盖藏,逼近海堨,党羽颇众,是其包藏祸心,已成骑虎之势矣,断断不可和!客误矣。"

钓叟之言未终,散人呀然笑曰:"有是哉,子之梦,梦也。子独不闻滇南之乱欤?子独不闻秦中之变欤?回与汉,犹曰非我族类也。土与客,则自朝廷视之,皆赤子也。朝廷不忍尽诛回民,岂忍尽诛客民乎?书曰:'歼厥渠魁,胁从罔治。旧染污俗,咸与维新。'古帝王削平祸乱,道无有逾于此者。试观近日,发匪、捻匪自拔,来归者几何人,国家无不贷其一死,予以自新之路也。矧区区土客之互斗,乃欲重劳我王师耶,不和奚待?"

樵夫对曰:"两强易和,两弱易和,一强一弱,亦易和。然而土强客弱,客欲和,而土未尝不与之和。土弱客强,土欲和,而客则终不愿与之和。今日之事,土强乎?客强乎?先生之亟亟议和,其亦虑饷粮匮乏耳,未闻信宜之贼,可作城下盟也。先生劝土与客和,先生曷不单骑往说客家耶?"

散人应曰:"大凡囿于一隅者,不知审全局之重轻也。狃于目前者,不暇思日后之利害也。吾之议和,非畏客强也,非忧土弱也,非遣使土求和于客也,非遣使客求和于土也,亦并非不问土客之是非曲直,而仅以口舌议和也。吾盖有鉴于滇南秦中,而辗转图维,深惧尔粤东之人,蹈此覆辙耳。子曰:饷糈匮乏,固已就令,军储充裕,士饱马腾,凡我人民,无不踊跃,输将同仇偕作,其果能一鼓荡平,尽歼群丑乎?况广海甫复,曹涌尚存,其新会、高明、鹤山,以及阳春、阳江、恩平、开平七县土客,皆誓不两立,日寻干戈,然犹幸分居散处也。若谓乘此声威奋勇前进,分道环攻,必有鞭长莫及之虞,能无铤而走险之患。夫以械斗而论曲,岂专在客哉。数十年来,土人视客若奴隶,其凌辱而挫折之者,固亦不公。今日客之所为,在客初不过以怨报怨,并非甘心叛逆也。设操之太蹙,必至十数万之众,联络一气,公然与官为仇脱,再勾结高凉寇盗,竟成燎原之火,扑灭无日,吾恐斯时,欲和不得矣。"

钓叟与樵夫皆怃然以思,憬然以悟,同致词于散人曰:"吾侪不敏,辱先生教,披豁愚蒙,顾仍有未达者,请质之先生,和则和矣,将撤兵与和乎?抑让地与和乎?将和之后,别为迁徙安插乎?抑和之后,严加约束羁縻乎?"

散人曰:"如二子之说,是终不和矣。吾所谓和不在撤兵,不在让地,不在迁徙安插,不在约束羁縻,而唯在尔土民,权其轻重利害而熟筹之,知寻仇构衅迄无已时,转不如解怨释忿之为上计矣。知兵凶战危绝无定算,转不如息争弭乱之为万全矣。盖和与不和,其权操之自民,而仍决之于官也。官苟不存土客之见,而一秉大公,进缙绅先生于庭,而询之曰:'客民为黎乎?为敌乎?'必皆曰:'否否。'曰:'客为土害,官实深恶而痛绝之,第向者土之剿客亦太甚,官奚容偏袒也。'必皆曰:'唯唯。'曰:'江北之地,海南之黎,土民尚可与相安,而不分畛域,而顾独外视乎客民焉?客固失之土,亦未为得也,杀之不能尽杀,驱之不能尽驱,不和,则尔土民罹其祸,和,则尔土民受其福,试自择之。'斯时在庭者,其将对曰和乎?对曰不和乎?"二子则相视而笑,不发一言。散人于是归,而键户挑镫,作《和土客说》。

垦荒议(冯桂芬《显志堂稿》,清光绪二年冯氏校邠庐刻本卷十)

道光之末,吾吴糙米平价一两。余贼陷江宁,而后未之或改也。苏杭陷,人民死者殆以千万计矣,加以客民不至,漕运不发,而上游来贼,无过数百万,以小半抵客民,以大半抵漕运,足相当,然则食之者寡,奚啻过半。上年犹中稔,乃米价腾贵,比常时一二倍,贼中亦然,此其故何哉?

闻皖北三河,运漕一带,有百里无人烟者。江南宜兴一带,有十里无人烟者。他郡县有差田,一年不耕便荒,况两三年乎?是为米贵之原本。凡垦三年以上,荒田一亩,恒需百夫之力,夫价每日一二百文计,钱十数千。先大夫当乾隆中叶时,夫价每日不过钱数十文,国初只三十五文,故其时开垦较易,厥后渐增,至今日几及十倍矣。田贵之地,亩值四五十千,荒田不足患也。吾吴田价亩数千,而出钱十数千以垦之,虽至愚者不为,是永不能垦之道也。其患岂浅鲜哉?前阅西人书,有火轮机开垦之法,用力少而成功多,荡平之后,务求而得之,更佐以龙尾车等器,而后荒田无不垦,熟田无不耕,居今日而论补救,殆非此不可矣,存吾说以待之。

代邑绅请减漕项银两禀稿(周保珪:《环溪文集》,葛士浚《清经世文续编》卷三十一户政八,光绪石印本)

窃职等籍隶江苏嘉定、宝山二县,同治二年前大学士两江总督曾大学士、前江苏巡抚李会奏,请减苏松太三属漕额,经户部议奏,统按原额减去三分之一。六月初三日奉上谕:著曾国藩、李鸿章按照户部酌减分数,各按上中下赋,则一体分别议减,以昭平允等因,钦此。旋经督抚饬司查减,前苏州布政使刘始有轻则不减之议。时总督曾议主普减,终以藩司坚持前议,酌定五升以下,轻则不减,奏准照办。

故苏松太三属各厅州县,皆按则递减,而嘉、宝二县,以合境田亩,科米在五升以下,独不得与。后以沿海区图,地多瘠薄,量予优减,故常、昭、华、奉、金、山、南、川、太、镇等各厅州县于按则递减外,再加核减。而嘉、宝二县,素称沿海最瘠之区,以业在轻,则不减之列,仍不得与。至常、镇二属,督抚原奏,谓旧额本轻,毋庸议减,旋经部议奏准,统减十分之一,故该二属内每亩原额轻至三合零者,亦得普减,而嘉、宝二县每亩二升七合零者,又以苏松太轻则不减,与常镇分办,仍不得与。

统计江苏五府州减漕案内,独此二县未减分毫,是即科则果轻,已觉向隔特甚,况乎米少银多,名轻实重,有非苏松太各属之轻则可概论者。盖嘉、宝地不产米,自前明万历以来漕粮向完折色,历经国朝蠲减,改入地丁,今额征条编银内有漕折银,嘉定二万四千二百余两,宝山二万二千二百余两,此虽归地丁并征,而实为漕粮正款也。漕粮既完折色,则与地丁并加扛脚银当,不复另有漕项,而嘉、宝向编苏州太仓镇海三卫军储等钱,加以白粮经费共解苏粮道,银嘉定一万余两,宝山九千余两,此中已代包邻邑漕项矣。而又有隔属加派之漕项,顺治十一年江安粮道傅作霖以江安等卫行月粮折价不敷,议加派于折漕。州县因派及苏粮道所辖之嘉定,骤加漕项银五万三千余两,经御史冯班等参劾,奉旨该部严察具奏,经部议核减尚留加派银二万数千两。

雍正四年分设宝山一县按额均编,今额征条编银内有解江安粮道加漕银嘉定一万三千余两,宝山一万二千余两,此虽非漕粮改折之正款,而实为折漕加派之钱粮也,兼此二者总计嘉、宝额征地丁漕项以外,每县各改折加派银三万数千两,此皆他州县所无者,故苏松太各属地漕银每平米一石极重者,派至三钱六分零,嘉、宝独派至四钱五分零,其明证也。

折漕之后惟白粮应完本色,乾隆二年,以白粮之一半改征漕粮,后并耗赠漕项各及项米石,共现征米嘉定一万七千余石,宝山一万四千余石,并系民折官办。按亩计之三斗,则田应征米二升七合一勺零,此漕折所剩之余粮,非全漕实征之科则也。以改折加派三万数千两之银，合现征一万数千石之米，计之实与常镇之轻则悬殊，而与苏松之重则无异。乃当时仅据现征米数，概归之五升以下之轻，则是未察于折漕之本末矣。夫漕之本折，视乎米之有无，而无关于赋之轻重。嘉、宝米非土产，当前明未经改折以前，民困于漕，大半逃亡几至废，县故不得已而征折色，非数百年来独享其利，而一朝可偏靳其施也。

伏查雍正三年、乾隆二年两次诏蠲苏松浮粮，嘉、宝皆于漕折项下一体蒙恩蠲减，又乾隆三十一年上谕，前经降旨，将各省粮漕分年普免一次，但闻漕粮款内有例征折色，及民户输银官为办漕者，虽征收银米不同，其为按田起漕之例则一。著再谕办漕各省州县内有征收折色者，一体概予蠲免等因，钦此。我国家列圣相承勤恤民隐之意，盖如是其至也。即同治二年减漕，原按部议，固云统按原额三分减一矣，钦奉上谕，固云一体议减矣。诚以兵燹凋残之后，必概加休养生息之恩，当日两宫皇太后及穆宗毅皇帝轸念疮痍一夫不获之心，又如是其公而溥也。乃平均之惠出自天恩，而轻重之见执于司议，又以舍银而论米并至混重以为轻，遂使海滨偏隅，同居高厚之中，独抱生成之憾。此嘉、宝二县之民所为彷徨，抑郁而急思呼吁于九阍者也，惟是款系正供，事经奏定，苟使劫余生聚民力可支。职等世受国恩，亦何敢以区区两邑之私遽干宸聪，乃自寇平以来十余年矣，田土之污莱未尽垦，辟闾阎之生计转益艰难，农曰一亩之入上地，不过钱二千文，下地不过千文，而每岁条漕之折钱完纳，每亩必四百三四十文，事蓄之资日形困乏。

租佃既年年逋累，客民又往往潜逃，加以土产木棉连遭灾歉，从前田亩价值二三十千者，今亩值十千，犹求售而莫之应也。历年荒田新垦地方官报熟起科者，今熟田或至复荒赔补钱粮，且欲垦而无力也，似此竭蹶情形，计惟仰乞恩施方足苏积困而培元气，若复迁延隐忍，不特无以抒草野向隅之隐，亦非所以彰朝廷一视之仁。

伏思嘉、宝二县折剩漕粮较苏松各属为数本少，此不敢请减者也。其折漕之编入地丁者，实则漕而名则丁，此又可以请减而未敢率行请减者也。惟顺治年间，江安道加派漕项一款，现嘉定实征银一万三千五百二十二两六钱一分三厘，宝山实征银一万二千五十八两三钱七分六厘本，非原额正供，当可乞恩宽免，虽同治四年、光绪元年两次改拨苏属旧解，江安漕项已将此项尽归苏省司道衙门抵充外,亦并准拨漕务未提之款。夫漕款既尚有未提,即此项非难于筹补,且职等不敢冀额中之减,而但请裁额外之加,似于政体民生均有裨益,倘荷圣慈垂鉴,俯念江苏太仓州属嘉定、宝山二县漕粮名轻实重,独于五府州属普减案内,未轻减及,准将旧解江安道库加漕一项,饬下两江总督、江苏巡抚核议宽免,仰或另行酌筹体恤,以符同治二年一体议减谕旨,两邑苍黎幸甚。

援案吁恳酌减漕米疏(刘坤一,谭钧培,选自葛士浚《清经世文续编》卷三十一户政八,清光绪石印本)

窃照镇江府属金坛县,因荒田未尽垦复,连年奏请展办抵征,准部咨行令开征本色均经转行,遵照在案。兹据署苏州布政使许应鑅会同署江安粮道德寿、江苏粮道王毓藻详,据金坛县绅士吴炳照等呈称,该县地瘠民贫,甲于通省,粤逆窜陷该城时,仇邑民拒守之久,屠戮蹂躏较他处尤为惨酷。肃清以后,户口凋残,约计存丁不足三万,是以田尽荒芜,屡经设法招垦,而客民就垦寥寥,收复已十余年,垦田尚不及半。历年展办抵征,每亩尽收钱二百文,若开办丁漕,民力实虞不给,虽镇江所属曾于减赋案内奏准普减一成,而新科米则,重者尚有五升三合零,以钱漕两项核计,较之抵征增至一倍有余。查同属之溧阳,重则每亩四升六合起科,丹阳重则三升四合起科。

该县壤地相连,科则独重,租不抵粮,入不敷出,客民则避重就轻,势必他徙。土著则计穷力绌,亦渐流亡,招垦、催科两皆束手。查江宁府属被兵较重民力艰难,曾蒙奏准减征漕额三成。丹徒县沙潮田地昔腴今瘠,于普减一成之外,亦曾奏蒙恩准续减。今金坛一县糜烂等于江宁,硗瘠倍于沙潮,拟请比照阳、溧二县科则,酌中核减,俾不致轻重相悬,庶几输将稍易等情,经该司道等饬据该府县覆查,明确援照丹徒县沙潮准减之案,请将金坛县米额于前次普减一成外,比较丹阳、溧阳二县科则,酌中核议,将五升三合二勺零,民地荡寺学田三项及四升四合零,民地照额各减十分之一分四厘,计应减米五千七百六十余石,又闰月米三石零,庶规复启征,小民困累稍纾,荒田逐渐垦复等情,详请具奏前来。

臣等伏查金坛县应征漕米前于减赋案内,已奏蒙恩旨普减一成,此时方议开征,何敢率请再减。惟是该县被兵之惨,实与江宁府相同,而地土尤著名瘠薄,迄今休养十余年,户口百不及三,荒田垦不及半,违年展办抵征,亦属事不获已然。抵征系权宜之计，终非常经。丁漕为维正之供，势难久缓，无如该县新科米则较重，若令按则开征，体察情形实有未逮。今据该司道等公同酌议，详请再乞恩施，核与丹徒县沙潮田减剩科则，再请减收奏准成案相符。合无仰恳天恩俯准，将金坛县减剩应征漕米五升二合零四升四合零各则，照额各减十分之一分四厘，以苏民困而广皇仁。如蒙俞允，臣等即饬令该县查照减定科则，核造征册开办丁漕，一面查照科则等差派减米数各册，咨送户部查核。

禁吃斋拜会示(开化知县汤肇熙，1872年，《出山草谱》卷一，清光绪昆阳县署刻本)

开邑界徽之婺源，江右之玉山、德兴，浙之遂安、常山，大抵土民居十之五，客民三，棚民二，山谷绵亘，斋党潜踪不少闻。每届开堂，辄聚男妇数百人。自余抵任，近已无复是事。各乡或自立禁约，梗顽者多逃往他处。窃谓锢蔽习深，官斯土者自应随时留意，恩威并行，然非日渐月摩，施之教训，恐未易尽革鸮音。余在任未久，后之人当知移风易俗，防患未形，此为第一要事耳。夫自古不易民而治民情之向背，视乎在上者之用心。余宰开无善政可举，而有差足快心者，一为木桴讼事，一为三清山进香事。

开人多以植松苗为利，岁不下数万金，木商议价买山，必以本地人为包头。自斫伐，迄穿成排甲，皆由包头雇用本地人，迨木桴运下溪河放出，何都何图，又必用本都本图人为包头，方可撑放。境内河坝约有数百处，每坝经过，计桴多少，索取坝钱若干。每年至春水放桴之期，逞强斗争讼端纷起。适有宋某以代客包放，争河流地段控案，余核其所呈康熙年间府控案底，仍仿前断饬结。讵意旋结旋翻，而来控者且不止宋某一案也。因思木桴为开邑生意一大宗，而交易应听客自便，若此是买路钱也。且如此都与彼都争，此图与彼图争，则本都本图之人又有起而争者矣。坝可索钱，则凡本无坝之处，居民贪利，壅水砌石，又有藉此索钱者矣。与其治丝而益棼之，不如治乱丝而斩之。因复提讯谕曰：尔某都人，河非尔都有也，官河也，皇家所有之河也。尔等何得争。自后凡有境内木桴一律禁止索诈，其撑放悉由客雇，不许有包头名目。所过实系良田蓄水之坝，仅准每桴出钱一文为修损费。案既饬结，即于各处概行谕禁，自后竟无复滋事者。

三清山进香，几于家户如是。有不往者名曰寄香，且乡间各立有进香会名。查询开化此项费用约万金，即灯笼铺之利亦数百金。余于癸酉二月示禁，并禁灯笼铺书名山进香等字样。该山以八月始朝拜，而余适奉调入闽，瓜代者为阳湖吕君。余虑以易官弛禁，嘱其先期申谕。出闽后在杭城接署友函，云三清山进香之事，城乡概已绝迹，数百年恶习只在一挽回间，可见前人皆因循苟安耳。黜异端，启聋瞶，防未然，节靡费，阁下之功德深矣。木商以禁坝钱事感颂，集资为伞，以待奉献，惟事垂久远，尚须勒石也。余闻不禁跃喜。嗟乎，开人之爱戴余，而乐从余言也。夫余非真有功德，及于开人特一纸焉耳，意者官民之际，其有相信十不言者耶。因识此以自明愧云。

论复社仓书（《申报》1873 年 1 月 14 日）

窃维国之本在民，民之所重者在食，于是教民树艺以为生理，教民积蓄以御灾荒，而社仓之设，尤为有备不虞之善计也。浙省自逆靖之后，民生大困，家鲜余藏，若遇荒年，其何以堪。为今之计，不若修复社仓，庶几遇荒有备。至社仓之设，其益有三：

农民当播种之时，大半工本匮乏，嘉兴府属之七县乡间，向农民辄向余米之家，央中借米，以为播种工本，每借冬米一石，待至秋收还净糙米二石，谓之放债米，重利相盘，罔知顾惜。与其竭小民终岁之脂膏，填富人无厌之欲壑，何如仿照文公成法而积社谷，听民借运，到冬以谷还谷，酌加亏耗生息，严立章程，禁勿多取，禁毋滥借。庶民不受盘剥之重，而社谷有盈余之方，此社仓之于穷民有益者一也。

溯自被兵以来，迄今十余年，嘉兴府属七县之田荒芜者，尚有十之三四。不但年来未能垦熟，且原熟之田亦渐次将荒，农民之本不足也。道光二十九年之水，以及咸丰六年之旱，盖其时民力尚舒，各业主又能资助佃户工作之本，是以次年均能一律种熟。现在情形，业主佃户皆自顾不暇，再逢荒年，欲其安然有食，亦恐难矣。是当预积谷，酌量借运，谷既生息，穷民资以垦荒，此社仓之于垦荒有益者二也。

至积蓄之法，应请延集在城、在乡各绅士富户，妥定章程，广为劝捐，按纳谷，如家有田百亩以上者，每亩纳谷一升，一千亩以上者，每亩纳谷一斗，二千亩以上者，每亩纳谷二斗，计亩输捐，以次递加，其田少而富，富而无田者，酌量加捐，此乃民捐民食，非因公科敛民田可比也。至于绅董在城之人，尤不可令其染指，应请勘谕乡间多田之家办理。如某村集有社谷若干，每年分成出借，得息若干，均须报立案，官吏不得挪移，绅富不得侵吞，至于社仓房屋此时即建未免经费艰难，不若以社谷暂存多田之家，嗣后实有盈余，再议拨费建造。窃见每值荒年小民往往向殷富之家，求借求食稍不遂意，便生事端，谓之坐饭。今既有社谷，可以拯饥而坐饭之风可绝矣。此社仓之于富户，有益者三也。

以上三益行之，必得其人，尤在本乡董事尽心漈已，一秉至公，常以子孙报应为念，方可久而不废。荣寿籍隶魏塘，情殷桑梓，愚昧之见，伏乞鸿裁，如蒙施行则请札嘉兴府专饬七县，先行举办。然社仓立法莫善于文公，而今古时势不同，民风不齐，尤当斟酌权宜，而立章程是在经理董事之宜择贤者也。

右嘉善孙小云司马荣上浙抚杨公昌濬书，录呈贵馆，倘蒙登之《申报》，像士大夫之留心民瘼者，有所采择焉幸甚。壬申冬至后日。

清查荒地议（葛士浚《清经世文续编》卷三十三户政十，清光绪石印本）

大兵之后，荒田日多，逃亡之民，未能复业，或有全家均亡，无人认种，则招徕开垦，诚为急务。荒田之多，莫如皖北毗连中州一带，蹂躏频年，数十里烟人绝迹，现虽屡令开种，而地势辽阔，非旦夕所能奏效。浙江全省荡平，闽中亦一律肃清，则此邦所垦之田，真可永为世业矣。

盖招种之法有六端：曰有主，曰无主，曰无主已种，曰有主未种，曰有主变而为无主，曰无主变而为有主。知斯六者，可与言招种矣。至今上官激劝，凡县令募民开垦，至数万亩不次，奖擢可谓至矣。而犹有难言者，民情多诈，勉强度日，即有怠惰之心，官虽董率，置若罔闻，虽为己业，任听荒芜。其有实系绝产，有人认垦，及其成熟时，有无赖之民认为己业，涉讼公庭，虽经讯明，而认垦之人，一经系累，即不至破家，岂能一无所费。况控争之辈，多系健讼之徒，其视官法不知畏，故稍有身家而畏事者，断不敢为垦荒之事。是虽有垦田之令，而仍有行有不行也。

然则如何而可，必须明定章程，知此六端，严惩狡诈之徒，官为董率，则下知畏法而从事者，亦不虑其有后患矣。近见保定等处，新开弃地，至有数百顷，为西北开荒之明证。元虞集东京水利之策，不行于当时，间数百年，至我朝而始收其利，故曰愚人可与乐成，难与虑始也。

今浙江十一郡，所在多有荒田，而湖杭等处，尤为膏腴，诚能募民尽垦，以裕生食之源,将可渐复其元气,而以时收养壮健之夫,亦息盗之一法。目今盗案浙西尤多,动曰游勇,而亦不尽然。无业之民率之归农,何所为勇,何所为盗,此亦乱后裁撤兵勇之大善策也。

书差浮收使费急恳裁革论(《申报》1873 年 11 月 8 日)

自古力田之民皆欲仰事俯畜以赡其家室也。故农服先畴之亩亩,犹士与工商之各承其旧,而无敢或失者矣。乃今如我嘉兴一郡之农,则有不为农而不得,欲为农而尤无力者。何也?凡农不违大时,不失地利,不怠人力,三者克兼,木有不屡获丰年。而我禾之农,则有凶丰俱毙之势者,请为抒其所见,使留心民瘼者知之。

我禾从前征收地丁粮,纵有时假手庄书、庄差等下乡征催,从无向种户逼勒浮收之费,即有由单票项向业户索取费用,亦甚细微,不过为办公津贴而已。

自兵燹后,人民鲜少,田亩既多荒废,而书差反得上下其手,每岁凡造报荒熟田册,遇有情面贿托,即以熟报荒,所求不遂,即以荒报熟。一圩之中为田凡几,县主既不能逐亩履勘,小民亦无敢控告。而若辈藉得联络长圩保为之羽翼,以肆其贪甚垒,冬间各庄书开收使用零费,不问租田自产,按亩勒收,少则钱数十文,多则百文,百数十文一亩,米则少成半升,多至一升二升不等。田无论肥瘠,只视种户之盈绌以为差别,一不得欲,凶于虎狼。计中年而算,每亩所出,好田不过一石数斗,而额租一石,少亦八九斗。在业主收租还粮势不能让,而农人之终岁勘动,每亩所余不满五斗,去其人工肥壅,八口之家仅种数亩已难度日,又使坐此巨累,更何以堪。且业户乱后,有未经办粮,而著佃完纳,仍还半租者,则农民之受困更深,若辈之需索愈甚,以此田地日就荒芜。

仆寓居嘉邑乡间,邻寓有吕某父子者,嘉兴之庄书也。平时鱼肉乡愚,每到冬间,恃有承管庄口数处,钱米堆积盈室,询其所自来,则皆所谓使用小费也。若辈靠此庄口一二处,全家锦衣美食尽足供其浪用矣。浙西疮痍未复,经大宪奉奏垦减赋,仰蒙俞允,实则小民宝惠未沾,而转益以无穷之累,一邑如是,各县亦无不如是。故曰,我嘉兴一郡之农,则有不为农而不得,欲为农而尤力者,诚使各官宪能访察,而惩办之事虽细,而功德实大矣。否,则我恐田日以荒,农日以少矣。仆田无负郭,业托舌耕,非有嫌而为此说也。亦因目击心伤,而发此不平之鸣,质诸有牧民之责者,以为然乎,否乎?

128

论招垦（《申报》1874 年 4 月 3 日）

自来富国强兵,莫不以劝农为先务。而招徕离散,尤必以开垦为首图。夫地不爱宝,百物生焉。苟能易耨深耕,必可取之不竭。迨衣食既足,礼义自生。昔商鞅以辟土霸秦,充国以屯田强汉,又其事之影明较著者也!向来天庾正供,江苏甲于他省,而江宁则不及其半。

苏民自造兵燹之后,迩年日渐复元。昔时荒烟蔓草之区,仍复尽成沃壤。东阡西陌,地利无余,教养兼施,蒸蒸日上矣。闻宁属被兵之地,尚多芜秽不治。盖宁属蹂躏独久,其人民物故于外者,已经十之五六。大难既定,相率归来,而招佃阗荒,牛犁籽种,又复所费不赀。乃所招之佃,多曾系籍军中,不能更耐手胼足胝之苦,往往有所借贷。一不当意,去而之他,所入既微,浩用尤大。

官吏又锐意催科,熟者不准复荒。即使有荒芜,亦皆照旧完纳。近则熟而复荒者,比比皆是。并有弃产去者,荆榛满路,举目苍凉。即有一二务本之民,又苦于人少力微,不能勤加培壅,所收仅敷糊口,绝少盖藏。去岁偶值偏灾,皖邑附近江省之地,已有阴相煽惑者。幸上宪派兵弹压,消患未萌。然旱潦失时,事所常有。古人耕九余三,所以豫为之备,及其饥寒交迫,即令齐之以法,恐亦在在难防。今当开征之初,所愿妥定章程,设法招垦,苏灾黎于已困,救积弊于将来。行见室有余粮,野多遗穗,家给人足,比户可封,不依然耕凿相安,咏太平之盛世也哉。

查办埭溪一带七县境内棚民土著拟议章程[宗源瀚:《颐情馆闻过集·守湖稿》卷九《保甲》(1874)]

——选棚头、棚长,以杜滥充。山村客民多寡不等,每一棚立一棚长,其有自立门户,分产而居者,每十户立一棚长,每村立一棚头,其一村中客民无多而左右山村又相近者,或二村、三村立一棚头,各按地段情形分别办理。棚头、棚长必须有家口,有承垦田地,平日安分,本地耆老肯结保者,方准充当。如有旧充棚头、棚长而并无家室、承垦田地无人具保者,一概斥退另选。

——取互保以严连坐。凡垦种客民,悉归棚头、棚长查明,实系安分,按棚出具保结,其一棚之人仍总具连环互保结,方准照常垦种。结保之后,如有不法,除本人究办外,结保之棚头、棚长,一棚互保之人,一并坐罪。棚头、棚长不

129

能约束及滥容匪人结保之耆董,并干究处。

——造册给牌以便稽查。每村给一草簿并笔墨、册式、结式交给。棚头督同棚长,将每棚之人数、籍贯、承垦何处田地山荡,照式一一开载,连同棚头结保,每棚互保结及耆董保结,交印委各员按棚查点相符,造入棚民册。一面按棚发县印门牌一张,悬挂于门,听候府县亲诣,按牌抽查,如有不符,立提棚头、棚长究责。

——禁佐杂给牌以杜弊端。门牌以此次编查盖有县印者为准,从前旧牌及巡检典吏所发门牌一概作为废纸,仍饬缴销。此后巡典不准有擅发门牌之事。

——申禁约以示法守。各棚民分别驱留。凡留者申明禁约四条:一禁承垦田地抗粮抗租;二禁赌博、盗窃、奸拐、结盟拜会;三禁私藏军械,窝结匪类;四禁欺凌土著,盗拼山货种种。生事载明门牌,仍由棚长结保,内逐条申明,方准容留。四条之中,但有一犯,必予驱逐。其平日强横著名,作恶有据者,捆送郡城严办。棚长滥留,准许本地居民、棚长及邻棚棚长控告,控告得实,由官奖励。

——给腰牌以免混迹。各棚民身边往往藏门牌为据。此次查办,凡结保入册之人,男丁十六岁以上,准其按名给发腰牌,注明某村某棚长管下及本人年貌。其门牌只准悬门,不准携身。未结保入册者不准给。

——重垦种而驱游手。此次查办棚民,尤以垦种为主。其并不垦种之人,即使现无不安分之行迹,亦一概押令回籍,查明人数,由县分批递解,不准容留。

——搜山僻以除祸根。埭溪一带山深林密,一切山僻之处,人迹罕到者,不免有外籍匪徒藏匿。委员必须躬亲遍历,逐一搜查,凡在深僻山区聚处,不事垦种,不入册请牌,甚至收藏军械者,即系匪徒,必会同驻防兵勇捕拿,送至郡城讯办。其本地人素知踪迹者,或指名控告,或暗为送信,请官驱捕。现有大营驻守,又特派印委查办,必须乘此彻底清厘。本地民人切毋稍事畏沮隐忍,知而不言,自留祸根。

——收器械以防后患。无论客籍土著,收藏一切军火器械,自愿呈缴印委者,免其深究,仍酌给价值。不自呈缴,经印委搜查始出者,严行究办。

130

——清垦佃以杜霸占。垦种田地山荡者,如系无主之产,即开明四至分亩,交印委请发认垦单完纳粮赋。如系有主之产,即报明业主,写立佃领,照完租籽。此次遵章办理者,不咎既往。如仍一昧霸种,无粮无租之人,一概驱逐。

——禁新开山场以顾水利。新开山场,砂砾随雨而下,有害水利。凡种山棚民,必须该山向有田地亩形者,方准垦种。向无田地亩形者,不准新开,违者驱逐。

——禁赌场以清盗源。平时及有戏会,严禁开场聚赌。棚民有犯,立时驱逐。所垦田产,或入官充公,或另给安分之人。如土著有犯,照例严究。首告有据者,追赌资给赏控告之人。

——查新到以杜隐匿。此次查办之后,凡新来之客民,必须先赴巡检衙门或县署,报明籍贯来历,何棚头、棚长可以具保,出具保结,安置何处,承垦何项田地,照章编入棚民册,或添给门牌,或并入旧棚,于牌上添注,方准容留。其不报官入册之人,除本人拿究外,棚长及一棚之人一并究治。棚头、地保及本地人不举报,经官查出者,并干连坐。

——报迁徙以符牌册。入册入牌之棚民,如迁徙他往,棚头、棚长随时报官,将何故迁徙,曾否完粮、完租缘由即具禀单声明,缴还腰牌,并呈门牌请官注删或换给,并于底册注改。不遵者究处。凡禀告诸事,刻有空白报单,随时填报官中,不准需索分文。

——查航船以清来源。客民赴埠者,多由航船装载,应由县给发循环印簿二本,责成该船户于温台等处客民搭船时,船户必须查看。如藏带军械,断不准搭载。其搭载者,先问明来历及赴埠是否垦荒,有无家室、农具,或寻觅亲友,填入簿内。船一到镇,立时报埠溪巡检赴船查验,询明投何山、何村、何棚、何人,一一明白,别无可疑,登号方准登岸。如无家室、农具,身带器械,立时送县讯明递解。航船载有身带器械之人,立提该船户送县究办。

——查土著以示一律。客民既按棚稽查,土著亦应查办保甲。无论镇市山村,烟户多者十家为一牌。山村不及十家,尽数为一牌。每牌立一牌长。每十牌为一甲。一村不及十甲者,尽数为一甲。甲长、牌长无论读书务农,总须公正明白,众所信服者充当。每村给一草簿并笔墨、册式、结式,交甲长、牌长按户照式填写,限五日内开齐,连同各结呈交。印委逐户查验,一面入册,一面给与门牌,申明禁约四条:一禁窝赌窝盗;二禁私藏军械、赌具;三禁容留外来匪类;四禁擅用不安分之客民为雇工等事。一经查出,或被控告,一家有犯,一牌连坐。牌长容隐,甲长不查禁告发者,甲长连坐。

——查雇工以杜窝混。土著居民用客民为佣工,查明来历籍贯,入册入牌,由土著本户出具保结,请给腰牌。如该客民有不法情事,该户连坐。雇工增除,随时填单具报。

——给花红、匾额以示鼓励。棚民之中棚头、棚长,土著之中甲长、牌长,三年之内约束有方、稽查认真、无容留匪类等事者,由官给予花红,并赏给"明干勤慎"等字匾额,平日仍优以礼貌。

——禁索需以免借口。册籍、门牌、腰牌纸张及收缴军械价值,由坐落各县捐廉备办,不准私取客民、土著分文。于册、结式及门牌上盖用,不取分文戳记。如有书役讹索,或查出,或告发,立予重惩。

——捐经费而杜畛域。埭溪界连七邑,无一处无客民,且皆距县城窎远。此次本府禀明大宪拨营驻防,认真查办。由府特委埭溪巡检,并禀请委员,会同七县,无分畛域,一律查办。巡检及委员并差役薪水饭食等项,先由程、安二县垫给,仍归七县按大小股分派归款。

征客租(丁养元,长兴人,时任浙江严州府桐庐县训导,选自潘衍桐:《两浙辚轩续录》卷四十七)

劫后田亩多荒芜,楚豫客民来于于。喧宾夺主恃其众,不垦硗瘠垦膏腴。垦田不下三十万,长官稽册惬心愿。每亩输钱六百余,永为科则如成宪。征租局开绅士欢,馈送薪水御岁寒。无主荒田各相认,认无可认归诸官。张冠李戴何足道,上供天府知多少。大僚岂皆瞆且聋,不问不闻真绝倒。

宁属宜勤农桑论(《申报》1874年4月7日)

前读招垦一论,意有未尽,故复引而伸之。明知涓滴之水,无补高深,然见有所到,不敢缄默,若蒙采纳,或亦愚者千虑一得之助。夫富国以通商为要务,善后以招垦为急,谁不知之?况江宁自三年克复之后,曾文正公首先入城,哀此残黎久遭涂炭,立志与民休息。凡一切善后诸大政,莫不条张目理,次第举行。嗣后各大宪继之,守其成法,补其阙遗。凡宁属之人,无不加手于额,称颂不置。第数年以来,田地既多荒废,生理日形淡薄,推求其故,可得而言。

盖金陆虽为形胜之区，而其地不通水陆码头，向来上下之船，均在水西门外二十里远之下关停泊，不能迁迫入城。所属各邑，又无土产可居之货，城中惟缎行一业，为天下所无。当日巨富，大率以此起家。然织手虽出自宁城，而茧丝仍须赴苏杭采买，故宁人亦不得独享其利。乱后，各大宪于隙地插种桑秧，设立公局，令民自行领种。复将养蚕诸法，刊刻成书。盖欲宁人不事外求，得以尽其自然之利。法至良，意至美也。近虽城中请领者寥寥，而所属之县颇知喂养，统计一年所收之粗丝，足敷城中六月之用。而细丝则仍购诸他处，盖以民养之者尚少，又未尽其法故也。

至开荒之难，则以昔时务本之农，大半委于沟壑。后来之人，不能作苦。其自种每苦无贫，及佃人之田，又不尽力。迨逋欠既深，遂至逸走。所以有田之家，无不视为累产，不愿开荒。今若听其自然，则务农者日少，将来日用所需。亦须购诸外人。地瘠民贫，更难补救。夫潜移默化之权，操之自上。所愿良有司，转其风气，或于赴乡之时，见有田圃修整者，奖借之使知自励，于荒废者责斥之使知自新。民知力田为荣，或可日有起色。迨习劳既惯，则蚕桑较为事逸利多，吾知耕耨之余，必多从事于此者。十年之后，遍地桑麻，犬吠鸡鸣，达于四境。盛世农桑之乐，不又可拭目俟之哉！

客民禁入皖省宣城示（《申报》1875 年 1 月 18 日）

补用直隶州署汉阳县正堂加十级纪录十次熊为出示晓谕事：奉本府札奉臬宪王，转奉抚都院吴札，准安徽抚部院英咨开，据徽宁池太广兵备道李荣详称，本年八月初十日，据宣城县黄令祺年禀称，窃卑境自兵燹后，地广人稀，田多荒废，又昆连广建，当时情形，不得不藉客民协力开垦。旋以来者过多，良莠不一，即经前爵阁督宪分咨楚北，并派炮船在沿江截回。又出示楚北，不准客民再来。此诚思患预防之至意。无如该客民，因亲及友，仍是络绎而来，岁无虚日。查宣邑民风，颇为纯良，而且畏事。外来客民，甚为强霸，更喜多事。在各省安居乐业，与夫良懦之民，岂肯安土重迁，另图生业。其肯远来，类多无业强民，或遣散勇丁，又或在籍滋事，不得安居者。更有在籍犯案，潜行逃出者，纷纷而来。名则开垦，实则无事不作。此等不安本分之徒，共聚一处，焉得不滋生事端。

即以垦荒而论，并不问有无业主。遇田地则插标强占，遇房屋则盘踞不移。自欲搭盖房屋，则强砍人竹木使用。更有不问荒熟以及宅墓，任意霸占。一经业主向阻，或聚众行殴，或反诬妄控。即有肯归业主者，则加倍讹索开荒之责。甚有断结之案，已当堂具结遵依者，又复拖延月日，仍是不遵。虽叠经出示晓谕，并随案秉公讯断，而此风总不可遏，实由于新来客民，倚恃人众而更强也。又有并不开田者，居处无定所，来去无定踪，或为人放木牌或为人佣短工，或肩担或手艺，似亦自食其力之良民。乃或藉端滋事，或成群强夺，或骗人财物，或与人构讼，诡诈百出难于防范。虽遇事严惩，宣人已时受其大累，宣人实同为切齿。

在客民中，未尝无各安各业，自守本分之人，奈明事者少，滋事者多。又自联为一党，即于地保粮书，须另由客民举充，不受本地书保约束。此虽渐积之势，然界限过于分明。宣人又因畏累，而存自固之心。所以客土难于融洽，不免各存意见。卑职身任地方，自不能于客土之间，稍分厚薄。随时随事，持平办理，反复开导，冀客土渐次相安于无事。但恐来者日众，其势愈强。在宣民因受累而寒心，在客民以强霸为得计，日久恨深，酿成巨祸。现以通境而论。惟湖北客民最为强盛，河南客民少于湖北，亦颇滋事。查卑境荒田，原属不少。各业主陆续来归，即一时无力开垦，未尝不设法经营，渐图复业，实不愿外来者佃种。

伏查情形，惟有仰恳详请湖北、河南抚宪，通饬所属，出示晓谕，楚北民人，毋庸再来皖南垦荒，俾免滋生事端，以靖地方，而顺舆情等因，合亟出示严禁。为此，仰县属农民，及诸色人等知悉，嗣后尔等务须各守故土，仍理旧业，毋得远赴皖省垦荒，滋生事端。倘敢故违，仍然络绎前往，许该水陆保甲，连船一并扣留，按名拘带赴县，以凭从重惩办。决不姑宽，各宜凛遵毋违，特示。

御史张道渊奏，请饬各省办理开垦事宜（《申报》1876 年 2 月 12 日《光绪元年十二月十九、二十日京报全录》）

上谕：御史张道渊奏，请饬各省办理开垦事宜等，据称，各省军务肃清，荒田所在多有，其招垦者，每因书差需索，以致户民不敢承领。其已垦之处，并有书役及刁生劣监通同作弊，与短征勒索私派，甚至有开垦多年，不令升科等情，亟宜认真整顿。著各省督抚，令各府厅州县查明，未经开垦之地，广为招徕，酌给籽种,其著已经开垦者,无论何地,实力稽查,如有尚未报明者,酌量田地,准其照例升科。倘有书差勒捐包庇,及藉端滋扰等弊,即著严行惩办,钦此。

按亩派捐之非(《申报》1876 年 3 月 8 日)

按亩派捐,照民田而核数之,一图约有二千亩田,核一县之田,可得三十余万亩。按亩一文而算之,可得钱三百余千文,若以十文算之,可得钱三千余文,若倍忙倍数算之,则有钱一万五千文矣,若又倍之,则此项将何用处?即非统一县而尽加之,则减半亦已不少。此项亦将何用,而起如此大捐耶?且相之义,愿捐之说,也非勒捐之说也。

按亩加捐,小民有愿捐之禀状乎?小民不愿,而一二绅董乃成此按亩派捐之事,则盖不过一言之间,而官长已受其欺。为官长而受绅董之欺,则必有甘受其欺者在也。不然,上司驳诘,将何以甘为之作出檐掩哉?昔哀公问于有若曰:年饥,用不足,如之何。哀公当日已收什二,而有若曰:盍彻乎?彻者,什一也。周制也。哀公欲有加于什二之外,而有若反,欲公收什一,岂非对,非所对乎?抑知百姓足,君孰与不足?百姓不足,君孰与足?

今兵燹之后,荒田尚有未垦者,百姓其足乎?百里之地,视古时,亦一小诸侯耳。而乃按亩派捐,则百姓之足,只若哀公之打算而已。有若必不敢从也。文庙之捐,民即毁家而亦乐输者,其性天然也。至他项之捐,何可援以为例,即云修志为一县之要务,然其中经费,在小民当捐,而在赞襄修志之人,何独不可捐乎?书生一编坐诵,因修志要工,而稍分其学养,以从事修志,薪水自备,转易集事。倘用捐以充资斧,转得优游饱食,而十日且将写一字矣,安坚其勤于修志乎?虽自古修志之例,修志之人,必用修金以赡之,而与其勒捐以修志,不若使书生捐修志之工夫。何也?修志可开例以派捐,书生亦可开例以捐工夫也。不然,何待士重而待民轻哉。

至如开河之事,亦以无所筹划,而按亩派捐水利,为民灌溉之资,捐之宜也。商人为载运之路,商捐亦宜也。至车坝之类,自当一例出捐,然开河之费,共有几许,丈量土方,可核算而得。民间向以按亩出夫为例,其车坝之项,帮贴商捐,共当几许,亦能核算清楚。举一县之地,商人共有几许,细细查对,方无浮收,且官长为民兴利,非为民除利也。兴例之事,例有捐廉之举,非强官长以捐廉也。官长实心行事,体恤民情,自行捐廉以兴利,非邀誉也。民胞物与之,性使然也。今按亩派捐,子产遗宣子之书,其能已乎?纵俗语云,田出田生,不妨按亩以派之,然一县中之公事不少,而小民一家中之私事亦不少,小民可以出捐,其厚拥者何不可出捐。

开河之外,又有积谷,积谷以备凶荒之岁也。同治十二年,各处旱荒,大臣早入藻鉴,而积谷之捐,州县仍然按派,何意乎?今积谷之捐已停矣,然小民犹有念及此而惶然者。去年为光绪元年,适达水荒,各处报水灾者,亦属不少,而钱赋之减,仍有待将来。虽曰早年积谷,此际原不必发粟以赈之,而前既小民勉从积谷之捐,此番水灾,小民无不谓官长勉从所请也。则水灾之徒苦小民,小民亦出于不料也。小民事事勉从,方期岁丰属告,而岂知耕三余一,耕九余三之说。适为天公大水之资不亦空叹徒劳乎。

方今中兴之世,治道日隆,今年元旦,恰逢大雪,故老云,元旦逢雪花,谷有成将见,千仓万箱,衣被天下。如是而小民之出息多矣。出息多而余资必多,又何惮夫按亩派捐哉。诸事之成行,将拭目俟之。洗桐生稿。

拟请援案减漕疏(沈葆桢、吴元炳,光绪三年,葛士浚《清经世文续编》卷三十一户政八)

窃照江宁府属熟地,恳请减则征收一案,迭经前督臣李宗羲等奏陈,均经部臣议驳,嗣署督臣刘坤一,会同臣元炳,吁请暂减三年。部议,光绪元年,丁漕准予减征二年。按元年所减数目,酌减一半,三年查照原定科则征收等因。当经转行饬遵在案。臣葆桢莅任后,因各属荒田,严催未垦,而江宁府属,转多垦而复荒者,骤闻之不胜其疑,再四访求,佥称江宁赋重,亚于苏松,而地硗等于徐海。以十余年废耕之土,责诸数百里孑遗之民,倘钱漕照额征收,窃恐年复一年,流亡多而荒芜更甚。

旋据前两广督臣邓廷桢之孙贡生邓嘉缉禀,称祖遗田地二百四十余亩,无从招佃,情愿充公,言之甚痛。臣派员履勘,有佃承佃耕者,尚一百七十余亩,抛荒者仅七十余亩。缘恐岁非上稔,佃复续逃,垫完既苦之资,积逋可胜负之。夫以累代簪缨之族,尚因无力赋赔,弃之如遗,则穷檐小民,困于追呼何堪。设想国家大利在农,若不培其本根,恐抚字催科二者均无从下手。藩司孙衣言到任,正值上忙奏销之际,迭经通盘筹划,以为利农,必在劝垦,而非减漕,则无以利农。兹据详称,从前江宁府属权办抵征,上则田每亩征钱二百五十文,下则田每亩征钱一百三十文，为数甚廉，似应争先开垦，趋之若鹜，乃求之汲汲，应者寥寥。实由兵燹之余，乡民自种自食，每户不过十数亩而止，余地招募客民，给以资本。应募者来自江北，土性异宜，加以强悍难驯，费资多而交租少。大约从前每亩收米一石者，今只收稻百斤或七八十斤，碾米不能四斗，稍加催索，则席卷潜逃，牛具田租，均归乌有。而田已报熟，赋无可蠲办抵征，时弊已如此，今复丁漕原额，综计上则田每亩须完钱四五百文，较之抵征，数几倍之，农服先畴弃之则无以为生，守之又不敷偿课，良懦释来，狡黠揭竿。

上年六合闹漕，虽借屯米为辞，实则希图普减，户部职在经国，原难轻议更张，第经国必先抚民。必欲使兵火之余生，尽纳承平之田税，情既不忍，治且难行，万一别滋事端，窃恐所失更甚。目前虽遵部议，上忙勉强启征，现届六月，各州县报解不前，加以亢旱兼旬，蝻蝗蔽野，近幸渥沾润泽，插秧已迟，所宜及早熟筹预杜后患。因思地丁一项，不敢再请减征，惟有援照同治二年恩免苏松太三属虚粮之案，将江宁府一属，除高淳、溧水二县向完折色不计外，其上元、江宁、句容、六合、江浦五县额征漕粮等米一律减免十分之三。查该县田地荒熟并计应征原额、漕屯、兵恤等米，共十五万四千八百八十九石有奇，以十分之三核计，减米四万六千四百六十六石有奇。就现在启征熟田而计，应征原额漕粮等米九万二千九百九十五石有奇，共请减三成米二万七千八百九十八石有奇，尚应征熟田米六万五千九十七石有奇。将来开垦熟田亦照此科征，不再加重，斯民具有天良，幸沐皇仁，优渥如此，断无不踊跃乐输者，有田之家既得田之盈余，岂肯轻弃其业？无田之民不畏田之赔累，更当竞趋于耕。十余年后，民间增数十万之熟田，国家即多数十万之正赋等情，详请具奏前来。

臣等伏查，粮漕关系正供，不容轻议增减。苏松等属同治二年蠲免十分之三，此破格之恩，岂寻常所当援例？然江宁府属沦陷之久，倍于苏松，荼毒之酷，甚于苏松，田土瘠而遗黎稀，更无从与苏松比较。同是朝廷赤子，何忍听其既登衽席者驯致流亡。苏松太减米五十四万余石之多，为前古未有之施，所以巩万世无疆之宝。

今于江宁府属再减米二万七千余石，仅及苏松太二十之一，于国计似无大损，而圣主如伤之隐周浃旁惶，其以人情为田一树百获者，何可数计。惟前此所请减者有二成半、二成、一成半之分，今则统减三成，似乎冀幸过甚。然前次米粮一律请减,今者不减银而减米,相权不甚悬殊。我国家列圣相承,皆以爱民为本,幸逢皇太后、皇上勤求民隐,迭沛温纶,父老捧读诏书,莫不感激涕零,奔走相告。臣等不能奉宣德意,使地鲜遗利,家有余粮,绝无致富之谋,祗有乞恩之疏,扪心清夜何地自容,然实出于智尽能索之苦衷,非敢蹈钓誉沽名之陋习。惟有吁垦鸿慈,逾格特旨,准照苏松太成案核减上元、江宁、句容、六合、江浦五县漕米三成,俾民无以纳课为畏途,而以垦荒为利薮。臣等不胜感激,屏营之至,除饬该五县按三成米石均匀摊派某则某田减免若干,另行造具减则亩分部备查咨外,理合会同漕运总督臣文彬恭折沥陈。

论宜亟设法广用客民以开荒田而裕民食事(《申报》1878 年 5 月 9 日)

中朝本为声明文物之邦,故古昔圣人常以天下为一家,以中国为一人,下民化之,遂习成为大同之世。自后设立封建,分为列国,然此国之臣民亦可为彼国之臣民,虽各君其国犹不至于各子其民也。秦烃以后改为郡县,遂有彼疆此界之分,而始存畛域之见焉。

然汉之朱翁子本会稽郡人,犹用为会稽太守,宋之韩忠献公,本相州人亦用为相州节度使,明之薛文清公,本陕西人,因其父为河南教官,文清遂应河南乡试,竟中式为河南举人,后因文清弹劾王振,振陷之,薛受刑,振府老奴亦陕人,闻之遂为痛哭。振怪询之,答曰闻同乡薛夫子,今日受刑是以悲耳,振因释之,一时传为美谈。

夫以本郡之人令为本郡之官,异地之人准应异地之试,亦未闻其作奸犯科以至不堪问者,亦可见正人君子原不必以地限也,夫上行则下效,此一定之理也。上能廓然大公,下必不分尔我。乃不意近日客籍与土著互相水火,竟有如埃利士人之待华人者,由此言之,又安望荒田之能尽开也。

夫自兵燹以后,各处荒田不计其数,推原其故,非尽由于无财实,皆由于无人,盖各处之人丁死亡过半,若欲尽开荒田,非皆广招客民不能见功。

然客籍与土著,往往积不相能。试以广东、皖南二处言之,广东昔日地广人稀,故田地多未开,至山地更不必言矣。因此遂招江闽客民往开,积久而客民与土著均各生齿日繁,良莠不齐,遂致互相结仇,始则械斗,继则仇杀,终则目客民为客匪,而客民土著之仇愈深,结不能复解,故至今日,土著之防客民如防寇焉。

皖南各处自遭兵燹,田土荒芜,实属不少,无如人民几希,不能开垦,是以广德、建平二处,任听楚、豫客民开耕,乃禾稼方熟,而业主即至,口称霸占其业,若不退还,即须兴讼,因而夺还者有之,控告者有之,幸而地方官长从中调停,方未滋事,后亦客土相安。今竟准任客民入籍应考,大约地方受益亦不浅矣。

即如英美二国开辟新旧金山二处,均赖华人之力,惟因华人不入其籍,不甚满意,故尔土人时与华人为难,不肯袒护华人,然在华人之意,又因坟墓产业多在中国,故不忍轻去其乡,亦为正理也。由此观之,客民果何有负于土著哉!方今肃清之后,东南各省田土固多荒废,刻下西北各省,值此大灾,人多饿死,将来田土亦必污莱,所赖以开垦复原者,惟多招客民耳。

闽广两省,虽无旷土,尚有游民无事可图,既不惮谋生于外洋,必不惮谋生于他省,与其听往外洋任人凌虐,多就死亡,何如各省大吏查明荒地,严定草程,多招闽广之人往开荒秽之地,既可安置无业之人足,又可增广正供之赋税,更可加益民间之积储,岂非一举而数善备焉。否则各省田赋年少一年,即令岁岁大有,犹恐仅敷食用,不能再有盖藏,复遇统歉,必至于无法以救之。此事实大有关于上下者不少,望无忽略而不理焉。然此非使土下之人尽皆泯其畛域之见,不能成也。若使仍存客民土著之见,必不敢轻用客民,以滋生事端,惟有听田荒芜而已。

虽然时至今日防弊愈甚,滋弊弥多,即如分发人员,不但令其回避本省,即使曾经游幕置产之地,与同官一省之族戚均令回避,不准官于斯土,不知同官一省尚须少避嫌疑,各官一省反能互相照应。士子童试之时攻讦冒籍之人,等于攻讦娼优隶卒,何为所见之不广乎?不知溥天之下,莫非王土,率土之滨,莫非王臣。楚材晋用,事所恒有,何必太分畛域?试观近来各省海关,尽用西人代理,方能如此可为用人之法,至于泰西各国,有才互相录用,毫无成见,孰意堂堂中国反不如西国,不分彼此,惟才是用也。士夫为民表率,识见行为尚且如此,又何怪民人之分客籍土著也。惟是如此举动,故凡失业之人,均甘谋生于外洋,不愿谋生于他省,亦势所必至也。务望各省大吏力除积习善,立条规俾使各省之人,惟以开荒为务,勿仍成见是,拘则庶乎其可也。

匪类众多之由(《申报》1879 年 12 月 22 日《论匪类众多之由》)

近年以来,中国匪类之肇事,有层见叠出,数日之间,汤溪则斋匪蠢动,竟借伪号并设立伪官,以及伪印旗帜□械,居然其备。东阳亦有土匪伙劫之事。江西武宁又见告矣,岂天下乱民之多至于极耶!观于汤溪斋匪所传逆信,汀州有人,台州有人,永康有人,同溪有人,甚至琉球亦有人,则此外之散处,各省而互相呼应者,虽保则无其人,设或同时窃发,猝不及制,不亦大可危乎?虽此辈匪徒所言,既毫无文理,所行又绝无机宜,即使约期举事,官不及防,亦不过扰乱一番,蹂躏数处必不能成大事。然民间之受其害者已不少矣。

夫前代流寇,其初起亦间即扑灭,而一波甫平,一波又起,官军有应接不暇之势,草泽有乘机崛起之人,遂至不可收拾,正不得谓易于渗灭而不以为意也。原夫寇盗之滋,由于荒年者居多,然近来秦、豫、燕、晋连年荒旱,至于人将食福,卒不闻该处有乘机为乱之事,而匪徒之所窃发独在东南,此其故何哉?

兵变以后,各处募勇招练,有募而为官兵者,有投身以允乡团者,军务既竣,陆续遣散,而若辈习于犷悍,复无恒业司为,于是结党成准私相要约,以逞强抢劫为事,虽经地方官拿获,究未能绝其根株。加以乡愚无知为异端所惑,吃素念佛立教,不知有干例禁,群趋若骛,而官府办理不善最易激成事端,此等乌合之众,即欲兴事亦必不足为患,而终不免为地方之害也。

夫哥老一会来已久,各处军营以及驻防绿营中哨弁、兵丁,皆入其党者,倘一旦祸机猝发,各路兵弁其可恃否乎?况乎赭匪虽经扑灭,而潜踪伺隙者亦在所不免,观于安之尚有两旗选军,伏处其辟,则内地之湖汊丛莽间,安知其必无匿迹,九龙一山时有蠢动之虑,太湖荒渺之地,亦最易伏莽。吾恐此辈凶心未戢,设有间隙可乘势,必遥为响应,则不得谓安枕无事也。夫本朝舆图既广,西北叛回,虽经剿平亦时防死灰复燃。捻匪、咽匪不能必其萌芽之不发,而东南各省又有此等匪类扰攘其间,大局不亦可惧哉?所可恃者,人心而已。人心之向附尚固,则大局虽危而可安,然所以固结人心者要必有道焉,以相持于不敝也。

近来厘捐太多,人心之不平者此其一;讼事压搁太多,人心之不平又其一;织粮或逼赦免而誊黄迟,催科愈急,留抵各户往往入于州县之私囊,而民仍不得实惠,人心之不平者又其一。有此数弊,朝廷末由知之,各省大宪虽或有所知,而亦以积弊既深,挽回无术,即欲尽情整顿,亦惠一人之耳目,不足以周遍,因循不果,而卒无清厘之日。

即近日言官入告,各举所知,以求去其积弊,而朝廷著各督抚认真整顿,往往视若具文,兼之捕务发弛,地方官更以但求无事为长策,讳盗而为,窃缓捕而暗贼,故奸人愈无所忌惮,其山林啸聚者亦复不敢设法捕获。其有荒地未垦,招客民前往开荒者,地方每多袒护,客民常有滋事之案,民情郁结不能自伸,则铤而走险者,愈易于裹胁,此匪类之日聚日众所由来也。欲绝其患,先在整饬吏治,勿以粉饰为事,勿以苟安为怀。严捕缉而访察必周,广皇仁而稽查必密,夫而后人心益固。若辈自知势孤,渐渐解散,而异端左道亦不能挟其术以淆惑人心,隆平之治可坐而致矣。

布政司任道镕颁发《土客善后章程》十条(赵惟崶修,石中玉等纂:《嘉兴县志》)

光绪五年布政司任道镕颁发《土客善后章程》十条:

一、原垦客民来去无常,凡有增减丁口,迁移地段,由该客总会同圩董报局,转报核给牌照,如敢隐匿,提案惩处。

一、新到客民责成客总查明具保,会同圩董报局,转报拨田垦种,如有名未入册擅自择肥翻垦者,提案究逐。

一、各帮客民,只准翻垦荒田,若将民人完粮熟产擅自霸管,照强占例治罪。如系客民垦熟之产,乡民控指占熟,审实坐诬。

一、各帮客民,凡系垦种有主田地,准作客佃,照章完租;其垦种无主田地,以一年为限,如有业主呈契指认,四至相符,饬令客总圩董公议,贴还垦本,收回管业,报案注册。

一、客民棚厂除携带眷口、雇用工人填入门牌外,此外游手好闲牌内无名者不准容留,如有窝贼、窝赌、奸骗吓诈情事,究逐拆毁。

一、客民倘有揣带军器刀械火药等件,责成客总搜查缴案,取具并无违例,私藏切结送查,如违重究。

一、土民间有废屋,客民不得擅自居住,其农具器物亦不准恃强移借,致启争端,如违重究。

一、民间以蚕事为重,饲蚕以桑叶为先,客民如愿养蚕,必须自买桑叶,不准偷窃扳摘,致害蚕功,亦不准砍伐坟荫,剥削附皮,贪利骚扰,如违查出重究。

一、客民甫经到地,试种杂粮,情尚可原,此年必须改种禾稻,一律承粮,不准取巧避就,亦不准于秋收后逃避他往,致亏粮额,如敢违抗,该客总等著赔。

一、客民性多强悍,土民易起猜嫌,偶有衅起细微口角争竞,责令客总圩董秉公调处,倘实有纠葛,则报官审理,不准纠众械斗,互相报复,如违,查明首祸,无论土客,尽法惩治,圩董客总人等徇私袒庇致酿争端,一并究办。

清厘钱塘县荒产条款示[汤肇熙署钱塘县任(1880 年、1881 年),《出山草谱》卷二,清光绪昆阳县署刻本]

为剀切晓谕事。照得粮漕正供,岁有常额。钱邑田地山荡共六千四百八顷三十余亩,合额征银四万九千余两。兵燹以后,虽办理清查,而短征甚巨,每年报垦数亦寥寥。计至光绪五年,犹仅征银三万有余,现奉大宪檄同委员勘查荒产,并遵核准成式,给发清粮单。今业户亲自据实填报。尔业户试思服畴食德,自祖父以来沐圣朝数百年,深仁厚泽,军兴无加赋之名,岁歉有蠲缓之典,譬如父母厚保其子弟,而子弟敢欺心于父母,揆之三代,当不如斯况。时局艰难,捐厘纳粟,无不乐为报效,至田赋尤分所应尔,而欲幸免输将,决无是理。尔业户应恪遵大宪示谕,有一亩熟产,即完一亩钱粮,毋得以多报少,各产科则,尤当按照额定核实登填,毋得避重就轻。本县承乏兹区,奉上宪谆谆告诫,总须官民之际开诚布公,明白晓谕,为此胪列条款,仰城乡各粮户人等知悉。尔等务将已垦未报各产,照式据实填报,听候会同委员复勘禀办,毋许观望挨延,以及填报不实,致干咎戾。切切特示。

计开各条:

一、民间田地辗转相沿,缺少亦所或有,如以田造屋,则化为基地,以田作坟,则化为坟地。须知今日之地固即昔日之田,其左右高低形势不难一望而知也。又有逼近溪河,急流冲塌,泥沙淤积,则田化为地,甚且化为无地,须知援案豁免漕粮,必待勘实详请,奏经大部议准方可也。此次清粮,其现完银两暂以五年征数为准。尔业户不得妄生希冀藉瑞少报,致核与上年征数不符,即果有变迁冲塌等情,应另禀明,俟勘实后详请如何办理。

一、奉大宪示谕:从前即有欺匿,不咎既往。尔业户切不可听人煽惑,自贻噬脐,倘一误听大言,将来胥保之吓诈无已,乡邻之举发难防。譬如实有十亩,仅瞒二亩，一经查出，照例充公，是因二亩而并失其八亩，利害显然易明。本县为尔等保全家业起见，坦白开导。试细思之。

一、给发清粮单必须各业户亲自填写，不得假手里书等代填，仅以按照上年征册串票敷衍了事。本县奉大宪谆切谕饬告知乡民，如查出有此项扶同情弊，除另行认真勘查外，必将并予严办。

一、此次按户给单，令其自填，原因各户有以多报少之弊，应行补征也。其有向未立户承粮，无论土民客民，历年已开垦成熟，必须自向委员报明，补给一单，单内于业户上填加新字，以示区别，从此立户承粮，自业归有主，不致被人占争，亦不致受人挟诈。

一、庄首地居邻近，各户实在田地若干，有无欺隐，自应纤悉周知。即里书专管一图，一图之中岂能诿为不晓。本县详加察访，向来因瞻徇情面者有之，因索诈以便私图者有之。现蒙大宪恩宽，并不咎其既往，尤宜天良激发，益鉴覆于前车。本县会同委员，俟汇单缴齐后，按图稽考，如核数仅与上年征册相当，并无增入新垦，听候抽查，查有欺隐，将该里书、庄首分别详请示办。

一清查各归各图，或有地在此图，而人住他处，甚有远住他州县者，即由佃户填写，以免宕延。

一粮出于产，有产乃有粮，而民间积习，往往产经变卖，粮未推收。该业户仍应自填完粮银数，不得以有粮无产借口，至输纳则姑听照常承认，一面仍饬催推收过户。

一田地山荡，科则不同，而一产中又各科则不同，本县访悉先年清查，即有避重就轻，科则混淆之弊。此次均宜据实填报，若仍依样葫芦，查出除饬算书分析更正外，定治该业户以始终欺隐之罪。

浙江长兴、孝丰等县客民愈多土著愈少（御史章乃奫奏，《光绪朝上谕档（光绪五年）》，第 379 页；另见《申报》1880 年 1 月 24 日《光绪五年十一月二十一日京报全录》）

臣闻浙西之长兴、孝丰等县，荒田甚多，胥为客民侵占，急应查办。该处自遭兵燹以来，其户口不及承平时十成之一二，故田地不能全行开垦，而地方官吏不能不广为招徕，外省流民乘间侵夺。本籍业主或因耕种之无资，或因催科之受累，转相逃避，而不敢认领者，胥役又因之而征多报少，中饱浮收，以致客民愈多,土著愈少。且客民之来,行踪无定,若不严为限制,将来流为盗贼,势更滋蔓难图。江南等省以此者恐亦不少,应请旨饬下该督抚,转饬该管守,令认真设法,善为抚绥,俾得安居乐业,则上不亏天庾之正供,下不饱吏胥之私橐,而民生自臻富庶矣。

上谕:御史章乃奋奏:浙江长兴、孝丰等县招垦荒田,外省流民乘间侵夺,业主转相逃避,不敢认领,加以胥役浮收,以致客民愈多,土著愈少,并称江南等省恐亦不免此弊,请饬查办等语。军务以后,招徕开垦全在地方官办理得宜,庶农民可期复业,而流民不致侵占。若如所奏情形,将来喧客夺主,流弊滋大。著该督抚督饬该管道府,认真查察,如有客民侵夺及胥役弊混等情,即行从严惩办,以杜弊端而安良善。

户部要求浙江等地官员督促垦荒并查田(《光绪朝东华录》第1册,光绪六年正月)

筹裕饷需,常以垦荒为第一要务。查江苏、浙江、安徽等省,著名财赋之区,现在荒地尚多,钱漕缺额年复一年,其为查办未能核实可知。近年山、陕被旱,民多流亡。该处荒田亦应力图垦辟。现计开单奏报三月期限将次届满,应再请旨,通饬各该督抚,遵照上年十月奏案,先将所属各州县荒熟田地开单奏报。即并无荒田省分,亦有借口偏灾,以熟报荒,拖欠钱粮,希图蠲缓。非由州县隐匿,即由富绅把持,亦于按到此次部文后,将该省有无荒地、征收是否足额,专折奏明。其有清出隐匿、垦有成效者,奏请优叙;因循废弛者,立予严参。并将如何办理开垦之处,专案奏咨报部,以备查核。总之,丁漕等项为入款之大纲,全赖封疆大吏,认真率属,竭力整顿,悉复旧额,毋令本有之财源,视同废弃。

御史邓承修弹劾谭钟麟办理荒熟田亩时有"摊荒入熟"举措[《奏为浙省清查荒熟办理失宜恐酿成事变》(1880年),《语冰阁奏议》卷一]

奏为浙省清查荒熟办理失宜,恐酿事变,谨据实历陈,仰祈圣鉴事。窃田赋关于军国重务,侵匿则亏国,抑勒则病民,未有不清查履勘而可妄为增减者。东南自迭经兵燹,剔荒征熟,十余年来,田赋虽渐增加,尚难复额。其中吏吞民匿,实所不免。

伏读光绪六年正月二十六日上谕:如该部所称各属垦荒,果能认真查办,行之数年,何尝不可渐复旧额等因。钦此。各省大吏自当恪遵谕旨,明白剖示,核实清厘,使百姓晓然,于熟田之理应纳赋,荒田不至赔粮,自无异议。

臣风闻浙江巡抚谭钟麟此次办理荒熟田亩,实有过于操切者。其颁发告示有云:倘再阳奉阴违,推倭延宕,则是自外生成,法所不贷,无论绅衿、粮户,立即查提解省,分别惩办,并将短报之数归于现报成熟田地项下,按亩摊赔,以足岁额之语。自有此谕,属员遂望风承旨,专事抑勒。钱塘县摊荒合熟,即以抚宪之谕为辞。迨百姓入城环诉,至欲呈缴农器,该抚臣始不得已将库书正法,以释众怒。

又奉查嘉兴府属之道员王荫樾,到县后即声言抚宪面谕,不准下乡查勘,惟日坐官寓,严讯庄书,逼勒具结,多认分数。百姓初闻抚宪摊荒作熟之谕,已觉惊疑。又见委员到县,并不履勘荒熟情形,群情惶惑,携带妇孺,纷纷入城跪求履勘。该员又不明白晓谕,反令随员跟役执持马鞭刀械威吓,至激众怒,登时将委员拥出。在百姓情急呼号,事起仓促,而委员之办理乖谬,咎实难辞。乃事后委员则未闻参处,惟省札严提嘉兴滋事之人,差役四出查拿,势同瓜蔓,南乡十数乡村闻风逃避。而王荫樾不知愧耻,尚屡次禀催,冀为泄忿。现闻抚臣已将该员逼勒认熟之结,盖印发县,照册征粮。此外各属盖不查勘,但令多加分数,以求足额。官吏冀免获咎,计无所施,势不至勒荒为熟不止。

伏思清查云者,必待查而后能清,未有不查而能清者。遍查或有所难,抽查即可立见。至以荒粮摊入熟田,朝廷从无此政体。该抚臣大张晓谕,开属下以掊克之端,以致嘉、湖、杭州之案,皆由此而起。操切如此,岂朝廷裕课恤民之意哉?夫查荒必须履勘,该抚岂有不知?意谓百姓复业已久,真荒者少,捏荒者多,故作此办法,以期速效耳。不知百分之熟,一分之荒,查之而豁荒征熟,民亦无辞;不查而摊荒入熟,名亦不正。臣观民情危迫如此,真荒当亦不少。封疆大吏苟能率属认真招徕劝课,诚如圣谕,行之数年,何当不可渐复旧额,何必苟且操切,行如此大拂民意之政耶?

窃恐愚氓畏累情切,进则无所控诉,退则累及身家,怨愤一兴,何所不至。应请旨饬下该抚臣谭钟麟,于所属荒熟田亩,务须恪遵谕旨,妥定章程,另委贤员详细清查,核实办理,不得意存抑勒,致酿事端。委员王荫樾办理乖谬,请饬下该抚查明,予以参处,以为掊克滋事之戒。庶国课不亏而民生永赖矣。臣忝列言职,既有所闻,不敢不据实历陈。是否有当,伏乞皇太后、皇上圣鉴施行。谨奏。光绪六年七月初四日。

县令依赖客民,田赋成捐(《申报》1880 年 3 月 20 日《理财仍归本于钱漕论》)

一曰垦荒兵燹以后,荒田到处皆是,初则实无承种之人,粮无可征也。然此何等事关系地方官之肥瘠,有不竭力营之者乎?

报解之数越十余年而未复其额,招垦之举岂越十余年而犹无其人,而州县则巧为蒙蔽,以为地力凋敝,一切善后次第兴办,无不需钱,今以垦荒之客民所纳,允作此用,设局以收之,按年分多少以分别之,事属因急,无不允行。于是年复一年荒则尽开矣,田则尽熟矣,天时人事又皆顺应矣,变其赋曰捐以充地方之用,而正赋之缺额如故也。

夫寻常小县其匪扰之善后,则衙署数处也,城墙三五里也,文庙、城隍、寺庙、书院、河道、清节堂、育婴堂至多不过十余事,历十数年之招垦,每岁所收之捐而犹不能竟其功,使垦熟之田升入纳赋之列,而钱粮渐次复额者,此语果谁欺乎?其中之弊窦安在,不可知也。

瘠苦小县,宦途所不争,今则著名之美缺,反以酬应纷烦,开销重巨,时有赔累之虞,而瘠苦者转得私积其囊,为候补时补苴之备。今下一令,无论垦熟几年,概征正赋,以旧时原额为衡,课其成则而赏罚之,吾知开垦之客民咸踊跃而完正赋,不愿有纳捐之名也。何也?浙江长兴一带办理招垦,前年曾有客民与土著不和,致滋事端,闻其缘起则以捐有偏枯之故,可知设局收捐经事者之上下其手,多为需索,其弊为尤甚矣。

且纳捐则尚非己产完粮,则可为世业,是以客民不愿捐也。州县本有经征之责,考成之典原系责成地方官,有使之包征包解之意,垦荒收捐乃不得已之策,今既一律成熟,天无水旱,民不流离,则责成州县照额解足,岂为过分。其在民间但不短欠分毫,虽酷吏追呼,无所施其伎俩,故严责州县而民亦不至苦累也。经此一番清查而钱漕之解运者,又可多十分之四五矣。

……昨闻浙抚谭公以浙省征赋弊端百出,亟欲整饬清理,首先饬造鱼鳞图册以凭查核,仁、钱二县业已开办。……草茅狂瞽之言,亦庶几有当乎。

客民滋事（费村、长兴、嘉兴客民滋事，霸占田地、不愿纳粮）（《申报》1880年5月10日）

客民滋事，近来日盛一日。前岁湖州费村一役，本馆曾详论及之，盖其凶悍情形，真有令人发指者。乃上月二十二日，湖州长兴县又有闹粮一事，盖是县客民以数千计，所有膏腴沃壤，凡田主之归认稍迟者，无不为其霸占。官欲纳粮，则以垦荒为借口，是以历年来征收无著。自去冬谭中丞莅任后，首饬各属查勘荒地，清理粮册，以杜朦混。现在各县次第遵办，凡有已种之田，皆当一律完纳，而该客民等既无从逞其欺蒙之术，又不敢居抗粮之名。爰捏称地方官苛征勒索，激怒乡民，遂纠集同党数百人，轰集县衙，毁门塞署，凡内署中一切箱笼物件尽搬出，堆置于大门外，架火焚烧。且谓有敢私取一物者，众击杀之。殊不知失于火者半，失于人者亦半也。幸邑尊是日不在署中，官眷等亦俱无恙，惟仆御差役等人闻有数名受伤。邑尊即于次日带印上省，面禀各大宪，闻已札委候补府某守驰往该县，查问明白后，应如何办理之处，再行定见。

又闻该县城内盗风甚炽，今岁已迭出数案，皆未缉获。县城外有地名二龙山者，林深树密，素为盗匪之逋逃薮。近日余党益多，鸷悍愈甚，凡营汛官军闻二龙山之名，俱先为胆怯。城中有号三万昌者，本著名之大茶馆，前次被盗劫掠一空，饱刮而去。盗自出门后，凡遇桥梁歧路之处，故将零星衣物等掷之道左，直至二龙山脚下而止，明以示其归路，逆料官军之不敢追捕也。

嘉湖两属勘荒清粮情形不同说（《申报》1880年5月14日）

兵燹之余，田地荒芜，赋额不足，地方官首先勘报，无不以招垦为词。然荒芜固所不免，而亦犹水旱偏灾，虽全省大祲，究其受灾情形，必有畸轻畸重之势，未可一概论也。湖郡七属自程、安而外，匪扰皆为极甚，如武康山僻之城，克复之日，查其民数，竟至仅留十四人，其余即不至于是，而惨象亦可想见矣。

故同治三四年间，县令徒拥虚位，刑钱两项，几至无案可办。于是省中倡议撤遣营勇，给资以使归农，就各县荒田而分授之，令其垦种成熟。而设立捐款名目，每亩完钱若干，以资本县各善后之用，而正赋则缺而未征，其捐数较之漕粮，则仍不相上下，客民安之。迨后捐款日有加重，名为蠲豁，实系苛征，且客民垦熟之田，究非己产，土著之人，或日久有归者，又出而争之。然后客民忿激，酿成械斗之案，致有死伤，费村一役职此之由。然此就湖州而言，若嘉兴七

147

属,则流离死亡较少,大半种田之人颁犹土著,而嘉、秀二邑,则更无荒田之待于招垦也。不过县中官吏,上下其手,以历来成熟之田为死丁绝户之产,藉垦荒之名为匿粮之举,十余年来报解亦复缺额,官幕、丁胥通同作弊,无有发其覆者。

以二郡言之,湖之招垦乃实有其事,而嘉之升科则不须办理也。官吏虽有弊窦,乡民照章完纳,即曰上宪洞知其情,将为彻底清查之举,于民亦无与焉。故前日嘉兴乡人抗劫委员一案,详思其情,不无可疑。意必省中通饬查办,不分某府如何情形,某府如何办理,一概以勘查报升为词。而嘉郡官府未将宪札所云悉心体察,就合郡现在情形,先行晓示民间,故乡人见有委员来郡而群焉怀疑,复有不肖之人讹言惑众,因而附和以起也。盖嘉府所报荒田,止须官吏将不解之粮全行更正,除去地租名目,并入正赋,一转移间,而升科之事可以竣矣。然后查造鱼鳞图册,以为一属钱糟之准而已,其于民间固未尝有须查勘也,此嘉兴之所以异于湖州者。

昨日甫登鄙人所论各节,不谓湖州近日又有客民滋事之祸,事缘湖属长兴一县,种田之户客多于土。凡同治年间业主未曾归认之田,悉被占去,藉口垦荒,抗征不纳,而官以岁收其租之故,亦遂不复抑勒,以致客民挟制官长,欺压土民,常有滋事之虑。今谭中丞饬属认真办理,委员查勘势在必行,该客民无可蒙混,地方官又不便袒庇,是以蜂拥而起,捏称官长勒索,纠集数百人,进署毁坏房垣,移抢物件,竟成揭竿之变。前年费村一役,其事由于欺土著,而今长兴则遂与官为难,显示其凶横之势,以遂其霸占之情,与嘉兴乡人怀疑而激变者,其情有不同,而两事适并出于一时,然则由此以观清粮之举,正未易为功也。

虽然,若嘉兴尚易易耳,但使地方官将宪意明白示谕,其如何办理之章程亟为酌定,以前之收地租者尽改正赋报解,不必与民更张,而是案可以遵行也。彼乡民无知,误听讹言,一见宪示,乃知宪意,在清查荒地之多少,而嘉属十九成熟粮赋全完,则此事无关于己,既不相关,亦遂无异于委员之来,而此番选事之人,由官饬查为首者一二辈,略予责惩,使可完案。

若湖州则颇甚棘手,苟畏客民而不查,荒田之招认者已属不少,将听其占产抗粮,年复一年,伊于胡止。地方虽出有限之租,而国课永少输将之额,究非政体所宜。若以其聚众滋闹,而派营弹压,冀其畏而遵办,吾恐此等客民皆十年前久战之士,桀骜未驯,又将激而生变,正不知官斯土者何以处之也。近来赋额阙如,垦荒免征实为第一大弊。中丞握理财之权,恃源以往,此为权舆,乃令出不行,酿成事变,亦可见民之不可教,而无怪今之大吏以拘守成法为事,而罔有作为也。

论杭嘉湖三郡民情(《申报》1880 年 5 月 29 日)

数日来盛传嘉湖抗闹清粮一事,本馆一再论及。综阅先后情形,知委员及地方官不免办理不善之咎,而续后所闻嘉兴肇事之由,则委员尤不能辞其罪。盖委员承中丞之差,将次第赴各属办理。而面辞之日而奉中丞之说,谓嘉兴为第一县开办,所以履勘丈量,绝民间并占之弊,与官府隐匿不报之习者,必通牵计算,办至九成五六而后已。且首先一县遵办,他处有例可援,易于成说。起于嘉兴,更须认真,所谓立好榜样也。不意委员到郡后,与郡守县令商酌,必令民间报升者有九成以外,然后可以缴差。当经乡民得知,误会来意,遂尔滋事。闻当时民间已允办至九成二分,而委员决意须就成六分,再三环叩不理,而后众皆上前簇拥委员,以去人多手杂,虽不敢遽肆殴辱,而群小揶揄,情形已觉难堪。既而回至省中,以此情禀中丞,内有随去之小委员,以遭此大辱气忿自尽,因而中丞怒甚,特调楚军以往。

本馆昨又接信,知调兵赴禾,系施九韶大令统带兵,未进城即经面禀许太尊。探询乡民业已解散,亦遂不复张皇其事,愈致乡民疑虑,再酿大祸。惟委员有自尽者,其说恐未必确要之。嘉兴之民尚多循谨良懦之人,此次肇事实系官府办理不善,激怒众心。旋经太守协戎追夺,遂将委员放回,而党羽亦即各散。选事虽有汹汹之势,而收拾尚不大难,由于民情之易治也。

因思杭嘉湖三府及昆连之苏、松、常等郡,向来民最文弱,无剽悍之习,筮仕而得此数郡,同安坐以享富贵,较之两湖、川、陕之民情,其难易奚啻天坏。此等案情,若民情不驯,非有踞城戕官之变,即有恃众拒捕之虞,安得簇拥以去,仍纵释以归哉。似此肥缺,似此民情,乃犹不善布置,激动众怒,使大吏闻报,仓皇亟派员营,如临大敌,吾恐他省地方官闻之,亦将传为笑柄矣。虽然嘉兴之事亦既平矣,以官之不养办理言之,取令撤任,已足蔽嘉委员如王观察等。吾知中丞亦必另派,而不使再往他处。

若夫嘉兴之民,当其拥委员出城,重则曰劫官,苟从轻不过请其到地勘丈而已。现在闻已击获为首之二人,及县中粮书一名,其如何惩办则尚未知也。乃嘉郡虽平,而杭州出乡又有纠众抗查之事。先则禀诸中丞,而某生被发学戒饬,某书又仰县押禁,既又纠集绅耆同至县衙,环求释放。而邑尊明知从中把持之人,饬差传讯。不意乡人复肆行无忌,夺回地保,推溺差役,几乎又成巨案。犹幸邑尊发怒,亲率兵壮下乡,经耆老郊迎,数语即便回署。设使兵壮至乡,而乡民徙避,县令之威无可发泄,当莫退莫遂之时,奸人怂恿愚民乘可欺而欺之,岂不大失体面,而成一发难收之势哉。省城耳目较近,有司举动,上宪周知,非邑尊应变。临几则有嘉湖两案,而清粮之举不成,于省外有世乡一案。而清粮之举并不行于省中,在中丞原不难寝前议,而时艰孔亟,国课空虚,岂竟不能挽回以复旧额乎哉。要之,杭嘉湖之民情皆属易治,而杭州人更为畏事。观于乡人闻邑尊带兵而来,即行迁徙,其良懦之情已可概见。苟上者能体民情而谨慎以持之,未有不奉公畏法者也。谁谓浙江之不易哉。

秀邑吞荒者,吏也,非官也(《申报》1880 年 5 月 31 日《来札照登》)

屡读贵馆所论嘉兴清粮闹事一节,足见关心民瘼,并谓嘉兴无人,诚哉其无人也。但贵馆均系风闻悬拟之辞,未有将以民间实情告者。今特为贵馆详布之,合嘉、秀两县在籍大绅士惟吴牧驺观祭一人,又寄居嘉善,并不在禾。其人谨谨自守,仅为鸳湖书院山长,不敢与闻外事。其余绅士极多,或秀才捐职,或生意人捐职,或认识一二衙门胥吏,联姻通谱,或认识一二厘捐委员及佐贰杂职,调停事务委员佐杂。利其奔走干办之力,复有胥吏暗通消息,因而上及府县亦增色,出入无忌。名为绅士,而实则鱼肉乡里之辈,于是官绅胥吏通同一气,牢不可破,此嘉郡官绅胥吏历年以来实在情形也。

前者难后,编田一事本属草草,虽每圩各派董事,而贤否不等,未能划一,在民间却亦有隐匿不报者,然皆系大户,田多难查,有声势可倚,或与胥吏相识者,方敢隐匿一二。若平民田少易查,则不敢也。至于田有荒熟,亦必此等有声势可倚,及与胥吏相识者,方有荒田可免还粮。若平民则虽荒田亦要还粮也。至于以熟报荒,另有一种土豪大猾及不肖绅士,均与胥吏相通。譬如报田一百亩,要做一半荒田,则此一半荒田胥吏亦与分肥,此民间隐匿不服,以及以熟报荒,系不肖绅士土豪大猾与胥吏通之实在情形也。

至于平民，断无隐匿之田。当时编田府县均有告示，晓谕民间"必须实数呈报，倘有隐匿等情，将来丈量查出，定要入公"等语。又经编田董事及庄司、地保三令五申，平民焉敢不实数呈报。且呈报之后，即要实数还粮，即使荒田亦概照熟田征收，并无荒熟之分。迨后同治季年，早有垦荒作熟，查报升科之合，乃庄司不问田之有无，总之要照百姓现在还粮之熟田均摊升科。譬如平民有实田十亩，便要加派征熟田一二亩。平民无可如何，虽实出只有十亩，亦只好还十一二亩之粮。此一二亩便是有粮无田也，且升科已非一次。

是以平民实田十亩，此刻有还至十二三亩者，此中尚须视乡人之强弱以为派田之多寡。是未升科以前，平民之田早经有熟无荒。既升科之后平民实田十亩要还粮十二三亩不等。此编田以后，平民历年还粮之实在情形也。

及至此番委员王道等到禾，寓居宏文馆，闻用刑具虐比庄司，庄司已答应增田十余万亩之多。于是各庄司遂至乡间，将百姓恐吓百般，大约又要将所增十余万亩之粮，均摊在平民户下。是以二十五日嘉邑乡民四五百人至宏文馆，执香跪进，禀帖求免加粮。讵知该道竟掷禀不收，转令差役用皮鞭驱逐乡民，因此遂有牵拖委员之事。且此牵拖委员之人，恐未必即是执香进禀之乡人。盖此日乡民来者不过四五百人，至牵拖委员之时，已聚众二三千人之多，必有不肖者乘乎其间。

闻二十二、三、四日，无缘无故，雇有名戏班在城隍庙做三天戏文，大约是号召群不逞之时，并在乡人中亦何从分别。又闻协镇饬兵拿捉乡民九名，其时乡民已经散去，系在南门外，谓手捉来则又未必是闹事者也。又闻委员受辱即欲回省，地方官劝以不可冒险，后竟用炮船护送回省，此真是做就乡民谋反情形，甚属大惊小怪之至，无怪谭中丞闻之要调兵赴禾惩办也。

总之，嘉兴胥吏十分刁恶，嘉、秀两邑田亩实有不可清理之处，此番作如此举动，装出百姓强悍难驯，以后便可冀上宪不至深求，将就了事。胥吏之心已可洞见，而大委员王道实为不胜其任。须知执香跪进禀帖之乡民，即所谓实田十亩此刻要还粮十二三亩不等之乡民，其所以执香跪求者，以为抚台委员在此，可见青天也。此时应得收禀细阅，知其受冤，从此再行清理丈量，便可为嘉兴地方家户户祝之好官，何以绝不理会，竟至掷禀驱扑，激成众怒，此直自取其辱。官至道员，不为小矣，而如此不学无术，岂非咎有应得，此嘉兴闹事之实在情形也。然而嘉、秀田亩,此番必须重为清查,重造清册,方能无弊。

盖从前编田,系在甲子年九、十月间。因当年即要收百姓米捐,报效军饷,故不过两三月催趱编查,实属草草,甚靠不住。必须重行查办,设局访请精于勾股算学者,并善于绘图者,逐乡逐圩,先量其周围游里远近,绘成全图,如江苏兴图局所画之图,每二里一方格之法。然后核算,除去河道、汊浜、圩岸若干,合有实地若干亩,再行逐圩绘图,到地覆勘丈量,实有田亩若干,如若不符,再行细查细丈。如此庶可求水落石出,而土豪大猾与胥吏均不得舞弊,而平民亦不至受苦矣。故在胥吏以及豪猾不肖绅士不清查,而在百姓则必要清查必要彻底澄清,方有实际。

若服从前所编之册,要办清查,则益查益浑。在胥吏则弊,在平民则病上加病,此嘉、秀之田应得清查丈量之实在情形也。至于官吏所吞之荒,则非民间所能知。第此刻之秀,邑尊光景大苦,并未吞荒。盖秀邑吞荒者,吏也,非官也。自同治初年知县翁子谦病故后,署事之员几于年更年换,不下五六人,而皆系忠厚懦弱,因此钱粮之权金为漕库操去,遂至吏则大利,而官则无其利。此刻之官仁厚异常,几有政由宁氏,祭则寡人之象,为百姓者固应代为表白也。烦贵馆一登诸报,庶几可通民情于上宪矣。鸳湖旁观不平子草稿。

嘉兴案情宜归罪委员说(《申报》1880 年 6 月 1 日)

嘉兴闹粮一案,本报历叙颠末,并妄参议论,大抵归咎于官,而曲谅夫民,盖以嘉郡民情良懦,断不为此揭竿之乱,而甘伏铁钺之诛,今忽焉有是,其由于官之办理不善,与事后之禀报失实,可悬想而知也。然事之真情,本馆究未尽知,乃不谓。

昨有旁观不平子送来一稿,千数百言,凡夫民间受病之深,与官吏作弊之甚,以及现在办理升科之虽激成众怒之故,一一缕陈,正与本报归咎于官,曲谅夫民之意,雅相胹合,非敢谓料事之明,亦可知凡事不外揆情度理,就其迹以推其原因,固有逆测之法也。

此稿已于昨日报中登列以供众览,兹姑绎其大意而为之说焉,本报曲谅夫民,而来稿于民之中分出等差,其最苦者为平民,本报归咎于官。而来稿于官之中示以区别,其罪大者为委员,篇中以为嘉郡之田匪后,办理清粮模糊,查办荒熟之数,不能核实约计征解者若干,蠲缓者若干,迨后大吏力催改荒增熟,而富户恃势,猾吏作奸,譬如有田百亩者报荒五十亩,有田十亩不论荒熟征足十亩之粮。

一旦增熟,则百亩者仍止纳五十亩,而十亩者按成加征,以所升之荒田均摊于小户全完之内,故田多之家永无照亩完纳之日,而平民有田十亩已完至十二三亩之粮,其受累匪朝伊夕,其始官与吏以匿熟为荒而交获其利,其后增出之粮全非出自荒产,解额有加而冒荒如旧,则富户与胥吏交通,利归于吏,而官之所得大减于前矣。平民以前次摊完荒粮之累,方自怨恨,徒以产少力薄不得赴愬,今乃骤闻省中委查之信,且委及道府大员,窃意此次加征,其成必非微小,当有照实田倍蓰征粮,以补所匿报之缺额,故乡民懔懔于心,而委员到郡数日,不知意旨之所在,尤觉惶惑不定,是以众口一词以履勘为请也。

至于观察奉委来郡,其所秉承若何,外人不得而知,然观于廖令请勘,迁延不行,熬审庄书,抑勒具结,其意亦可概见。盖逐亩丈勘,事固旷日持久,然使畏难辄止,乃照从前增熟之法,即曰有主荒田尽行纳粮,原不摊加小户,而现在匿报者,本非荒田,何从而知其无粮哉。庄书承命,亦不过核应升粮数,摊升于有粮之中,在富户永占便宜,乃无大损,非丈勘不足以见荒熟之行迹,非丈勘而重造图册,更定条银,仍不足以发交通之数。廖令,有为者也,谭中丞先定清粮之策,而后酌委其人,其实心办理,以副宪委之,意不问可知。履任之先,周历东境,饬视荒田,其必不含糊了事矣。明知逐亩丈量,重造图册,事烦且重,而前于我获利已去,我值宪意认真之际,仍蹈前辙,以摊加为报升,受奸吏之蒙,而府平民之怨,其事亦不可行。故欲乘宪委初到,请其履勘,以作先声,而后定区陇,稽亩分,查花户正银数,废旧时模糊之图册,更加厘次,而合邑之粮乃有准则,而不意此意见适与乡民之向苦摊加者正相符合也。夫州县存心民瘼,至于于民契合,此难得者也。

假令王道姑允而行,廖令得终其事,征恃升科有实际各关仿行,不难使匪后草定章程改归旧制,何幸如之。王道不谙匿报之弊,而于清粮二字又不遑顾名思义,徒执成见,以为有主完粮,但责成于庄书,更多误会,以为官民交通,使我知难而退,其才固无可用,而又以利于先,藉差使以图饱欲壑,迁怒于后,耸宪听以剿办平民,则其心更不可问。

夫官至道员,不可谓小事,至清粮,不可谓细见,恶于众而取辱以归,犹复学儿女之乖而下英雄之泪。噫,道其所道非吾所谓道也,有邮其哭禀之稿来者,益令人不堪卒读矣。

官吏、庄书、地保、绅民隐匿情弊(谭钟麟奏片,《申报》1880 年 6 月 16 日,《光绪六年四月二十九日京报全录》;又载于《谭文勤公(钟麟)奏稿》卷 7,第 7—9 页)

臣于二月十六日准户部咨议奏"筹备饷需"一折条陈,内开:浙江等省著名财赋之区,现在荒地尚多,钱漕缺额年复一年。其为查办,未能核实可知。请照上年十月奏案,先将所属各州县荒熟田。开单奏报等因。光绪六年正月二十五日钦奉上谕:该部所称各属垦荒一条,果能认真查办,行之数年,何尝不可渐复旧额。各该督抚,平日受国厚恩,岂可懈弛因循,不知振作。著于奉到此旨后,限两个月据实覆奏等因,钦此。钦遵咨行到浙。伏查浙省肃清已十五六年,钱漕尚未复额。固因兵燹之后,民力不足,难保无官吏、庄书、地保、绅民隐匿情弊。臣到任后,即经通饬各属,将境内未垦田地,查明坐落某里某村庄若干,于田畔插标,注明四至地界,由县令亲往勘明,造册申报,另委查勘,并将以前隐匿各产一律确查。果能据实开报,自当宽其既往,免于深究。即地方官应得之咎,亦可吁恳恩施,从宽免议。迨二月中奉到谕旨,复经恭录出示晓谕在案。旋据各属陆续开报清出田地山荡顷亩数目,禀复前来。臣逐加查核,除宁、温、台、处四府本无荒产,绍兴之诸暨一县为数无多不计外,金、衢、严三属被兵较重,山深土瘠,垦复较难。现据查出田地等项一千一百二十八顷,尚有荒产一万数千顷。杭、嘉、湖三府除海宁、海盐、长兴尚未复到,据各属续报查出田地山荡八千三百七十四顷,尚有荒产四万余顷之多,殊不可信。

推原其故,皆由于同治三年军务初定,试征之始,任凭花户自报亩数,不免以多报少,甚或以田地,图改科则,即历年续垦多寡并未清查,亦无确数,相率欺隐,此弊之在民者也。地方官于境内荒熟分数本不明白,每岁开征不能不照上年酌加一二厘具报,而又逆知熟产之不止此数,故所征者往往浮于所报之数,辄以尽征尽解为词,弥缝掩饰。复因米价日贱,民间以漕透南,借口南米折价,收不敷解,含糊挪移,敷衍公事。此弊之在官者也。

究之,民间荒熟之数,庄书、里保知之。官之征报不符,书办、庄保知之。此辈绝少善良,舞弊是其惯技。于是勾串劣衿,挟制官长,侵渔小民,其弊尤不可究诘。今欲彻底清厘，必将荒熟分数查确，杜欺隐之端，祛中饱之弊。惟是积习已深，一经清查，猾吏、刁衿、书办、庄保皆不乐从。因而造言煽惑，百计阻挠，均所不免。近日嘉兴委员提讯庄书，辄敢邀集多人将委员殴辱。长兴劣生挟知县悍思赞详革之嫌，聚众入城，抄毁衙署，实属愍不畏法。业经分委干员前往密拿首要各犯，解省讯办。如果有抗拒情事，不得不从严惩办一二，以儆效尤。除俟各属荒熟各产造报齐全，汇开简明清单，另折奏报外，谨将现在查办情形先行附片陈明。伏乞圣鉴训示。谨奏。

论革书正法（《申报》1880 年 7 月 3 日）

前日报登杭州钱塘库书何增经谭文宪于案定呈堂时，突然请令处斩，不禁为之大快。因思书吏之弊，……语云：清官难逃狡吏手。然充吏之恶，犹不止于猾也。凡为吏者，无论何衙门，其积习大抵相同，其居心之险诈，为事之恶毒亦大抵相同。内而至部，外而极于佐僚官署，投身入官，其为人不闻可知。语又云身不入官为贵，盖有□乎？虽然，吏则一耳，而作恶之难易亦有别焉。部院总核天下之成，外省督抚、监司衙门则综稽一省数府，一郡之事，苟有舞交弄弊之迹，则所害者广矣。然惟其天下之事，一省数府，一郡之事，而其害尚不至于已甚也。惟县署之吏则始甚矣。何也，为县署之公事皆就近于民也。

故凡各衙门之吏不恶，而县吏尤恶，库书、粮书掌钱谷之出入，刑书掌民命之死生，二者系于民事，重相均。然刑书不恶，而库与粮为恶，粮书稽核条银，分别完欠，而银不过手，仰库书索给陋规小费，非若库书职司出纳，可以侵蚀帑项也。故粮书不恶而库书为恶，各县征粮法无一定，或城市之征粮按户算取，或乡村之聚由宗祠并完，或设柜大堂自行封投，或开铺县衙左右听花户投纳，而其中又有自经理全完与否，其成则之盈亏，岁无一定，一则由库书包征包解，民欠若干，新征若干，荒芜若干，官概不晓其虚实，而每岁向库房支银若干而已。故不包征之库书不恶，而包征之库书为恶，此大概也。

浙省七十余州县，钱江以北为下三府，钱漕大宗也。粤匪之扰，受灾最重，荒芜较多，若宁绍以上则稍杀焉，田无污莱，户无流亡，自克复以来，早轻征粮如额。故此次文宪倡议清粮，惟杭嘉湖最吃重。然而其清之法正有难焉。盖所谓荒者，虽曰荒田，其实不荒于田荒于粮也，亦不荒于民而荒于官也。此其所以难也。中丞将欲清官吏之弊，不得不诘民之奸。苟征解可以无弊，故重在丈量而不在加多也。无如州县误会宪意,以为勘荒之会杜以熟报荒也。但酌加征解之数,即可谓勘出荒田,改熟升科。而浩如烟海之册籍,奇零细碎之花户,何能逐户详查,逐一履勘?不若舍难就易,于已熟之户酌加其粮,便可竣事。而况有荒与否,钱漕缺额之果在荒田与否,官岂不知,而乃张皇其事,为其所难,为设此令一出,各县商办无不存斯意见。于是嘉兴滋事之案,与杭州定乡之闹,相继而作矣。嘉兴新易廖令禀中丞之命,明知此次不应含糊了事,故拟认真办理,而宪委反以为不然,但论加征成则之多,不顾履勘丈量之请,故而激成众怨。

至钱塘则情形殊不同也。陈令之奉命也,严责庄书,声言丈量,而创三中升一之法,以启恶书加征之意,即传定认匿熟冒荒。而此法一行混淆愈甚,何况恶书何培之驱迫乡民,激而生事乎?夫声言丈量,而实不丈量,名非加征,而无异加征,吾不知前者文宪意欲清粮,首先令钱塘查造鱼鳞图册,分别荒熟者,其图册固如何造也,抑亩分界址,任意填写花户,土名随便编排,以希冀上宪之置之高阁欤!何培之自克复以后,即充库书,几及二十年矣。历任钱令以包征包解,较之自综成数屡烦催此者,其省事奚止数倍,故倚之以保考成焉。渐而权势愈大,取信本官,词讼亦凭其会。自同治初年以至今日,查荒升熟之令已非一次,无不如此办法。解款多一千金,私蚀者何止二三千,故家益富饶。中丞声色不动,而除民之害,可谓大快人心矣。独怪为地方官者不能究心民事,而仰恶吏之庇,当世不重其人,即浙省亦往往如是。中丞视远听聪,安得取而书砸之哉。

查荒余议(《申报》1880 年 7 月 25 日)

客有来自浙垣者,言及谭中丞勤求治理,以查荒为第一要务。盖以杭嘉湖三府,约计名荒田,而实非荒田者有五百余万亩,一经彻底清查,则地方官以及书吏等不能舞弊,而升科入册可以为国家增出课银若干,是诚大臣之忠于谋国者已。且荒田之估多系豪强兼并,而贫苦小民绝无所得。前者数次清查,第以加成为塞责,害贫民而利富民,民间亦不以为便。故官苟认真踏勘履亩,亲查民间,亦断无激变阻勘之事。其嘉兴、长兴、钱塘之聚众滋事者,皆非为阻勘起见也。是亦可知民情之所在矣。然而舞弊已深,为时已久,细究殊属非易。故大宪又请于朝,宽其既往,责其将来。但将荒熟查明,而以前之隐蔽侵占者,概置不究,似乎易于措手矣。而办理者犹不能奉令承教,而至于激成事端,是则诚不可解矣。

夫乡人耕种田亩,有庄书指明,又有漕票银串、县中征册,皆可核对,岂能隐匿分毫。自同治四年初征时,统计不过六分有余。其后逐年加增,此十余年来已加至八分有余。今阅宪示,尚不满七分之数。近年以来又无大灾大歉,多征一分银米,其数非细,大约每年大县可透征三万余金,中县亦有二万余金。屈指七八年中,就杭嘉湖三府而论,其数不甚巨哉。以天庾正供之款,而县令、庄书等公然剖分入已。无论小民咨怨,旁观不平,即清夜问心,其亦安乎否乎?况百姓有纳课执照在手,与花户征册多有不符,设一旦蓄久而发,持据上控,钱塘何秉仁一案即其前车之鉴,恐私蠹虽盈,未必可以安享也。今有乐善人于此,欲此辈设一补过之法,凡前任之已饱私蠹者,略为吐出,办一积谷之仓,视弊之重轻,以为积谷之多寡,既为民间预备水旱之灾,即为诸任解侵吞之咎。如是而百姓之怨可以释,大宪之责亦可以宽,似于官于民两有裨益。夫大宪之所以宽之既往者,原欲使之将隐匿之田和盘托出,以收速成之效耳。若知侵吞至于如是之多,亦未必遂置诸不议。即上宪不议,而或者言官揭奏,亦必前覆并发。即曰无人揭奏,竟获邀免于罪,而如长兴之毁县署衣箱,以及焚劣绅屋宇;嘉兴之委员受辱如此;钱塘一案,抚宪又执法如此。见之者当亦为之寒心,则何如稍解贪囊,襄成义举,犹足以盖前愆,而希后福乎?

时有友人闻之,哑然而笑曰:有是哉,子之迂也。夫各前任历十余年之久,或故或调,已经星飞云散。其现在者又孰肯自认侵吞之罪,而力求晚。盖之方除非大宪彻底根查,惩一儆百,或可使之惧而自效。然既请于朝,明言既往不咎,谕旨煌煌,亦惟责其现在之成效,而宽其前往之愆尤。而忽然朝令夕改,重加苛责,则亦无此政。体彼各前任之既满腰缠,且以为分所应得,即有良心难昧,羞恶忽明者,而一二人亦不能做主。然则子虽有代为补救之法,夫孰从而听之。此时但得实事求是,按亩亲稽,勿使书吏得以移挪掩覆,已足为良有司矣。从前之事,即使鉴鉴可据,又何必过于苛求哉。

余曰二君之言,一则论理,一则论情,理有余者情或不足,情恰当者理或微亏二者,皆有所歉而实则皆无私也。刻正办理清查之际,或者草矛之言,足备采择,亦未可知其权衡。要自有主者在,是何妨两存之。于是乎书。

浙省查荒情形（巡抚臣谭钟麟奏，《申报》1880 年 10 月 22 日，《光绪六年九月初九日京报全录》；又载于《谭文勤公（钟麟）奏稿》卷 7，第 428－436 页）

奏为覆陈浙省查荒情形，恭折仰祈圣鉴事。窃臣承准军机大臣字寄，光绪六年七月初四日奉上谕，有人奏浙省清查荒熟办理失宜，恐酿事变一折等因，钦此，遵旨寄信前来。窃维浙省田产之弊，一在官吏之侵渔，一在民间之欺陷。十余年来，举所侵所隐者，悉归之于荒，以致缺额甚多，无从稽考。臣深悉其弊，去冬到任后，通饬各属，将境内荒田详查，令百姓自行插标田畔，注明厂数界址，出地方官亲行覆勘，造册申报，听候委员覆查，并谆谆告谕，但令百姓种一亩熟田，完一亩钱粮，州县官征一分钱漕，解一分入仓库，初无诛求于民之意，亦无苛责于官之情。第荒田可覆勘而稽，侵渔可严核而知，惟欺隐一项，非民间自行举报，官无由得其实数，必须晓以大义，谕以利害，宽其既往，惩其将来，庶绅民不至疑畏固匿。

恭读雍正五年五月十五日上谕：开垦地亩本应随垦随报，隐匿之罪定例甚严，祗以法久弊生，遂致垦多报少，或为民间隐漏，或为官吏侵渔，积习相沿，至于年久而多方回护，百计掩藏，于隐粮漏科之外又添欺罔之重罪。此等之人虽暗中获利，幸免钱粮，然到底干犯国法，难免旁人讹诈欺凌，岂能安危坐享。愚昧无知之徒往往如此深可悯恻。今朕特沛宽大之恩准，各省官民自行出首，将从前侵渔之罪悉从宽免，其未纳之钱粮亦不复究问，定限一年令其首报，倘逾限不首，复行查出，在官在民，定行从重治罪。著各该督抚转饬地方官通行晓谕，开导乡愚，在国法无耕田而不纳赋之条，在天道亦无背公而能获福之理，当感朕宽大之恩，急公向善，共为良民，以受国恩，以免罪谴，钦此。

臣于二月接准部文，恭录光绪六年正月二十五日谕旨咨行到，臣当即钦遵，出示晓谕：仰体朝廷宽仁之意，广为开导。通省军民人等食毛践土，宜思覆载恩深。我朝轻徭薄赋，厚待民生，值筹费方殷之际，加派毫无。此次清查粮以应要需，若仍隐匿不报，是诚何心。自示之后，务各激发天良，力除积习，赶将自己名下未经呈报之成熟田地，及从前短报之产，开明坐落、亩分，据实赴县呈明，既往之咎，不复深究，倘再阳奉阴违，推诿延宕，则是自外生成，法所不贷，无论绅民，提省分别惩办，并将短报之数归于成熟田地项下，按亩摊赔，以足岁额。

所谓未经呈报之成熟田地，即隐匿不报者也，所谓短报之产，乃十亩仅报五亩之熟田也。大凡文告有劝谕之语，有儆戒之词，此今昔通例。而原奏抹去前文，仅摘阳奉阴违数语，指为操切，竟似通省荒产悉摊于熟田，勒令民间完粮，安得有此办法？果尔，又焉用查荒为耶？夫荒产必逐渐招垦，非刻期可竣成，如圣训果能认真查办，行之数年，何尝不可渐复旧额，自应敬谨遵办。

臣告示中所言乃垦多报少，始终隐匿之熟田，非指荒田言也。臣恐庄书、地保朦混舞弊，复经示谕各村庄，公举正派绅耆，将村内荒产查明，造一草册送县。本村自开一单，粘之通衢，以便地方官下乡核对，不容书役、地保以荒作熟，累及小民，此通省所共见者。而谓大张晓谕，勒荒为熟，此庄书、地保恐吓乡愚之语。百姓之明白晓事者不之信也。至嘉兴一案，初因该县禀报含糊，并无荒册呈送，仅以刻板甘结，令二三书办署押巧为尝试。饬提库书刘秉文、石蕴堂到省发臬司委员讯究。据供该县熟产实不止此数，即庄书数十人侵吞熟田，尚有数万余亩未经举报。

臣语臬司传讯刘秉文，果能将该县荒熟之产逐一查清，即不治其侵吞之罪。时候补道王荫樾派赴嘉兴县查荒，随带佐杂四员，分投履勘，即将刘秉文带回嘉郡，与庄书质证。嗣据府县禀报委员到郡，于三月十五日提讯。各庄书至二十一日讯毕，该县备船请委员下乡，尚未往查。二十五日乡民入城跪香，至公馆将委员拖出南门外。经嘉兴协闻，将当场拿获十一人解省，派委员讯问。中有三人供系庄书、地保邀其入城，因留以备质。其八人讯以跪香何事，亦不言其所以然，当即开释，获到庄书王三悌供出赴乡邀人之地保徐永源逃匿不见，案无由结，由司委员守提其余供出隐匿田亩最多之绅士，非滋事之人一概免究，何至有四出查拿，十余村望风逃避之事。

道员王荫樾奉委查荒，提讯庄书，根究侵吞熟田，有刘秉文供词可凭，初非逼认分数，并未尝以庄书认结呈送。臣处其在郡，旬日未出一告示，又未饬县照发征粮，徒以提讯庄书故大受窘辱而返，是始终未尝办理一事，即无不善之处，应请免其参奏。

查嘉兴庄书近来多捐监生，从九品载衔，平日自齿于缙绅之列，忽经委员提讯，长跪公庭，令其尽吐久吞之产，忿不可遏，因诡为荒田要完粮之说，煽惑小民，胁众闹事，以泄忿事。后知不免于罪，于是四播谣言，百端氛制，甚且禀牍未达于臣辕,禀稿先登诸《申报》。诪张为幻,危词耸听,犹是恐吓乡愚之故智耳。臣稽核田赋,首重查荒,必无专办嘉兴一县,他属概不查之理。现在各属有已查明者,有绅士请秋成后再查者,有造报含糊须提书办讯究者,委员四出严札频催,固未敢操切以图功,亦不敢因浮言而中止,惟有秉公持平,准情酌理,认真查办,以仰副朝廷实事求是之至意。所有查办荒熟情形,并道员王荫樾请免置议缘由,谨缮折覆陈。伏乞皇太后、皇上圣鉴训示,谨奏。

军机大臣奉旨:知道了,仍著该抚认真清查,总期会裨国课,无累民生,方为妥善。钦此。

书谭中丞覆折后(《申报》1880 年 10 月 23 日)

近时各省大吏及道府以下各地方官所以庸碌无能,拘守旧章,不知因时制宜,利于国而利于民者。非人之尽无才与识与力,也有才与识与力而偶有所为,其牵掣之处必多,即不牵掣可以任所欲为矣。而议者即伺于其后,苟其言先入而为主,即迁调随之,继其任者鉴于前覆,必至大反,故辙尽弃前功而后已,此事之所以不能成也。其次者有才与识与力而利害之见太深,则规避即废事之渐,情面之见未化,则瞻徇即瘝事之萌,往往初任其事,似有惨淡经营之迹,而一二年后即与木偶人无异者,则所见者浅也。虽然大吏与有司要自有辨,有司受上台节制,事事须禀命而行,而且分所应为,不过一邑一都之事,其用才者小,而见才者亦微,为众口所弹,或至不能终其事,为宪意所恶,则且无以底于放,故亦乐得随波逐流,不敢为庸中佼佼也。若夫身任封圻,权行于下,则有所见及者毅然为之,初无人掣我肘也,即使风闻之御史林,下之乡绅或有嫌其更张,訾其纷扰,多方尼止之务,令不得行而后已。然其事苟为地方之所利,积奖之所在,虽严旨训饬,而亦自有词也。

浙抚谭中丞以通省钱粮缺额,业户于荒熟各产必有隐匿,官吏于经征银数必有侵渔。是以□任伊始,首先饬属查办,务令荒熟亩数逐一清厘,尽祛从前积弊。从此民间有产者不为官吏所鱼肉,官之经征者不为吏绅所朦饰,而国课之裕较之近十余年来当增于成数几倍,岂非国利民之一善政哉?以是浙人咸称颂之,即天下之人亦皆仰望之,以为近时督抚中如谭公者诚不数觏也。不意积习相沿,势重难返。

嘉兴则以宪委与府县不合,而致乡人闹事。钱塘则以官吏交通,改赋加征,摊荒入熟,激怒于乡民。一时两事并起,咸疑清荒之事难得有成,然而办者仍自办也。此中丞成见在胸,欲为则为,不以事之烦难为虑者也,非有定识定力,则鲜不以是为鉴矣。

本馆于此二事,或备处其案情,或并录其禀稿,偶参鄙论,无有以中丞为非之语,止因事后嘉奖,县则参撤矣,许太守则听其乞病矣,库书则提省矣,闹事之乡民则拿解矣,而王道以堂堂大员,撄此奇辱。虽曰乡民之横,库书之刁,府县之不善弹压,而王道究亦有咎焉,乃省中寂无参处王道之信,因是而知此事之尚未得其平也。

后闻京中果有揭奏之人,窃调此奏必因嘉兴之案,而无与于钱塘也。盖钱塘虽有杀库书何培之事,其情节更为严厉,然所参撤之官止一陈令国香而已。而嘉兴则许守以二十年吏治,一旦坚辞去官,禾中绅士之在乡者,与各大老之在京者,必有震惊其事而疑惑滋甚者,故因言官而上陈也。昨阅谭翁覆折,仅申明嘉兴一案,而不及钱塘,则更无疑矣。

窃思中丞此举乃浙省自同治以来所未经见之事,历任大吏非不于钱粮征数设法,以求其复旧,而上则虚文徒具,下则故事奉行,以故屡饬查荒而各属皆绝不举办,偕于所征者偶加一二成以应。此次各属奉饬之时,以为必系历来加解银数之故智,是以徒饬庄书加报熟田,而丈勘田亩,换造册籍皆嫌其烦重而不行,中丞痛加应创,所以一洗因循之习而务绝侵隐之谋。假令以中馁者处之,则其始也,杭嘉两郡之首县皆各滋事矣,本省绅宦之在京者又乞人弹劾矣。其有不蒙畏葸之念,而存中止之心者,盖亦鲜矣。故曰如谭中丞者今督抚中所罕觏者也,令久于浙江而得终其事,浙民之幸亦国家之福也。要之权之,所不得行而行之,即无人以议其后,而终至于无成功,若权所得行而之,虽有人以议其后,而不可以无决志也。

论清理荒田(《申报》1881 年 9 月 26 日)

东南钱漕,自咸丰间匪扰渐次克复,不能悉如旧额,盖至今二十年矣。初则谓册籍被毁,花户亩分无所稽核,创始之法,惟有令民间呈报承粮,随给户管,每年所报若干,即为所征之数。大约一年之后,已有端倪。其未报者,概入荒芜,以受灾之轻重,为荒田之多少,或十之五六,或十之二三不等。开征一年,初办奏销,遂于额征数内,除去荒芜若干,逐年照此以为底册。以故欲复钱漕旧额者,知其弊在荒田,而急为清荒之举也。盖初次底册乃民间呈报未全之数,其后年有所续报,假令随报纳粮,随补入册,二十年来,应逐届销册有所增加矣。其所以荒芜仍旧者,乃大弊之所出也,而又由于完粮之时蒙蔽之术耳。

蒙蔽者何?即库书包征包解是也。盖知县到任,不能无所藉于库房,往往先向库房取银应用,于是大权归之。而征解数目,一以前年为定,凡民间续报之粮,均为库书所侵渔。填券用印家丁又为其羽翼,虽券有五万,而解止三万,本官无可稽查矣。

又有乡镇大族,以宗祠为钱漕总汇者,则田多之家往往包揽小户,分库书之盈余,其弊益难究诘。前年浙抚谭公莅任,首先办理清粮,意欲向所侵蚀之银,概令吐出归公。故借清查为名,而仍严限各属赶紧征解。盖粮被吞蚀,并非真有荒产待查也。若真荒田盈阡,岂不知丈量之举为最烦琐。如康熙年间清丈田亩,办造鱼鳞册,当时停征二三年,然后办就,今清丈而仍催征愈理愈棼,断难竣事耶。

故委员到嘉兴时,绅户与书吏等皆请勘丈,而委员迟迟不行也。其时有谓委员不善办理者,非也。以宪意所在,但令各属积弊一清,将所蚀悉出归公,而糟额当增一半,止求征解之有加,不在丈量之实在也。而地方吏绅乃遂以勘丈之难,起而挟制,以至酿成殴官之祸。即如钱唐何培一案内,中丞意在增加,胆敢以缺额之赋,匀摊于花户,而万不肯以历年侵蚀之粮报解于藩司,盖积弊所在。虑夫一经吐出,即于查究以今年之何以能骤增,追问往年之何以若是少。故借口于加增而妄为此举以贾祸也。试思钱塘一县为省会首要,额赋五万,山荡田地征有异则。自克复以来,上则之田安有至今不承粮者。所谓荒者,不过山地向有空额,历年征解不及七成。今自中丞严办蠹书,合署股栗。向之包征包解者,顿变为设柜自收。而上年解额骤加十之三,可知此十之三皆从前包办之所隐也。一县如此,他属可知。

令各郡一律设柜,使花户自封投纳,吾知粮额之加,即数十万可以立致,何待清丈哉。不待浙江一省,即东南各省,现岂无有包征包解之弊,但令一洗积习,严禁蠹风,国用亦何至真匮,独惜其弊显著而除之不能力耳。

浙中自上年嘉兴、钱塘迭酿重案,各属解司略有增加,而中丞亦以与初意不甚相悖,并不认真办完。此亦可止则止之意,宁宽大而不苛刻也。然而地方衙门,官吏上下其手,积习既深,不可穷诘,不特隐漏报纳,合熟于荒,为弊之最大者。即如蠲免一事,在民间或有疲户,然不过一时错落。迨差保屡催,未有不续完者。而县中一过三销,即已归入陈欠后之所解,皆为新粮。即使分别款目,而万两之中不过带解数十两。然犹一手经征,始有此款。若前欠所久,则并不肯以带征之银,酌量完解,故陈粮而至于豁免,在民间实已缴完净尽。一奉行知则一笔勾销,全归私橐,而尚不肯张贴誊黄也。

凡极贫最下之户,欠粮至数年者,终不能免追呼之苦,必至于死绝而后已。盖既奉豁免则多,征一分即多肥一分,官肯放手,而吏不甘心也。故真欠实属无几也。窃谓蠲赋,列入覃恩,与其虚应故事,无实惠于民间。孰若严立考成之格,于带征陈粮一端,认真纪罚,使经征者有所顾忌而不敢怠,亦未始非整饬之一法也。虽然弊之大者固不在此也。

分水县刘邑尊劝谕士绅客民示稿(《申报》1882 年 4 月 10 日)

浙江分水县刘霁轩司马廉能夙著,实惠及民,嗣以调署余杭县,临行之际又以四事剀切晓谕,亦可见其实心行政之一端。兹由浙友寄来示稿一纸,亟为登录如左,以见良吏之苦心也。

示云为临别劝谕事,照得本县在任新旧回旬将三载,平日官民尚称相得,惟治此残破之区,地方元气丧尽,自恨无才,不能补救万一,抱愧良多。然自问待民如同一家,向以实心行实事不贻民害不取民财,区区心血当民当所共知。现奉大宪调署余杭县,事定于十三日交卸,即于十八日起身赴任。官民一旦隔离,似觉依依难舍,合再不惮烦言,将我士民切要事件择列四条剀切劝谕,为此示仰合邑本地外来各士民一体知悉,读书则必求上进,务晨则刻苦躬耕,赌博为身家之害,禁绝宜严,土客有宾主之情,和好为贵,国课宜早完,莫恃强好讼,省得几多烦恼。大家乐业安居,明知临则赠言不能强人以必从,然本县一片眷命热肠,实有不得已于言者。凡我绅民勿以斯言为河汉也。各宜勉旃望甚望甚切切,特示计开:

一、读书宜认真也。分邑士子向来一得秀才即不以读书为事,毋怪科第无人。兵燹后读书子弟更难多得,粗知字义者先后均已入泮,实以应试者寥寥考,无不进其功名之易,文风之坏莫此为甚良。深浩叹本县两值县试,录送各童均系降格相从,内曾有弃置不录者,并非薄视斯文阻其向上之志,亦谓目前不患功名之不得,而患文理之不通,特恐便宜得来反为终身之害,何妨迟一两年,藉可多读几本经书,多增几分学问。谚云诗书熟秀才足,所望合邑生童共相劝勉,此后赶紧觅从良师益友,切磋琢磨,莫理外事,将见人文蔚起,科第联登,诚于地方大有幸色焉。

一、荒田宜早垦也。分邑定章民间新垦田地,当年粮即全征,本县深恤农力开垦不易,故在任三年从未勒催,尔等报征新垦一亩,吾民当所共知。惟各乡田地山塘乱后并未认真清查给据,遂使争控之案迭出,几难定断。本县急欲通盘清理以除民累,奈屡商绅董助理竟无其人,是以中止。本县到任至今,日夜隐忧之第一事也。所望绅耆父老此后会同商议,赶急求禀新任设法清查,免为子孙后患。果系无主荒产,应遵上宪札,饬准令客民认垦承粮,一经垦熟,切勿冒主认阻,致使客民空劳心力,人人视为畏途,是各乡荒土永无垦熟之时,地方何能兴,粮额何能复。有主之产亦应多雇农佃赶速开垦,即种蔬果亦有利息,勿令久荒,自误不小,尔等其细思之。

一、赌博宜严禁也。分邑民风尚朴,惟赌博一事屡禁未绝,节经本县严切晓谕,并奉府宪刊发告示遍贴城乡,官禁不为不严,乃近闻城乡仍有聚赌之事,不思赌之为害,小则废时失业,大则有身家性命之忧。一入赌场奸宄混集,均是强盗心肠,谁肯丝毫放让,此间大半务农之家,一年辛苦所积无多,何忍以血汗之钱化于挥霍之地。若谓赌钱不输,真是天下营生第一,只闻倾家荡产者有之,从未闻有兴家立业者,即或一时赢得,此等妻埋子怨之钱焉能久享。如果输亏势,必为非作歹,回不得家园,见不得亲友,后悔已迟,自今以后务各父戒其子,兄戒其弟,有犯必惩实力奉行,所谓官禁不如私禁之为得力也。

一、土客宜和睦也。分邑兵燹后,人民稀少,田土皆荒,近年商贾农工全赖客民之力,不少以致地方渐有生色,在客民离乡别祖远道而来,分邑为衣食之地,更应安分守己事事谦让,须知出门求财和气为本,查分邑各处客民籍贯既非一处,自有贤愚不等,所有江西、宁波、绍兴三处客民,业经本县举立乡长之后,颇为安静,惟淳安、台州两处客民虽多强悍之徒。其中纯良者亦复不少。屡令举充乡长,至今不得其人,尚望尔绅耆赶紧选举,禀请新任谕充以资约束,如有口角是非俾可劝息。要知四海之内皆兄弟,此后本地人勿以客民轻视遇事欺凌,而客民亦不得恃强争占,动辄聚众凶殴,务宜和气一团莫分彼此,是则出入相友急难相助。大家均有益处,其平日全赖各士绅乡长随时劝导也。

巡抚陈士杰晓谕土客(《申报》1882 年 6 月 5 日)

浙抚陈隽丞中丞自去冬接篆后,宪示颇不多见。盖中丞从容镇静,持重老成,效曹参画一之规,得丙吉大臣之体,不欲以条教虚文滋民疑议也。近则蚕事将成,麦田告熟,而下三府之客民土著时有滋事,中丞微有所闻,故前日密委干员,分往查探。近复因该处府县,酌拟简明禁约十条,请颁印示,爰即颁发,宪谕通行各属。观示中殷殷告诫,反复开陈,无论土著客民,无不视为一体,想彼具有天良,当能仰体宪意,兹将宪示并禁约十条备录于左:

兵部右侍郎右副都御史,巡抚浙江等处地方,节制水陆各镇,提督全省粮饷军务,兼管两浙盐漕部院陈为剀切晓谕事:

照得杭嘉湖一带,兵燹之后,辄有旷土。湖、广、皖等,及宁、绍、台各处客民陆续而来,开垦田地,日聚日多,良莠不一。其中安分务农者,固不乏人,而恃众逞蛮者,亦所不免。各土民又不能破除成见,互相诰诫,更有喜事之徒从中唆弄,以致土客各分畛域,时启争端,大为地方之患。卷查光绪五年,曾经任藩详定筹数章程,颁发条告,立法颇为详尽,果能实力遵行,土客相安,岂非地方之福。

兹本部院访闻海盐邑西乡,有客民砍伐树支,以致土客构隙,酿成命案。秀水邑亦有新到客民霸种熟产,占住房屋,砍伐桑树,强借农具。种种扰累事情,查该客民远道而来,谋生事急,何得恃强自取怨。尤各土著亦当破除成见,各安本分,互相劝诫,共保身家。

倘客民有意欺凌,固属咎有应得。即土民集众滋闹,亦属罪所难辞。亟宜查照旧章,认真办理,以期日久相安。并据嘉兴邑酌拟简明禁约,请颁给印示前来,合行开列条款,出示晓谕。为此示仰土客各民一体知悉。

凡有新到客民,应各凭的保报官,听候照章拨垦,安分务农,不准丝毫扰累,欺侮土民,致干究逐。该土民等亦应捐除成见,不得以细故微嫌,架词渎控,以及私相报复,结党滋事,自取咎戾。自示之后,倘有无业游民,肆行滋扰,与夫不法地棍,妄起衅端,一经访查得实,定既不分土客,从严惩办,决不宽贷。再浙省肃清已及二十年,本地农民生齿日繁,客民亦复不少,无主荒产固已无存,即偶有荒芜,皆系有主之业,粮册有名。此后该客民毋庸再行招致同乡纷纷来浙，以致无地可垦，进退为难。在该客民原籍既有执业，断不可轻弃其乡，冒昧滋事。其各懔遵毋违。计开简明禁约十条。

一、原垦客民，来去无常，凡有增减丁口，迁移地段，皆由该客总，会同圩董报局，转报核给牌照。如敢隐匿，提案惩处。

一、新到客民，责成客总查明具保，会同圩董报局，转报拨田垦种。如有名未入册，擅自择肥翻垦者，提案究逐。

一、各帮客民，只准翻垦荒田，若将民人完粮熟产擅自霸管，照强占例治罪。如实系客民垦熟之产，乡民控指占熟，审实坐诬。

一、各帮客民，凡系垦种有主田地，作客照章完粮。其垦无主田地，一年为限，如有业主呈契指认，四至相符，即令客总圩董公议，贴还垦本，收回管粮，报案注册。

一、客民栅厂，除携带眷口，雇用工人，门牌外，此外游手好闲，牌内无名者，不准容留。如有窝贼窝赌，奸骗吓诈情事，究逐拆毁。

一、客民中倘有携带军器，刀械火药等件，责成客总搜查缴案取具，并无违例私藏，保证送查，如违重究。

一、土民有废屋，客民不得擅自居住，其农具亦不能恃强移借，致启争端，如违重究。

一、民间以蚕事为重，饲蚕以桑叶为先。客民如原养蚕者，必须自买桑叶，不准偷窃攀摘，致害蚕事。亦不准砍伐坟山荫木，剥削树皮，贪利骚扰，如违，查出重究。

一、客民甫经到地，试种杂粮，情尚可原。次年必当改种禾稻，一律承粮，不准取巧避就，不准于秋收后逃避他方，致亏粮额。如敢违抗，惟该客总赔缴。

一、客民性多强悍，土民易启猜嫌。偶有衅起细微口角争竞，责令客总、圩董秉公调处。倘实有纠葛，则报官审理，不准纠众械斗，互相报复。如违，查明首祸，无论土客，尽法惩治。圩董、客总人等徇私袒庇，致酿争端，一并究治不贷。

客民垦荒之弊，悉以温台处及两湖人当之（《申报》1882 年 7 月 30 日《论客民垦荒之弊》）

礼曰无旷土，夫欲不使之旷者，诚以朝廷之正供，与间阎之衣食，罔不于是乎取资焉。故近世荒田之垦所由急急也。江浙为鱼米之乡，其尤为饶足者，则江苏之苏松常镇太五属，浙江之杭嘉湖三属而已。每属必岁征漕数百万，而民生不闻有匮乏之忧，以其无隙地也。自粤逆肆扰后，凡素熟之田，大半荒芜，盖一夫所耕不过十亩，以死伤之众，遂使田浮于人，若谓囊橐无余，农具蔑有，犹其后也。

江苏一省则仅募本土民人开垦，县官责成地保，地保则劝导村民而已。惟浙江之杭嘉湖三府属，悉以温台处及两湖人当之，称为客民。若辈本游手之徒，且半皆散勇。杭民稍强，且与省城近，耳目易周，尚无事故。惟嘉湖两属民性柔弱，非但受其欺侵，不敢与抗。而已定例荒田开垦，必三年之后方与出额完粮。故业主于三年之内亦格外减让，讲定每年收米二三四成不等。若过三年，便为出粮之期，则照额完租，以充国赋，谁不谓公平之至，有利而无弊乎？不知弊即由此而生焉。若夫近地人之应募者，三年既得便宜，挨及四年，便尔远遁，再投他处，作垦荒计，仍图减让，此间则弃之如遗矣。然在开垦之初，县中早经呈报立册，既满三年，虽不插青，而漕白不能幸免，赔累之苦，至不能言。若再募人，未必即有，即使果有，仍须让以三年便宜，且安知三年之后不更从而他徙乎？

若温台处一路之客民，或数十人，或数百人，或多至千人。或种山薯，或种禾稻。夫一区之田，约计亩数，必分数百号，自分毫起至一二亩积，至三四五六亩，奇零不等，且管业非一家。故每田一号，必有界岸以分之，所以便稽查，亦以杜侵占也。而此辈则不分彼此，将界岸扒平，致使甲乙两田不能分别，争端之肇即讼累之起也。更可虑者，三五成群，陂邪相习，商旅不敢往来。凡在邻近，鸡犬被其宰杀，竹树任其斩伐，妇女受其辱侮。与之理论，则一味恃强，无从置喙。

诉之当官，亦不过稍予薄惩，以其人众，恐生事端也。夫民既不能与抗，官又未能惩治，窃恐养痈成患，未必不由乎此耳。况其始官为粮银计，民为租米计，岂知承种多年，官则不能征其粮银，民亦无从收其租米，而地方受累，日深一日。前年湖州之长兴，今岁嘉兴之平湖，是其验矣。则由今思之，反不如前，此之听其荒芜，至今反得无事也。要之垦荒之民，无非游惰之辈，虽本土人犹如此，况来自数千里之客民哉。或者谓左侯相恢复新疆，垦田数千顷，但称其善而不闻稍有訾议者,何也? 不知彼处地广人稀,有数百里虚无人烟之墟,垦田之兵不与相接,即有可接之区,其民亦皆强悍,故主客不能相欺,可以至今无事也。嘉湖之民,岂得与新疆比哉? 而况近今州县,非代理三月,即是署事一年,若欲求实授三年,及连至一二任者,十不获一,故皆不肯尽心,以羁縻为尚,止冀目前无事而已。虽明知后来之必有大患,而亦所不计也。近来国家用人,不拘资格,故贤才辈出,争胜从前,则此客民之弊,宜必早有以筹之矣。来稿。

宁苏两属抛荒田亩土著客民垦种相安情形(《申报》1884 年 3 月 16 日《光绪十年二月初十日京报全录》)

大学士两江总督臣左宗棠、头品顶戴江苏巡抚臣卫荣光跪奏:为查明宁苏两属抛荒田亩,土著客民垦种相安情形恭折具陈,仰祈圣鉴事。窃承准军机大臣字寄光绪九年六月初八日奉上谕,翰林院侍读恽彦彬奏江浙垦荒客民与土民仇怨日深,请饬力求清厘之法一折等因,钦此。当经恭录转行钦遵查办。去后兹据各属先后禀复,又经批司汇办在案。兹据江宁布政使梁肇煌、苏州布政使谭钧培会查得江宁府属上元、江宁、溧水、六合等县,自遭粤逆窜陷,被兵十余载,蹂躏殆遍,村落成墟,肃清后一片荒土,农民存者无几,不得不招募客佃开垦。曾于同治八年筹议招垦章程,详奉奏明,遵办历久,均属相安。内溧水县上年冬间虽有楚民强垦荒田,与土民争控,业经讯明,押令回籍。其徐州府属砀山、沛县二县湖淤团地,从前东省灾民携眷来徐领种水涸湖田,按年完租充饷,现已渐成土著,并无强作情事。此外淮阳等属,现在查无外省客民在境垦荒。

至苏松等属,除全熟之华亭、奉贤、上海、宝山、崇明、南汇、川沙、靖江等八厅县田地并无抛荒,长洲、元和、吴县、常熟、昭文、吴江、震泽、太湖、娄县、青浦、太仓、嘉定、金匮、江阴、丹徒等十五州厅县间有荒无田地,均由土著农民陆续开垦,无须借力客佃外,只昆山、新阳、金山、阳湖、无锡、宜兴、荆溪、丹阳、金坛、溧阳、镇洋十一县开垦客民大都江浙及江北人居多,承种有年,久已编入户口细册,专心农务,亦无强作争执之事。

惟常州厅属之武进县,先因楚民初到开垦,其时本地人少耕作,及至楚民渐多,声势渐横,每届收租,类多抗欠。甚有收获后,饱载远飏,遂使业户赔累钱漕,以致土客情尚未孚。现经该处绅士另行妥议禁约章程,禀请参酌核办,以期益臻周妥等情,转详请奏前来。臣等复核无异,除仍饬现有客民垦荒各属随时认真稽查,设遇土客争讼,务须持平定断,毋任忿争滋事外。谨合词恭折具陈,伏乞皇太后皇上圣鉴谨奏。

龙游土客杂处,抚辑匪易(刘秉璋奏片,《申报》1884 年 7 月 27 日)《光绪十年闰五月念五日京报全录》

刘秉璋片。再衢州府龙游县知县缺,现因土客杂处,抚辑匪易,初任人员恐不能得手,应于现任各缺内遴选委署,以昭置重。□查有临海县知县薛宝襄堪以委令调署,所遗临海县知县缺,即以准署龙游县知县高英对调署理。据潘臬两司会详前来,除檄饬遵照外,臣谨会同闽浙总督臣何璟附片陈明,伏乞圣鉴谨奏。

军机大臣奉言,吏部知道,钦此!

昔日之急于招垦,今日之急于和民(候补同知庄淦谨拟条陈抄录,《申报》1884 年 10 月 21 日)

和土客以息纷争也。浙西自匪乱之后,杭湖两府田多荒芜,地方官因赋无所出,招募客民认佃收捐,温台帮人及两湖散勇均如水之赴壑,原意客民资土民之地,土民资客民之力,土客交相为利。乃客民强而土民弱,强即不免于凌弱,土民富而客民贫,富又不免于济贫,遂至劫杀焚掳之风横于乡里。

客民之中又复成帮自护,动辄生事。如前年余杭一案,温台人与河南人械斗,被杀被伤至数十人,若不调处得宜,则人情俞薄,畛域愈分,何足以垂久远而望治平。故昔日之急于招垦,今日之急于和民也。拟请宪台严饬各州县善为抚循,推诚布公,宣讲圣谕,以变其气质,鼓励善良以导其趋回。再使之睦族联姻,自知亲爱。倘有不安本分滋生事端者,立予重办,化土客于无形,则农服田畴,十年生聚,则民有真乐,野无遗利矣。

清查保甲为分别良莠第一良法,现宜先查客籍,次查土著(《申报》1884 年 11 月 3 日《杭省团练》)

三品衔尽先补用道特授杭州府正堂纪录十二次吴,为严查保甲守望相助以卫闾阎事。照得本府所属仁、钱、海、富等县,除省城保甲业经大宪分派委员营弁实力稽查外,各属所辖地力幅员辽阔,或水陆通衢,或港汊纷歧,或岭路崎岖,或山深林密,匪徒最易潜踪伏莽,尤难稽察。兼之外来客民开垦耕作,日积

169

月累愈聚愈众。既良莠之不齐,复喧宾而夺主,更有以垦荒为名实则窝藏匪类,动辄结党成群持械肆掠,以致余杭有拒杀哨弁之案,於潜有土客械斗之事,虽经本府先后禀奉抚宪,札调刘镇军督勇弹压,并由府委员查办解散,第能慑服于一时,未能保卫于日久。现在海氛不靖,诚恐匪徒狡焉思逞,自应预为保护以卫闾阎。况近来各属劫案层见叠出,亟须严查保甲并谕劝绅民人等协力同心,守望相助,以备不虞。

除禀明大宪并饬县遵照外,合亟出示晓谕尔等,务照示谕由县邀集绅耆,各就地方情形妥为劝办。尔等须知清查保甲为分别良莠第一良法,现宜先查客籍,次查土著,客籍之有产业室家并不抗欠钱粮租赋者为良民,即遇有争端,地方官亦必持平保护。其游手好闲专事偷窃,或开场聚赌,或敛钱构讼,或聚众滋事,或结党抢夺,以及河道内外来往渔船,名为捕鱼暗藏盗匪,以上莠民种类虽各不同,而为害地方则一。应由该县会同绅耆分别查明,一律驱逐出境,不准逗留,以清盗源。各乡村镇遇有匪徒窃发,尔等务须各出壮丁,戮力齐心,共捕贼盗,送官究治除。匪徒结队联群持械拒捕,准照律格杀勿论。该绅等为一乡之望,兹因保卫地方查办保甲,自宜任劳任怨,但不得藉端科派,并不得怀挟私仇互相斗狠,滋扰衅端自取愆尤,是为至要。各宜凛遵毋违。特示!

论同治以来钱漕积弊(《申报》1885 年 10 月 1 日)

钱粮为维正之供,取自闾阎,上充天府,虽各省制度不一,轻重攸殊,然较之三代什一之赋,犹觉古人多取,不如今日之仅征几厘也。盖古者中原地面不及后世之广阔,而封建既行,诸侯各征具境内之赋,王畿而外不入天子府库,故什一税之。而春秋以降,王朝侯国犹且不足于用也。

今上则之田,岁收米可得三石,春耖菽麦又得其半,平岁不偿,石二千文则一亩实有八千钱之利,而钱漕不过数百文,小民食毛践土,世受国恩,惟此钱粮,焉有甘犯法令,吝不完缴之心?即有风气犷悍,匪徒包揽,欲与地方官相抗者,究之每省不过数州县。而此数州县中即甚难征收,又不至分厘无著,其余民俗不浇,地方富庶之处,则每届两忙启征之期。条券一出,乡保传知数日之间输将踊跃,虽欲令其全完,而亦不难。且有甫征上忙而带缴下忙者,及至奉销之口剩有零星小户,屡催无缴,则非年谷不均,收成歉薄,力实不逮,即是绝户,荒产有田无人。然一县之中,至多亦仅短征百十两,不足以为病也,何至因民欠而使钱粮大缺哉！

东南诸省，惟三江富饶财赋之多，天下赖之。自粤匪扰乱，而京师奇绌，皆因三江赋税征解不齐，拨济兵饷，筹办团防，不能照例解京故也。肃清之后，流亡渐复，荒芜亦辟，初征才过十之三四，越五年而十有五六，又越十年而十有七八。

自同治初元迄今二十余年矣，揆其大概，亦将符额，即曩时州县清厘户口，漏查图分，无人承业，领照者籍为荒田，其被乱最甚者十竟荒其七八。请于大宪报部立案，创为招垦之法，罗致客民，立限管业。初以为招垦虽可变荒为熟，而客民来去，不定承种之田，多少亦无额，可准暂收每亩捐钱若干，以作地方善后经费，俟办有成效，再行升赋。屈计二十年来，岂尚无成效者。孰知州县籍收捐充用之法，盈绌多寡，自为权衡，竟以克复时暂行试办者，为牢不可破之例。

荒田尽熟，而册报经征钱粮，大半仍列民欠，善后有时，办完捐款，尽入私橐，瘠苦之区，实胜著名肥缺，大吏知之而无如何也。荒产之外，则又以民欠为大宗，夫民欠岂果在居哉。尝闻州县开征，遇有上年未完之户，饬戒丁书下乡传保，严加敲扑，羁押锁禁如待罪囚，必令完缴而后已。新赋既收，带催旧欠，彼业户既非通族，合图联约抗欠，不过贫无所出，或懒惰荒芜，岁收无几，不得已而复欠也。然则此等零星欠户，一旦实受官长之严逼，有不凛然听命典鬻以完者乎？即不然，而宗祠代填，保正垫缴矣。综计三江州县，其实在民欠，不过百户之一，而为数必甚微渺。

昨日京报载有江西抚德中丞覆奏，查明江西通省，短征地丁银数共计五百余十万，其光绪五年以前已经奉恩旨蠲免者，扣除之外，计自六年起至十年实有二百数十万。夫六年至十年仅五年耳，不闻有奇荒大灾，上渎宸廑，如晋豫前年之旱，两粤今岁之潦者，地方富饶土田肥沃米谷之外物产甚多，何至贫至于是，而抗粮不完哉？且曩年胡侍郎家玉与抚使互参征粮积弊，折中所云，似地方官征粮情形，较之苏浙等省尤为周备，而江西之民驯良畏官亦远过他处，由此言之，安得有如许旧欠而一任刁户之拖延不予严追乎？江西藩库起运地丁之数，与浙江不相上下，皆岁运二百余万，今以五年之久而已欠至一年起运之数，然则每岁被民欠者必有二成以外，且原额二百余万历次因水潦淹浸，请旨蠲豁案牍山积,至于近年减而又减,若以之比较成数民欠当在三成上下矣,庸有三江之民而刁抗若是哉?所以然者匪后数年荒田民欠二者均有在后,则多征一分,官吏得一分之饷用,多征一厘官吏有一厘之赢余,上司明知其故,而碍于情面不肯究诘,且积弊已深,不易清查,徒受恶名,毫无实济。

如曩年谭文卿制府抚浙,通饬各属查办荒田,各州县误会其旨,以为中丞之意仅欲征额加多而清查,法苦无所出,盖成熟或荒皆在经书胸中,如何讳熟为荒,如何以荒抵熟,亦惟蠹书能知其细,苟和盘托出贻害无穷。因而钱唐首先开办,将荒田应征之粮,匀摊于熟田,增添花名一业,数户行将照收矣。讵为乡民所告,中丞大怒立将钱唐令参革坐台,而置库书何某于法,一时省中上下无不乱栗变色。其余各属亦因嘉兴有滋事之案,故中丞遂置而不问,德公亲见此事,深知清查之难,不至于殃民必至于祸官。故惟以地方元气未复,民欠太多为解。噫!弊政之不可革也,有如是夫。

论治民间械斗(《申报》1886 年 5 月 25 日)

吾则以为民间本无械斗之意,其所以致此者,皆官有以激之使然,不啻谓官之教民以械斗可也,或见之不胜骇异曰:异哉子之为是言也。夫官则以省事为心,以无事为乐,岂有教人械斗者哉?

余曰,正惟官之以省事为心,以无事为乐,而民之生事也,实甚!何则以省事为心,则凡民间偶有不平之事质之于官,官则但求省事,初不为之细别是非,明辨皂白,仅以模糊了事,于是愤不能泄,以为愦愦者不足与言。不若逞吾私忿之犹足自主,为刘者左袒,为吕者右袒,而汹汹之势成矣。……如嘉湖等处客民侵占土民有加无已,土民控诸官,官则罔不扬客民而抑土民,积而久焉,客民之气愈横,土民之忿愈甚,一旦猝发乃至不可收拾,此其咎不归之官将谁归乎?

论靖盗必先靖客民(《申报》1887 年 5 月 18 日)

中国自发匪扰乱以来,人民离散,一时未能尽复土地荒芜者,多岁之所入不能足额,故不得不广为招徕收集客民相助耕种,下以安游民上以足国课,意亦至美也,法亦至良也,然自招集客民以来,凡有客民之处莫不有械斗之事,土著乡民往往受其凌虐,为地方官者又每以省事为能,茹柔吐刚助强抑弱,以致客民目无法纪,轻则拜会联盟,重则聚众抢劫,不足以裕课,适足以害民,盖虽有良法美意而无守此良法,体此美意之人,则徒善徒法固不足恃也。

如前报所记皖南会匪劫盗等案,云皖省因招客民耕种,渐至宁国一县皆被客民占居,南陵、繁昌等处占籍者亦以客民为多,每有争讼地方官往往助客民而抑土著,不肯细剖曲直,遂至客民愈强土民愈忿,会匪斋匪杂出,其中劫盗之风由此日炽。近来南陵县拿获会匪,解往宁国行至中途竟被劫去三车,且复以狂悖之言投诸府署。呜呼,收集客民欲以足纳赋者也,乃竟以长盗风,是岂昔日招徕之初心乎。

虽此等盗匪未必尽属客民,然未必不由客民之所致,每有讼端,地方官不肯判其曲直,则彼土著之冤,抑何所伸乎?既无所伸则是非不平之心蓄诸其中,众愤炎炎而长,凡铤而走险者非土著之本愿,客民之所迫也。且未招客民以前,土著未闻扰事,既招客民以后,彼处遂成畏途,是劫盗之多安得谓非客民有以启之?闻皖南自西河盗劫之后,宁国府各官现已高悬赏格,派兵缉捕,参戎复统带亲兵百余名亲往南陵、繁昌等处侦探盗穴。跳梁小丑谅不难一鼓歼除,然吾思自古迄今,夫有民心不靖而可云靖盗者。盗匪之多既系客民之所致,则不能抑客民凶横之气,岂能安土著之心?不能安土著之心,岂足以靖匪盗?吾观前报之所载,有陈某者纠聚客民四百余人,在三抄岭某处联会,被土人知觉赴诉于县,某明府初不之信,后以土民欲缴还门牌,始令乡人凑给路费驱之出境。

夫既知其联盟聚会而犹必给以路费始驱出境,则彼客民岂遂有畏于心。查例载凡异姓人但有歃血订盟焚表结拜兄弟者,照谋叛未反律,为首者拟绞监候,为从减一等;若聚众至二十人以上,为首者拟绞立决,为从重发云贵、两广极边烟瘴充军;其无歃血盟誓焚表事情,止序齿结拜弟兄,聚众至四十人以上,为首者拟绞监候;四十人以下二十人以上,为首者杖一百流三千里;不及二十人为首者杖一百枷号两个月,为从各减一等,若年少居首并未依齿序列,即属匪党渠魁。聚众至四十人以上者,首犯拟绞立决,为从发极边烟瘴充军,未及四十人为首拟绞监候,为从杖一百流三千里。其有拒捕持械格斗等情,无论人数之多寡,各按本罪分别首从拟以斩绞。

如为从各犯内审明,实系良民被胁,勉从结拜,并无抗官拒捕等事者,应于为从各本罪上再减一等。仅止畏累出钱未经随同结拜者,照违制律杖一百,有闻拿投首及事未发而自首者,照律例分别减免。倘减免之后复犯结拜,不许再首,均于应拟本罪上酌予加等。其自首免罪,各犯由县造具姓名住址清册,责成保甲族长严行稽查管束,如有再犯,即将保甲族长拟杖一百。至结会树党,阴作记认,鱼肉乡民凌弱暴寡者,不论人数多寡,将为首者照凶恶棍徒例,发极边足四千里充军,为从者减一等,被诱入伙者杖一百枷号两个月。乡保地方明知不首或借端诬控者分别照例治罪,该管文武各官失于觉察,及捕获之后有心开脱,均照例参处。定例何等森严,而乃予驱逐,何其馁软?虽四百余人未可遽加以罪,然亦当拘其为首之头目数人照例惩办,乃深恐肇事凑给川资,是官先存退避之心,盗风何由而靖乎。夫一星之火可以燎原,吾愿富轴诸公,毋养痈毋激变,严搜隐退散,消患于无形,庶几足国安民之美意,不致成后日之祸胎耳!

按察使观风试:客难处何以使其相安论(《申报》1887 年 7 月 9 日)

萧杞山廉访以振兴文教为己任,原定初十日观风试士,已登前报,初九日下午廉访将题目封送府学,即日府学将题目发帖明伦堂上,俾应试者亲自往看,限十二日戌刻以前各将试卷送学以便交缴,过期不收。试卷系由士子自备,士子以外间均传廉访给奖甚丰,以故献随珠怀卞璞者无不踊跃,甚有做两三题者,有做夹卷者,闻此次缴卷,竟有一千余卷,不可谓不多矣。题目内有:土客难处何以使其相安论。

吴兴三大害说:一为客民(《申报》1887 年 8 月 2 日)

晋周处尝问乡里父老曰,今时和岁丰而人不乐何耶。父老叹曰,三害不除,何乐之有。处曰,何谓也?曰,南山白额虎、长桥蛟、并子为三矣。曰,止若此,吾能除之。乃射虎杀蛟折节受学,三害并去。今岁湖蚕大熟,播种之禾芃芃滋茂,可谓时和岁丰矣。而吴兴之人滋不乐者,亦由三害不除也。何谓三害。曰,一为客民,一为赌博,一为佐杂汛弁之擅受诈赃。

客民之害何也?占人熟田,夺人农器,掘人坟树,互斗则动成人命,行劫则莫得主名,孤僻之村妇女或辱,殷实之户朝暮不安。始犹垦种山乡土著稀少之地,近且遍及水乡,无村无里而无客民之草棚。平时土著之受害者积为仇怨,一旦有水旱之灾兵争之事,彼客民乱心久蓄,事势可乘,小则为劫掠,大则为逆谋,岂不在意计中哉。

且吾湖地势毗连徽宁杭严之间,皆为客民之聚,处山岭丛,复道路四通,寇盗一起尤足深虑。愚尝建议欲仿明季郧阳巡抚之制,于此数府增设巡道带兵弹压,豫折乱萌,可以渐清理荒田,稽查客匪,施教养之政,成百世之功,惟事体重大未必施行。其次则莫若责成府县,用林文忠不问汉回,但问良莠之说。不问土客,但问良莠,清其版籍,平其争讼,勿使客耕而责土粮,勿任彼强而欺此弱,有盗必破案,有杀必追抵,有棍必递解,公正廉明,风行雷厉,亦可大止其害。然得此府县难,府县而力行此说尤非易也。

方今大吏有如周孝侯者,出清客民禁赌博,明定佐杂汛弁不准擅受之制,三害并去,又以时和岁丰,乐哉,乐哉!吾湖之民则可鼓腹而游,击壤而歌矣。敢为此说以献。

整顿保甲(《申报》1887 年 8 月 27 日)

浙臬萧杞山廉访于保甲一事最为认真,所议简明章程八条,人皆谓其一一可行,有利无弊。其牌册纸张笔墨等费用,悉责成州县捐廉自备,不派取民间分文,并令其勤于下乡稽查,尤为切中窾窍,俟办理数月后即亲诣各县抽查一切,想地方官断不至有名无实也。设使各省办理而亦如此实事求是,岂非天下之幸哉,兹将其保甲章程告示迻录于左:

钦命二品顶戴浙江等处提刑按察使司按察使萧,为出示申严保甲,以清奸宄而庇善良事。照得户版,綦详王政,守望相助,民生各为其身家。浙省为声名文物之邦,风气利来驯谨,兵燹之后丑类相乘,加以幅员既长,五方杂处,城乡远近良莠不齐,一切重大案情层见叠出,曾经抚宪面谕认真办理保甲,不得仅以编列门俾,造册呈报,然轸念民隐,三令五申,意良挚也。

杭嘉湖衢严等属,客民昔曾应募前来开垦,近与土人各有意见,积不兼容。又有台温之土匪潜滋无恶不作,滨海之枭匪四出结党横行,凡此数端均足为闾阎之害。推原其故总由保甲废弛,各牧令惜力惜费,从未能下乡亲查,各绅董避怨避劳,更不肯彻底盘诘,因循苟且贻惠养痈。本司惓念吾民实有难安之隐,现在将保甲应办事件查照向章,酌量变通,另拟数条开列于后。如别有因地制宜之处,应由各牧令与各绅董详细妥商,禀明办理,然总不得仍前疲玩,徒以编牌造册了事。所有牌册纸张笔墨等费用,均有各州县捐廉自备,不派取民间分文,并不假手胥役。州县官平时下乡抽查,轻舆减从,更无须百姓供应。

175

尔等既毫无滋扰，又克自保，全当未有不乐于从事者也。除札饬各府厅州县切实承办外，为此通谕军民人等知悉。尔等欲安生业宜，大众一心，公举正直明理之人推为董事、甲长、牌长查照，以后所开各节实力奉行，洵于尔等身家有无穷之利。俟办理数月后，本司拟轻骑下乡，详加察看，藉以验州县之勤惰，即尔等之能否实事求是，亦不难廉。得真情臻康乐而庆安平，本司实有厚望焉。其各遵照毋违，特示，计开保甲章程八条：

一、土客宜善为管束也。各州县土客杂处多不相安，细推其所以然，良由各自为党以强凌弱以众欺寡，平时无相友相助之谊，故往往因争起衅。自后由各州县切实清查，于保甲章程内另举客民之公正晓事者充当董事、甲长、牌长，责成自为约束，并会同土民之董事等协力稽察，随时将客户造册呈官。其有家室同来者编为一册，无家室同来者另为一册，以便分别清查。至若初自外来毫无执业，或在该处充雇工者，必须有人认保，无保之人概不准停留境内，倘仍有强占强抢及窃逃等事，赶紧禀官惩治，毋稍徇庇，否则即惟该董事甲长牌长是问。

一、游勇宜随时驱逐也。各省游勇任意往来，每勾结地方痞徒为非作歹，或昼伏夜出抢劫横行，或拜会联盟阴谋不轨，大为民生之患。各城乡村镇查出随即驱逐，断不可任其停留，如有窝藏之家送官严惩，亦不准挟嫌诬报。又闻杭嘉湖一带曾有捏称难民者流，数百成群集至乡间勒索钱米，每坊或数十石数十千文不等，甚攫取对象或掳人拷打勒索，其中必系游勇等潜入凑合，是以平时稽查务当格外认真，嗣后若再有此种捏称难民之人，即飞速报官派员弹压拿办，如枭匪滋事亦可照办。

（以下省略）

劝谕土客示（《申报》1887 年 8 月 28 日）

钦命二品顶戴浙江等处提刑按察使萧，为出示晓谕土客人等各安生业毋相侵夺以于重咎事。照得浙省自兵燹以来各处招募客户垦荒，而杭嘉湖衢严一带为尤众，有自温台等处，亦有至自邻近外省者，日积月久，近悦远来，休养生息之机图，已人人受惠矣。

乃近闻土客积不兼容，地方转益多事，其土民多而客民少者，客民所垦之荒地禾熟时，或为土人割去，则土强客弱而客民不能安。其客民多而土民少者,土民有主之业产,客民或以为闲田占据耕种,甚至明抢暗夺勒索讹诈,则客强土弱而土民不能安。又或口角微嫌两不相下,因争起衅酿成斗殴巨案。似此互相猜忌视若敌仇,不特尔等各有损伤,即国典亦难为左袒。夫以客民抛弃乡井襁负而至原所无所依归,与野泽嗷嗷者无异,土民固当从而怜之,诸事格外体恤,不应欺其孤身,肥己瘠人。

而客民既隶此间,生子生孙,自后即为土著,尤宜各循本分亲近土民,年长者尊若父兄,年幼者视同子侄,何得喧宾夺主,持众逞强。更何得以开垦为名盘踞乡村为非作歹,或抢夺土民财物,或掳捉土民人口,竟至自外生成,是其名为客民实则匪类。现在整顿保甲去莠安良,岂容此种刁悍之徒混迹难处。除札饬各府厅州县随时查拿惩办外,为此特谕土民客民等一体知悉。尔等同游化宇,咸具天良,既共里居宜敦辑睦,从此各安生业,毋得仍蹈前非,即使彼此问有欺凌,本司一秉大公论曲直,不论土客尔等均宜禀官究治,万不可自行寻衅激放事端,致无辜转罹法网。

尔土民服教日久,固应通晓大义,捐除畛域之心。尔客民籍贯虽殊,亦不乏正直明理之人堪承培植。此次保甲章程内既于土民中遴派公正董事等实力稽查,复于客民中选择公正董事等自为管束,其所以为尔等计者至矣。尔等践土食毛,同是朝廷赤子,所望此后互相亲爱无诈无虞,以仰副本司拳拳教诲成全之至意。倘再肆行无忌,一经查出实在劣迹,即当从严治罪以儆凶顽。本司执法如山,除恶务尽,甚勿视为具文也。其各懔遵毋违。特示。

书浙江萧廉访保甲章程后(《申报》1887 年 9 月 11 日)

论治道于今日,非抚字之为难,而用刑为难,非安良之为难,而除暴为难。横览天下安分自守者日以少,作奸犯科而妄义非分者日以多。虽素称安静之区亦时有伏莽潜藏之事。即如浙江一省,论其民情之剽悍,风土之刚强则不若八闽,论其贾客之多商务之盛,则不若江南,而聚党抢劫恃众斗殴之事,实亦足为东南诸省首屈一指,温、台等处则海盗土匪横行无忌,嘉、湖、衢、严等处则客民土著蛮触时争,与江苏交界之处私枭又时时扰事。夫地犹是地也,民犹是民也,今日何为而匪类独多乎,盖亦以治之者不得其道,非尽民风之浇漓也。古者亲民之官莫如守令,古之守令今日知县,所谓知县者令其知一县之事也。而试问今之所谓知县者,其所知何事乎,除催科之外皆不足以劳其心,曰惟与幕客亲朋樗蒱作戏，棋局消闲。有相讼者积案经年不为结，甚且以桎梏静其嚣嚣。

苏子言，民有欲诉其冤，如诉之于天，有不得已而谒其所欲，如谒之于鬼神，是即今日官与民之谓矣。夫名为亲民之官而相隔如天如鬼神，民之孰贤孰愚，无自而知，民之孰良孰莠，亦无自而知，则匪类安得不多，地方何由而治乎？是不能知民即不足以办民，不能办民即不足以除暴，不能除暴即不得谓善治矣。然官而欲辨民之贤愚良莠，岂能人人而讯之，家家而问之乎，则非保甲之法不可。

浙省萧廉访自下车伊始即以除暴安良为事，风行雷厉，令出维行，诸匪类固已闻之胆破矣。而廉访尤属意于保甲一事，盖知非保甲不足以辨民之良莠，除匪之根株，故必力为整顿。昨读章程八条见所列，俱为尽善，而先清温、台之盗源，管束嘉、湖等处之土客二条尤切浙省之要。

衢、严、杭、嘉、湖等处土客杂处多不相安，各自为党杀戮相寻，以强凌弱以众暴寡，虽相距咫尺亦皆视若仇敌，毫无相友相助之谊，而土民多弱客民多强，故起衅之故往往出于客民。然客民之所以为祸首者，非客民之果强也。土著者安家业恋乡井，耕织之余惟求无事，而客民则本系无业游民，固已立于不败之地，应垦荒之命偶集于此，邀结党羽，原以备人之我欺。既而遇畏葸退懦之官长，凡有争端悉以含糊了事，于是遂肆然自大，胆日壮心日狠，视土著不啻砧上之肉，釜中之鱼，降至今日为害愈甚。官宪即欲力为挽回，而办不胜办杀难尽杀，将若之何哉。乃廉访即以其人之道还治其人之身，整顿保甲而另举客民中之公正晓事者充当董长甲长牌长，责成自为约束，并会同土民之董事等协力稽察，随时将客户造册呈官，其有家室同来者编为一册，无家室同来者另为一册，若有初自外来者，苟无保认之人皆不准羁留境内，若再有前项强抢等事，惟该董是问。夫客民之恣横者，谅亦其冥顽不灵者耳，若公正办事之人，自不难和衷共济，消土客之畛域于无形，是一举而消浙省数十年土客之祸，不亦一大快事乎。

若温台之盗风则尤属难靖，吾闻该两属之盗，悉以海洋为巢穴，官兵围急则窜入海洋，戒备稍弛则潜回内地，固出没无定者也。然海面岂能久居，即有孤屿绝鸟为寄足之地，而粮食亦必将不济，其所以能抗拒官兵者，特恃内地奸细之接济耳。是欲清该处盗源,非先清该处土根不可,而土根随在皆有,一时欲尽除之,固又非使之自治不可矣。

廉访乃令各州县,将各城乡之聚族而居者,查明该处共有若干姓,每姓遴选正派大小族长数人,令其以合族编入保甲自为管束。如族内有人为匪,轻则处以家法,重则送官究办,倘扶同徇隐,别经发觉即惟族长是问。是该处凡有为匪者必合族通同而后可否,则不膺官法且膺家法,夫果孰则敢弃家逃族而犯王章乎?则该处之盗风亦将清矣。夫此二者,非切浙省之要者耶。

然章程中慎选董事之一条尤为凡办保甲者之要。夫保甲之说由来旧矣,本朝行保甲之法亦已久矣,各省未尝无保甲局、保甲委员等名目,而有名无实视同告朔之饩羊,是岂其立法之初皆未尽善乎?盖亦奉行不实耳。是知有其法者尤贵有其人。吾于浙省之保甲既乐观其今之章程,吾且更观其后之用人何如。

土客杂处何以使其相安论(《申报》1887 年 9 月 15 日)

诗曰:普天之下,莫非王土,率土之滨,莫非王臣。方今统壹寰区,八荒吞并,凡食毛践土,无非赤子苍生,固无土客之分,亦无畛域之别也。乃土著之视客民也,如鱼肉,客民之视土著也,若寇雠。其故由于客民始来,土著视为异类,或以缙绅之势,而欺侮客民者有之,或以衣冠之尊而藐视客民者有之。甚涉讼公庭,官长或徇豪绅巨室之私,或受劣监刁生之请,而祖土抑客者亦有之。

客民无所控告,冤屈难伸,郁郁不平久之遂成积忿,以致不能相安,虽有司设法整饬,务令土著不得欺凌客氏,客民不得雠视土著,三令五申宜若可以相安矣,而卒不能相安无事者,何也?以畛域太分也。

昔晋武之时,五胡杂处,中原如单于也,羌也,羯也,氐也,鲜卑也,君其君,民其民,天下分裂不安者至数百年,厥后五胡并吞相率归于中原,则匪惟胡越一家,抑且羌氐一类而其人情风土渐亦无甚异同,人既莫能辨其名,己亦不能别具类,而前此之仇衅今且尽成婚姻矣。

脱令五胡者,仍如向之君,其君民其民而不各泯畛域之见,则虽历数千百年,仍不免彼此乃祗族类显分也,然则畛域之不可稍分,不一大彰明较著也哉。

而或且非之曰:土客之积不相能固,已势不两立矣。欲使之彼此相安,则遣客民回籍,在客民既有归田之乐,在土著永无滋扰之虞。是说也,为土著计则得之,为客民计则失之。

盖客民方其未来也,而招之使来及其既来也又挥之使去,此其心必不能俯首帖然,况客民非尽无良,土著庸有败类,仅观一面未为持平之道也。然则将何以处之。《书》曰:无偏无党,王道荡荡。又曰:惟精惟一,允执厥中。土客离曰不同,其为人民则一。而秉之善又尽人皆同,华洋且合一家,土客讵难两化。有司诚于土客交涉之端,视同一体,至公至正无枉无私绝无丝毫之偏,尽化畛域之见,准情理定是非,并不分土民、客民,但分孰曲孰直,曲在土著,惩土著以警之,曲在客民,惩客民以警之。曲直已分良莠,自辨良莠,既辨则去其莠,以安其良,凡庶民胥归良,犹无杂品类已,齐天下将无不化之顽民,人心自无不泯之嫌怨矣。

而又令客民隆学校,以明礼让,与土著婚嫁以笃姻,则因亲以及说,因友以及友,无不肖悉从而化之,将见不数年间潜移默运,道一风同。土著既不能辨其为客民,客民亦不能别其为土著,两相翕洽,水乳交融,皞皞熙熙,自然相安于无事矣。

六月十三贵报载雪水老渔吴兴三大害说,阅之钦服无已。所言第一大害为客民;第一大害为赌博,第三大害为佐杂汛弁,其二三两大害事非目击不敢臆□,惟客民之害,仆昔奉差嘉朝各郡已知之,思论说而未果也。昨萧杞山廉访观风适以此命题,又论之,其中不分土言,但分良莠之语,与雪水老渔针芥契合。惟雪水老渔仍不免偏袒客民,岂吴兴客民近多败类与? 若仆论则合省土客而言,凡善善恶恶暨徇情袒庇者并论及之,兹谨呈台览……徐瑞清附识。

钱能训奏查"客荒"(嘉兴、湖州两府太平天国战后隐匿不报的垦熟田地)(《江南道监察御史钱奏为浙省漕弊日深吏治日坏请旨饬查折》,《申报》1905 年 1 月 8 日)

额征之外,有所谓客荒也。浙西州县各约十余万亩不等,以嘉兴为多。原定章程除给籽种外,酌收盈余不入正供,尽数拨作地方善后经费。十余年来,悉数垦复。亩收之数,实已不赀。而历任皆隐蚀不报,名为拨作地方善后经费,而地方不得分毫之益,其利皆入私橐。故嘉湖有客荒,州县名为美缺,调剂频仍，皆督抚私人恣睢，于利民事益不暇究矣。……方今筹款为难，倘能查明实数，酌提若干，作为新政要需，有益于国，无损于民，于财政不无小补。江苏抚臣端方办事认真，且江苏漕务与浙西情形大致相同，可否请旨饬下江苏巡抚端方查办之处，恭候圣裁。

端方奏报客荒事（《署两江总督端奏查明浙江嘉湖两府漕务积弊情形折》，《东方杂志》1905 年第 2 卷第 2 期）

客荒一条，调查嘉兴、秀水两县卷宗，客垦荒田纳租较轻，比正粮每亩减收一百数十文，其余嘉湖所属各县大略相同。嘉兴客荒征簿共载四万五千二百四十余亩，内有主之田二万三千六百七十余亩，早经归入大粮报解。无主者二万一千五百七十余亩，向俱征存不解。

上年查提中饱，该署县瞿倬禀将前项无主客垦一律改归大粮报解。秀水客荒征簿共载五万四千二百十三亩零，内有主之田一万六千六百三十余亩，已归大粮报解，无主者二万七千五百八十二亩零，征存不解留抵。应行支解各款嘉兴原定额田八十七万一千六百亩有零，截至光绪廿九年分止，仅报成熟田七十五万四千亩零。秀水原定额田六十四万四千六百九十亩零，截至本年止，仅报成熟田五十二万四千四百六十亩零，比较原额荒田，均在十万亩以外。其余嘉湖所属各县，亦各有荒田十余万亩及二三十万亩不等，而湖州之长兴一县，竟有荒田六十余万亩之多，安吉一县亦有五十万亩，为数最巨，骇人听闻。兵燹之后，生聚垂四十年，未经垦复之地尚复如此其多，则客垦之亩数必溢于所报之亩，可不问而知。

同治初年浙省曾设清赋局清赋，而未清丈，吏胥之窟穴其中者，遂皆因缘为奸，虽地方官亦无从洞悉。近年藩司查挤荒田，各县往往虚报新垦，名曰透报，迨新垦起征，又复列入豁缓，搪塞牵混，大半有名无实，此查明客荒之实在情形也。……至于客荒一条，则积弊相沿，已非一日。其中舛误纠结一时难以清理。奴才揆思其故，盖缘嘉湖两属蚕利素饶，土著之民不暇用力耕作，以致全境田亩多由客垦，实与他省漕务情形不同。官既乐其以熟作荒，便于影射，民亦乐其以租易粮，稍得便宜。客民冬去春来，租皆一次完纳，官吏无催科之苦，而有沾足之心，年复一年，久已积重难返。此时即有清刚之吏，欲加清查，亦恐无从着手。惟是清丈虽不易行，而改租归粮自是一定办法。似应酌设清查客垦局,专查两府客垦荒熟地亩,坐落区处,及每年足缴客租细数,以为分期改归大粮报解地步。但求客租之着落,不问新垦之有无。或亦变通核实之一法。倘能办有头续,则嘉湖两属荒田不下三四百万亩,除去荒歉实数,粮赋所增,何虑不得大宗巨款。

三、土著与客民关系

(一)营勇与土著

杭州赤山埠白昼抢劫(《申报》1878 年 7 月 20 日《白昼抢劫》)

杭之西湖有南北山两路,自出凤山门稍折而西为南山路,有地名赤山埠者,去城约七八里许,其中居民大概操舟管坟者居多。

前月念四日约十二点钟时,忽见有营兵念余人结伴而来,或负枪炮或挺戈矛间,有挟白刃而持赤棒者,军器皆极鲜明,大半皆衣号褂。其时正值午后,乡人皆疑为过路者,不料行至某家门首一齐蜂拥直入,枪炮连开刀刃乱击,肆行抢掠,室为一空,被劫之家人尽逃散,附近邻居各执铜锣分击,远处村民亦闻声相应,凡居在数里外者无不争先奔集。

时群盗搜罗殆尽,方将挈赃逃遁,忽闻人声如潮,四面围集,遂尽弃赃逃命,心胆欲裂。众乡人从四路巡缉,且于净慈寺前要道严为据守,将一茶店中桌椅等件堆塞路口。适有一盗无路可奔逃入净慈寺藏避,众追至寺中关门搜获,即以巨链锁其手足,身畔搜有手枪两支,洋刀两把,约长二尺,刃薄于纸锋利无比,且遗有号衣一件,上有楚军字样。或谓系裁撤之勇,沿途以劫掠为生,或谓即馒头山凤凰山一路驻扎者,故于南山路十分熟悉,要之省垣重地文武毕集,而白日之间敢于成群打劫,尚复成何世界?虽闻该盗早经捞官,如何究办竟无从得其消息,是岂温室之树外人所不敢言乎?噫,异矣!然自本月初旬以来各城门关闭甚早,虽日未衔山而抱关者早已禁夜,即最迟之武林凤山两门亦皆一律早闭,行人无不惊异,故初七八以来民间颇有谣言云。

论杭州赤山埠白昼行劫事(《申报》1878 年 7 月 22 日)

本报于端节前后,曾述杭州南山方家峪左近有抢劫人家之事案,至今未闻破获，盖此等事主，既无百十家毗连而居，又系操舟管坟者流，势孤而力薄，被抢亦不甚值钱，但不伤及致命，则粗疏什具置办非难。因亦不须懊恨久且忘之，不复催促官府务获案犯，而官府亦遂以为小事而听之。不谓前月二十四日赤山埠又有抢案，且以白昼来，何盗犯若是其多，而捕务若是其弛耶。方家峪者，在净慈寺大路之横道间，由长桥之块望莲花峰慈云岭而入，而赤山埠则过净慈寺门前小有天园故址，向水滨沿行不过数百步，宛然村落也。然地当孔道，城内外往来者自朝至夕不绝，较方家峪左近之茅屋两三间零落不成村者，似非僻静矣。

其间居人不离操舟管坟二业，中有一家约略五六年前承造某大绅家墓庐，工竣之后忽成素封家矣，板屋一椽顿改高楼，黝垩涂茨，垣墉完固，于是娶妇生子衣饰焕然，乡人气象亦谓改观，城中绅富乐与交游。因是如前之工，又承办数次，家员又有所增，少妇临水漉园疏揎，袖露肘粲粲者黄物也，顾居家勤俭不异曩年，兹之事主未识即此家否？其余居邻大半与方家峪等所有者，方家峪尚以夜间而赤山埠则公然卜昼，盗众虽凶，宁不畏死耶，携带枪炮谓以拒捕也，而身畔之号衣胡为匿之乎，殆有所恃欤？抑实非楚军中人？窃得此衣，将于逃奔之时，故遗道路，间以图嫁祸于楚军，而真盗无虑逃获耶。

夫省垣车地也，白昼闹境也，离城七里南山之要道聚处十数家，近连净慈寺一小市集。而且路旁皆湖田耘草，葺水正在，尔时农人亦当聚集，而谓此时此地可以行劫，虽绿林皆亡命之徒，而事势决裂可一而不可再，亦宜熟筹于心，乃竟妄动，若此实非恒情可测矣。况乎楚军中人为克复城池之后留，以常驻藉资保卫者也。该勇丁久经行阵，岂不知机关，而于此时此地行之，吾知其必有所大可恃者而后云然也。事至今日已及两旬，余所搜号衣显有证据，官衙讯鞠殊易得其端倪，若竟为楚军中人，则欲余党全获亦非大难，何以送官之后绝无影响耶。据此以言，则其为楚军无疑矣，城门之严不过愚人耳目耳，何也？去年长兴一案纵正凶而殃及路人，模糊定案两首已。殊幸此路人有大脚力而事主家又复遇见所纵之正凶，于是案复翻异，而大吏犹迟疑不决，至于互相推诿，无敢听此狱者，然则楚军之声势犹可当耶，统带之纵容勇丁犹可问耶，营务处之庇护同营犹可言耶，苟德力平常，无论上台有司皆无敢如何，一任其猖狂横肆为害于民间矣。

184

余窃推原其故而知之，省城初夏之时，抚藩臬皆统大军而来，厥后左相升去，马中丞抚浙，以湘军隶蒋方伯部下，楚军隶杨廉访部下。迨蒋公升去，湘军半随入粤，余则并于楚军，而设营务处以统之，自是杨公浚任巡抚，以之分防省中要隘，而湘军全遣，独留楚军矣。

营务处统带各员以中丞旧日声威不敢擅专，且约束严明恩威并用，是以勇丁无滋事者。今则杨公被议去，省中大吏无楚人，惟营务处统带之员犹以勇丁亲习之故，概用楚人。其间袒护乡里，遇事纵容在所不免，盖勇丁皆蠢人，彼见大吏无一楚产，必自疑其势孤。因而心存忧惧，偶有所犯，统带恕之，营务处值之，彼乃稍安。既不疑惧则渐藐视大吏。且喜其无所约束，虽有过犯亦不加罪，于是其志愈肆，其胆愈粗，几于无不可为矣。否则有此骇人敢白昼行劫，自立于必败之地哉。

近日杭州邮来消息，此案尚无确信，不知如何办理。然余谓果系楚军，则楚军固宜及早处置，即非楚军而楚军亦须加意防维。君子思患预防，此其急务也。查馒头山凤凰山为通城隘口，驻军于此地势宜然，而苟此山之军可以自画为盗，甚可惧也。

况从前遣撤勇丁留滞城乡，现以割茅柴为生活者，正不乏人，加以温台之贫民无田可耕者，亦混迹于南北山中担柴觅食，事诚未可知也。愿杭州大吏俯采刍言，勿以为狂瞽之谈而置勿卒视也。浙民幸甚。

论杭州盗案（《申报》1878 年 7 月 26 日）

前日因赤山埠白昼抢劫一案，曾著为论，中言省城现未裁撤之楚军驻营于馒头山凤凰山，熟悉南山路径，又有已撤勇丁流落杭州，割柴为活，亦大半于南山一带。而所截获之一犯身畔适有楚军号衣，是以不能无疑，因即推求其故，望浙省大吏熟思审处，弭患无形，此不过就赤山埠一案情形为之。详细揣度，非敢谓楚军中人竟至为匪，且统带官营务处各员平时约束部伍申明纪律，亦未必纵容庇护，仅徇乡情而酿大患也。在省中大吏于此等处自有权衡，无烦旁观过虑，乃不谓赤山埠一案未及一月，而天下事又有不相谋而合者。

昨接杭友信来，言海潮寺又于本月初七夜突遭盗劫，本馆照其所述情节备录于报，因详细其事迹反复推求，不禁又增忧虑焉。夫赤山埠出清波门至净慈寺，过寺门又凡半里路而后到约有七里之远，而海潮寺则出望江门止隔一条半街,即琳官梵宇,气象巍峨,盖尚不满三里也。其地离江口尚远,未至沙地,坌街系聚市之所,两面屋舍层密,虽无大字号店,而酒饭茶铺鱼菜行家则皆其门如市,其生意与城中大街仿佛,较之南山路上更难下手,不过一则清昼一则昏夜,略有闹静之分。然天当炎热,民居窄小,开户乘凉者深更尚有,必不至十分寂静,乃亦明火持械而来,肆意搜索至有更许时始去,然则盗之胆可不谓大乎?

且赤山埠一案已获到真犯一名,势必根究党伙严密缉拿,即令盗自远来,里巷喧传,知一月之内才有此案,亦且不敢轻举妄动,此亦宵小之常情也。胡盗竟绝不顾虑耶。

曩年清河坊庆福绸庄被劫,旬日之内获盗过半,讯实斩枭,自此城中闹市无劫掠之案。近省城三百里内亦不闻以盗来报,盖盗亦窥伺人隙,乘懈而来,彼见官吏方以劫案关怀,保甲关津,必有几时严肃,自将暂敛其迹,待时而动,未有一案甫出而一案又起者,有或不在一城,或同在一时。而今则半月之间,在城西角七里,又即在城东南三里,岂当赤山埠犯案之后,省中竟不以缉盗为事,盗众闻之而不知畏耶。据此处之人谓盗众咸望江干而去,望江门外迤而南行,越候潮门至正阳门大街,十里皆谓之江干,此门之堵堞倚山蜿蜒,山脉相连直至闸口六河塔,上接富春,而馒头凤凰两山皆在焉。山既有营,盗岂不知?不奔向无营之处而反望楚军营盘而来,独不虑堵截兜擒乎?是亦奇矣!前赤山埠之盗劫后散逃皆望南山奔窜,以致一盗入净慈寺门因而被获,夫过净慈寺渐见城墙,从旁有大路上崔义烈坟至敷文书院、地藏殿,再沿山向外而行,此何地乎?望江门南向至江干,又何地乎?何以两案之盗皆别无路径可投,而必须过净慈寺门前与争向江干耶?此其故不言可喻矣。

昨日传闻德清之新市镇,又有盗案,地方官认赔事主以窃案闻于省。厥后省中风传实系盗案且刃伤事主,于是派员暗访得实,将地方官撤任勒缉,闻系德清令与新市巡司汛弁三人也。据此言之,省中大吏于盗案其属认真。然外县被盗责成地方官,若省城被盗,恐仅责成一府两县而不得也。况案涉驻省营勇左证显然,疑窦百出,诚非府县之德力,所能当此罪过者,正不知责成于何人耳?余又有疑焉。

湖属数邑,山乡界连皖省,要隘正有多处。曩年遣撤勇丁留守镇守者,湖属数营,台属亦数营,余即馒头凤凰山矣。上年田兴之案即留守湖属营中之人，今湖郡多盗其案情，固又在疑似之间，岂特省城劫案乎哉？余所以愿诸大吏加意防维也。

除暴安良（《申报》1878年8月26日）

杭垣劫掠之风，自江干阔石板地方一案为始，继即有西湖方家峪一案及赤山埠相近之鸡笼山一案，隔不半月而江干玉皇山地方之潮音寺，即俗所称天崇寺者被劫焉，又数日而西湖之法相地方又被劫焉，是南山一带为群匪出入之便途矣。

然自法相以后今约两月，不惟盗风匿迹，而城外各乡村颇觉安荣，岂真群盗之革面而洗心哉。夫亦在上之雷厉风行有以慑其胆耳。泚笔记之，不禁额手庆之。按楚军驻扎之营七八年来，从无入山滋事，不料今年自三四月至今，屡有入山砍伐竹木等事，恃强逞暴，滋扰乡愚在所不免。九月下旬忽又有楚军数十名自法相大路而来，各负斧斤遍向近山削竹伐木，搅乱不堪。时夏果正熟满树青红，该勇等正患炎热，遂藉以为解渴之需，硕果仅存而顽劣者复攀折其枝条，锄掘其根本。乡之人既惜且怒，争向理说，曰我等竹林果园皆须完粮纳税，八口之家无不仰食于此，今一旦绝其命根，生机尽斩，物犹如此，人何以堪耶。

该勇等怒目直视曰，吾等奉令采办竹木，为军中添备器械之用，倘敢多言禁止，惹我等一时性起，恐尔等形同鸡肋，不足以饱我老拳也。于是众乡民气忿难平，齐声喧嚷曰，尔等驻扎此间原为保卫百姓起见，即请汝官长亲来，亦安有如此目无法纪乎。

该勇等闻言愈怒，遂将手中军械横挥乱击众，乡民亦哄然迎敌，一时人声嘈杂。变起仓皇而其中之逞势劫夺，随手掳掠者无可指认，时械伤乡人杨章坤一名，王贤令一名，均负痛倒地。众见势已不敌，纷纷逃回村中，齐声高叫白昼打抢，且四路鸣锣，于是远近奔集，追获周云及一名身有楚军号衣，衣中搜得洋枪一枝，洋枪头一个，遂将其人并枪一齐押解到营，立请究办。

不料营中统领于数日前奉宪差，至嘉湖一带派视操演未回，而所留管营之百长、哨长等官未敢擅自做主，乡民知其无能，哄然散出，复将该勇攞至钱塘县署，叩求邑尊审办。一时人众口多声如潮涌，邑尊恐致他变，命将该勇严刑销押，即谕众乡民各退，定罪后自必分晓也。讵知一连数日并不提审，推其意以为兵丁犯事责归统领,且营中自有营规军令,不能以枷打处之。况文武各有责司,安得越俎代侵,官而争其先路,故须待统领回省再议也。

乃乡民待至十余日之久未见动静,于是毁言蜂起,有骂营官之祖护同乡者,有怨营官之纵容为盗者,且有极口谤毁而切齿痛诋者,人言籍籍,众口一词,而无不以盗党目楚军矣。乃数日后统领回省得知此事,且闻及民间蜚语,恨不立枭其首以谢乡民,遂即移文至县将该犯提回严刑拷打,又将其同党指名拿获,立时禀于中丞请以军法从事,以为杀一警百之计。

一时幕僚公议以此事本属械斗殴伤,不过犯在兵丁,罪加一等,若必以盗案办之,则失主既无其人,赃证更无其物,莫须有三字何以严军心乎,即欲严整军规,则加倍治罪可矣。统领唯唯而归,即将该勇及余类数人各责以头号军棍百余,皮肉几欲飞舞,更以两小箭各责其双耳,箭上用尖角小黄旅书其罪名姓氏,风吹旗动痛不可忍,另派兵丁十数人互相牵曳,至净慈法相一路鸣锣传谕。其负伤之张王两民伤痕虽愈,且给以调理等费,于是观者如市欢声若雷,前之詈为祖护者,今则颂其公明矣,前之怨其容纵者,今则仰其严属矣,前之毁谤而痛骂者,今则称颂而感戴矣。至该勇等自插耳游湖示众数日之后,统领尽将其册名革,除递解回籍,面谕以本应请令枭道,姑念同乡为开生路云云。且禀明中丞将营兵哨长百长管队等弁,尽因约束不严分别治罪,有斥革除名者。又请中丞颁发宪示,严札文武员弁搜捕党类,务使绝迹,为一劳永逸之计。一时各营中咸不寒而栗,数日以后见涌金门一带尽有中丞宪示,遍贴通衢示中,大略与上所言相合,其后又云所获凶犯已仰该统领重办递解,不容驻足,外恐尚有漏网余匪匿迹城厢,为仰军民人等知悉,倘有不法兵勇严事殴打,许即捆拿送县禀报,立请军法等因。

此示一出,即真有奉令入山砍伐竹木者,亦无不敛气息声,不敢妄行一步矣。

营勇滋扰,盗案迭出(《申报》1878 年 12 月 16 日,《光绪四年十一月初四日京报全录》)

浙江巡抚臣梅启照跪奏:为钦奉谕旨,谨将遵查办理情形恭折覆陈,仰祈圣鉴事。窃臣承准军机大臣字寄光绪四年八月初九日上谕,有人奏营勇滋扰盗案迭出请饬查办一折等因,钦此。臣跪读之下惶悚万状,伏查浙省留防楚湘两军为调任督臣左宗棠旧部,历任抚臣因浙东时有土匪窃发,浙西荒田甚广,客民麇聚,不得不酌留分布,以备缓急。

上年五月,四安镇民人胡顺狗家被盗,十月京控指称熊常富营勇一案,先奉寄谕饬查当将大概情形奏闻在案。

本年二月十八日将熊常富撤差听候查办,另委候称参将秦龙标接带。六月间见上海租界有刊传中外之事者,名曰《申报》,载四月杭州城外方家峪、赤山埠、海潮寺等处先后被盗抢劫之语。臣因该处近在省垣,何以一无闻见,恐地方官或有讳匿,当于七月初二日以访闻札臬司府县确查节据禀复。

遍查方家峪并无报抢之案。

赤山埠有乡民于五月二十二日将勇丁周云化捆送钱塘县,经署知县周云章审讯供因砍柴与乡民争斗,系曾云华致伤汤贤林、王张坤二人等语,即行文该营将曾云华续解到案。查验汤贤林等伤痕,旋即平复,曾云华等现在收禁,照例详办。

海潮寺当时有云被抢者,有云建醮群丐吵闹者,仁和县知县邢守道等亲诣该寺,向住持僧普照查询,不惟未被抢,即群丐闹吵亦属讹传,此查明方家峪、赤山埠、海潮寺之实在情形也。

其费村一节,本年七月二十日,据乌程县知县潘禀,民人闵在江喊控有客民纵牛食禾,伊等牵牛,突被纠领多人持械打毁掠物伤人,当经勘得费村距湖州府城二十余里,该村土民烟户门窗锅灶箱柜等物多被毁坏,潘永祥等六人各受微伤,该村有客厂客民逃避一空,厂内亦间有毁损。提讯闵在江等,称客民系原籍河南之李洪春为首,禀经饬令湖州府知府景隆驰往勘讯,并经藩司任道镕委候补知府冯誉骢往查无异。旋据会禀,起衅虽由土民,而逞凶实属客民,请会营严拿首犯李洪春惩治,已据获解来省饬发臬司审办此。查明费村之事系河南客民恃强欺土民之实在情形也。

其余姚盗案一节,查上年十二月余姚县知县高桐详报下陈渡厘局被盗,经臬司会同藩将高桐暂行撤任留缉,嗣后接署该县双斌会同高桐先后拿获盗犯于继善、徐扬标、罗小海、林阿大等四名,起有原赃讯认纠伙行劫不讳,均是余姚县沿海之人,经绍兴府知府奇臣覆讯明确禀请,将于继善乖四名犯先行正法,遵照奏定章程归于年终禀奏。

189

惟海宁州开城抢劫一节遍查并无报案,现仍札臬司并委员明察暗访,该州现办海塘工程委员寓城内者,自道府至佐杂数十员,如果讳匿,断难瞒众人耳目。

至德清盗案一节,查新市地方本年四月奉主姜馥、邰玉芝同夜被盗,该县知县支恒椿原报不实,业经奏请撤任,交部议处,勒缉拿盗在案。

又定海厅属衢山海岛办理清丈荒地,因积匪金启兰负嵎抗拒,伤毙弁兵。提臣黄少春调派员弁兵勇驰往剿办,全岛肃清,臣于八月初八日未奉寄谕之先,已将一切情形由驿驰奏奉旨钦遵在案。

至营务处道员朱明亮因长兴盗案控参营勇,例应回避,承审各员并不与之往来,该员系福建候补道,暂留在浙。

臣于七月初二日派委候补道王荫樾会办营务,此即函商督臣何璟,八月接准回函,已饬朱明亮销差咨回福建,派曾署臬司之候补道唐树森总办营务。

伏念臣赋质庸愚,仰荷天恩逾格,畀以专圻重任,责有攸归,夙夜竞惕,深惧贻误,幸蒙圣训周详,得以懔遵。惟有殚竭愚忱,力求振作,盗案则严拿务获按律惩治,防勇则倍加整顿,严行约束,断不敢粉饰因循,自取咎戾,致外生成。所有遵查办理情形,理合恭折覆奏,伏乞皇太后皇上圣鉴训示谨奏。

军机大臣奉旨:览奏均悉,所有未获盗犯,著该抚勒限严拿,按律惩治。并认真讲求捕务以清盗源,防营勇丁务当力加整顿,严行约束,毋任滋生事端。钦此。

(二)客民与土著

1. 湖州费村

掳掠费村(《申报》1878 年 8 月 19 日《掳掠村庄》)

湖州西南乡有一地,曰:费村。计距府治约三十里,向年该村烟户闻有二百余家,中有许姓者,田地最多,为一村之首。出自发逆扰乱后,户口寥寥,已不胜有今昔之感。乃昨接局外伤心人来信称,七月十三日黎明,突有两湖客民七八百人,头插青竹叶,手执刀枪器械击,铜鼓为号,将该村挨家掳掠,计被难者共一百十四家,所有细软杂物席卷一空,有不能携带者悉遭残毁,并伤乡民数十人,掳去某姓妇女一人又某姓二人,其情形实与发逆之蹂躏无异,直至午正方散。当未动手时该匪先于村口各要道派人把守,故邻村虽闻信不敢驰救,但化日光天之下胆敢如此横行,其为目无法纪极矣。嗣闻该匪于日中四散夜间仍聚各庙,或数十人一起或数百人一起不等,其心叵测。邻近居民已纷纷迁移。又闻次日雪泉桥乡民见一江北船,内有湖北人四名,行踪诡秘。随即拿获查看,有大衣包数个湖丝十余车的,是费村所抢之物,当即送乌程县究治。适邑尊赴浔未回。丁役以官不在衙不收,乡民无可奈何只得当时释放。次日湖北人反向乡民要人肆行索诈受累无穷。

按湖属自遭兵燹以来,西乡一带人民土著少而客籍多,借开垦荒田为名以强欺弱,种种扰害已非一端。其或穷乡僻壤孤村数家者,见有青年妇女竟硬行拉去奸宿一夜,次日送还良家,妇女蒙垢含羞,在处多有,即有投讼有司,官总颟顸了事,多半批驳。而该匪转自此报仇益肆荼毒,故乡民有莫敢举发者,至现于白昼间聚众大掠,伤及数十人,则与叛逆何殊。闻乡民即行报县,适邑尊往南浔催征,闻变亦不赶回,止委捕厅踏看而已。嗟乎!国家设官原以卫民,今案情如此重大,始以公出而推诿,及至回署又不认真查办,彼固以为省事之妙法,不知一星之火势可燎原,匪等心胆既壮,吾恐日后之受其害者,不止费村一乡已也。安见地丁之秤,余银可必充我宦橐哉?至彼时而后悔吁其晚矣。

论费村被盗事(《申报》1878 年 8 月 22 日)

盗风至于今日盖云盛矣,而御盗之法卒未闻有认真讲求者。前报论杭州两次被劫之事既详且尽。近又闻湖州费村客民肆抢一事,此独非地方之责哉?国家定制,缉捕本有专责,州县各有弓兵捕役以资□缉,法至善也,捕务废弛则有重罚。四参处分,定例綦严,其有盗绝风清者,则卓异保举优奖有加焉。是皆所以除暴安良绥辑闾阎,盖朝廷之惓惓于此,如是其周且至也。

守土者宜何如深体此意,以期盗贼之屏迹,乃竟玩愒至此,尚何言哉?杭州之盗,犹以事碍营兵,或难彻底根究。然地近省城,肆无忌惮至于此极,议者犹不得为之宽。至费村之事,则更明目张胆,白昼聚众至于七八百之多,抢劫至于百余家之广,乡民受伤至于数十人之众,而妇女亦有被掳者,此其形同叛逆,毒害生灵可谓极矣,而地方官且谢责于公出而不之问。试思此等盗案岂尚可以讳匿乎?

地方官之讳盗其来有渐,以盗案处分最严,则或事主报案必多方曲谕令其改盗为窃,或有事主势力较大,必不肯于干休,则或挽人谆劝情愿认赔若干,以免己之参处,在被盗者或未伤及人口,其懦者则不敢不允其强者,则苟得有所赔偿,虽少有损失有事不如无事,亦多曲从。于是乎相习成风效尤者众,而盗贼者流知官之伎俩不过如此,则胆益壮而无所顾忌,伙党愈众,甚且不卜夜而卜昼,此盗风之所以日炽而民间之苦乃益无所控告也。被盗之家未有不报官者,报官之后未有能获盗者,非特不获盗而已报官请勘所费已属不赀,迭词催缉又不能以徒手而入公门,盖即使获盗有日,而民已重困也。有司但顾一己之考成,不顾万民才荼毒,上司深居简出不睹不闻,即或知之或且曲为庇护,其有严正不阿者照例题参,行文广捕而有年无月,案牍空悬,求其有一筹防于未然,缉获于事后者,盖寥寥焉。上下相安,因循苟且,至于如此,人亦何惮而不为盗乎?

现在各处城中设立段巡藉资弹压,而城中尚有被盗者。乡村去城既远,虽亦有巡查炮船守望相助,而类多坐耗月俸无益地方,此其故何也,有其名而无其实也。段巡之设,名为保甲而实则以冗官太多无可位置,故立此一局以为调剂之方,其意本不在防盗也。至巡查炮船则惟有厘局之处方有之名,曰卫民实则保护厘局,其于民间之被盗不被盗,如秦人视越人之肥瘠,漠然不加欣戚于其心,则备盗之责仍当责之地方官而已,今必欲之夜不闭户道不拾遗之风,厚望地方官是诚有所不能,然办理得法,查缉认真,盗虽凶横亦未尝敢自取其死,如徒以讳盗为得计,以捕缉为虚文,是不特纵盗且庇盗也,盗得所庇而芸芸者将何依乎?

道光季年于越大水,饥民载途有借求赈为名而纠众持械,撞门肆劫,每村胁从多人,其不从者则反兵相向,俞胁愈众,其势汹汹。于是合词报官请兵驻防以备变,府县即行出示大张晓谕令民间自练乡团,遇有此等强劫之徒格杀勿论。此谕一出遂各解散,无复有乘灾抢劫之案。可见官长苟能雷厉风行,早为布置,若辈亦不难消弭,特恐偷安,旦夕不先防给,事至则又多方曲护,惟思自己推诿以免参处,而民间之人亡家破,置之不问,则长盗风而贻民祸。盖有不可究诘者。已若费村之盗,据来信所述,直与发逆无异,如此重案岂犹可以掩盖,而邑尊竟淡然处之,以平日省事之故,致酿成此时之巨案。于此而犹欲省事,吾恐邑尊虽欲省而盗反不肯省,即民间之口碑亦未必肯省,欲省事者当于事未发时省之，不当于事既发时省之，有地方之责者，其亦以斯言为然耶？
否耶？

湖州费村案可疑可惧说（《申报》1878年9月4日）

寇乱之后必有盗贼，盖党与未靖，遗匪稽诛，恶念不消，又无生计可托，而
上之教化不足以默感潜移，结群煽聚仍思为乱，于是小试其技以求遂其欲饱暖
之心。或乱时掳掠致富，身挟多金，归致乡既不容于人，处他乡又安能求容，则
潜伏草莽。从前匪党又乐附之，金尽则不能为生，乃率其族类，四出抢掠，凡寇
乱之余波，往往如是。而寇乱以前亦必多盗贼，山林空旷，游民所居气类相感，
结为死党，其人皆游手无赖与贫不能立者。

盖太平之世，民生滋多，而又富者占业，强者断利，致有贫而益贫之人。黠
者假术鼓弄不难招纳，使为其党，初时或结盟拜会，或各有仇雠相助报复，因而
托言义气互为倚恃，愈集愈众，养患无形，而犹不敢公然起事，思猎食无以自
卫，则思庇具二者，非金银不可。于是谋刺过客伙劫富家，四境内外盗案迭见，
而人实众多，分党各出，遁逃有数，弋获以归，即有被执，莫能尽其羽党。或地
方官吏明知其势已成，虑启事端，则故意从之不便发觉，但日夕祷祀能不及我
身而起已属万幸，此又寇乱前之情形也。

故为地方官者所贵有捕盗之能，与弭盗之策也。于乱后则捕之，于乱前则
弭之，平日讲求，庶不临时张皇，而有盗无盗则尤在地方官自知之，上宪无从饬
办也。

然以所闻湖州费村一案，则地方官岂惟溺职已哉？夫湖属西乡一带客民
多而土著少者，以匪踞时杀伤最甚也。缘发逆流窜江浙时，诸郡皆若不守，贼
至即入城，往往愚民以归诚媚，其酋有辄令安民，至有未经贼迹之处。而湖郡
以赵绅团守死力相持，必至力竭援尽而后已，激怒于贼者久，故杀人如麻，迨后
诸郡皆克，而守湖贼首有所谓黄老虎者，亦持久不降，官军攻围所蹂躏又甚于
他处，此湖人土著之所以少也。

土著少而招徕客民，为荒田不垦赋额空悬，肥美之缺，顿成瘠苦，守令忧
之。请上台得准乃招客民，夫民非家无田亩，家无储余，何肯轻弃其乡来耕此
土，其必游手无赖贫不能立之人矣。无赖则性本凶顽，而素贫又最易诱结，既
多此等人，土人与之处势，已常居于弱，为人上者自当设妥善之法，立周备之

章,使上客相睦强弱持平,然后可以无事。乃平时客民扰害土著,竟至于此妇女含羞多半不控。即有投讼,官总批驳而客民转肆猖獗,相率报仇,则官之惧客民愈于爱土著矣!夫亦谓其初之招之也,为田荒赋缺之故,设有相扰而尽法惩处,势必酿成事端。弃之他徙,则赋额仍致缺如,故不免偏袒姑容之,以冀其驯扰相安耳然。无如其情性大率强暴,风俗与土著不同,气质又与土著迥别,众寡强弱之形,两相对待,断不能无事。而官府又存姑息,偶遇小事辄不惩治,以致长其暴戾,积其仇忿,胆大罔为,无可遏制耳。夫杜渐防微,凡事皆然,苟姑息养奸,未有不成大患者。

同治年间蒋芗泉抚粤东,首办客匪,嗣后粤省无土著客民械斗之患,亦杜渐防微之道得也。今之湖州费村是否即系客民,然聚众至七八百人之多,如系外来匪徒,其聚集不至如此之速,即所过地方无有扰害之案,突如其来,分群而散,踪迹不无可疑,自黎明至午正各口要隘均有截阻之人,则路径之熟识可知。

从前招徕客民,不分畛域,间有宁绍台温诸府之人,不尽两湖也。而今所聚集,则皆两湖人,意者两湖人于客民之中又自立一党耶!夫两湖人之流寓湖州岂因招徕开垦而自其本省来乎?大都楚湘营勇之已经遗子者耳!此等散勇虽已归农而野鹜之性迄未驯扰。从前劫掠得财,较之田间作苦,其难易不问而知,其安然肯为农夫,不过十一而已!此外皆相时蠢动,故智易萌,其敢于为此者,非无因也。

近来省中楚军驻扎之所左右,前后如赤山埠等处,白昼抢劫,形迹可疑而大吏不甚置问,湖州边界与皖省相接之处亦有防军,设令暗中勾通公然为匪,将来弋获之日供词牵涉,莫敢谁何。则客民正有所恃,而因而无恐也,人之有众寡强弱之形者,每不相敌,如此大抢案当时捉住四名,查有赃据即行送县,乃以邑尊公出署中不取,遽尔释放,然则官场之畏之实甚,而客民且愈肆矣!然案犯至七八百人,伤及乡民至数十,非寻常劫案可比。县官汛弁固无从缉获,即经乡民获送到案,如当讯供监禁,吾恐余匪之聚集且将与地方官为难,而轻则劫牢,重则扑城,戕官焚署无所不为矣。故不特官未回署不敢收办,即官不公出,亦见之而惧。特地方官不于平日扰害土著之案先事严惩,以至养疽成患,不可救药,则溺职之咎所不能辞也。

方今浙省大吏无一楚产,统带各员大都庇护,所留防军勇丁,胆气日渐粗壮,而遣撤之勇又复四处闲游,聚散无定,其究竟是否勾结为匪,实不敢决。而踪迹实在可疑,一见于省城之南山,又见于湖州之西乡,有心世道者不禁忧之。其或当局见及于此,急为设法以弭患于未萌,固为浙人之大幸。倘仍前优容不为澈究,我恐寇乱后之余波,即寇乱前之先兆也。

详述湖州费村被抢事(县官敛钱、户书地保分钱,《申报》1878 年 10 月 7 日)

湖州为浙省大郡,西则界连宣、歙,前赵忠节公固守三年,粤贼之由皖南来攻者以长、安、孝、武四邑为往来要道,杀掠无遗,蹂躏殆遍,居民固十不存一二,田地亦多荒无,皖浙官吏以国课攸关,招徕客民开垦,其间应募者非漏网余匪,即遣散游勇。

同治五六年间始在宁国广德开垦荒田,厥后愈集愈众,客民之黠者,则又售其已垦之田步步移换,至同治八九年间渐入长兴安吉境。地方官创设一局。并立客董客保诸名目。每亩每年敛钱六七百文。由局给执收票。谓之收租钱。该邑荒田陆续开垦五十余万亩。呈报者祗三十余万。故地方之有盗案,县官每托绅士讲和,乃赔赃洋,改盗为窃。

同治十一二年渐入乌程境。县官亦照长办理以垦种之年为始,每亩每年敛钱八百文。由户书私给一收条,官得六百,户书与地保各分百文。客民知官贪私敛,愈肆攘夺,无论山货茶笋均取之如已物。乡民诣县控告,官反呵责以为荒芜田地,尔等如能包种,当为驱逐,否则区区山货何足控追,不准。故程邑之田经客民垦种未报者不下数万亩。民与为仇,官乃曲庇,由是恶嚣愈张,田器什物始则强借取用,继则凶攘变价,该处乡民素称懦弱,莫之敢抗。尤可恨者,长兴毗连之杳士坞地方有一客民病死,土著乡民皆备楮仪在吊,本村耆老有一已漆寿棺寄存附近庙中,于三更时竟被该客民偷去殓尸,迨次日发觉往视认是已物,而死者已入棺,不由理说,惟自恨号哭而已。其所在凶横情节大率类此,独府县若无闻睹,偏袒苟且,酿成费村之祸。

先是七月初九日客民李应荣纵牛蹂出,乡民罗阿富将牛牵起,客民恃强肆殴李应荣,工人杨秃子咬伤罗阿宪手指,嗣有客民尚勤恩即充任长者,出为赔礼,始各散去。次日客民有豆苗种在路旁,乡民以此处乃戽水往来之道,恐遭践踏,令其将绳拦起,客民不听,后果遭践踏。客民大肆咆哮,势孤逞凶,戽水之乡民向其理论,适赃目李洪春在邻近客厂晚餐,唆以费村地广人稠,如将此村压平则余村势孤,唯我所欲。

客厂距村约半里许,李洪春令伙党二人杨秃子、李长新俱李应荣工人牵二牛至费村请罪,盖欲诱乡人夺牛而藉此抢掠。时已傍晚,乡民见之深为骇异,疑其又欲纵牛寻衅,遂将二人两牛一并缚住,是夜逃回李长新一人。次日该匪不来索,以乡民知是中计,正拟将人牛放归,客民即将计就计欲索回二人二牛,并罚戏一台请酒赔罪,乡民不允,欲控县究办,附近有沈村人沈永德出为调处,姑允仅点香烛赔礼了事。

不料次日清早各厂客民四处云集,意存叵测,沈村人知有异,方疑虑间,忽闻吹号声,该匪等不下千人麇集蜂拥,摇旗执锐而来。乡民抛妻携母四散奔逃,而该逆匪等挨户劫毁,村民被伤者三十余人,掳去妇女三人,合村八十余家尽遭荼毒,门窗厨灶以及育蚕器具俱被打坏。似此焚庐鸣号,奸淫妇女,掠夺财帛,与发逆何异。自辰至午,始群往和平而去。路过各村人皆见贼目李洪春得意骑驴结队徐行,迨抵和平将赃物堆聚一处零售三日,其难售者各自分派。被抢之日,乡民即进城报官并追获盗船一只,赃物数十件,喊禀呈署,潘令略讯情由,令众补呈究办。次日止委捕衙往勘,潘令反下乡催征,迨呈词补递,则又以公出不收。

是日下午潘令回城,闻乡民犹在署求理,不敢登岸,适有来报相验者,遂鼓棹去。时沈绅松舟因公晋署,见乡民喊冤,遂商之刑席某君先委捕衙收呈,乡民以玩视巨案,纷纷聚议。潘令知事不谐,延至十六日始亲往履勘,以上客争斗持词通禀,此外奸淫掳掠情节概行讳饰。乡民不得已上控抚辕,饬委冯铁花观察会同景太尊再往勘验,分给抚恤洋一千元,被掳三妇内有某姓少妇,事后抬回家中羞忿自尽,唤其夫另给恤洋五十元,坚辞不受。

次日在府堂会审,客民亦供认李洪春唆使牵牛,藉此掳抢不讳。冯观察与景太尊会衔密禀,其中一切细情固非外人所能知,亦非外人所可道。但悉梅中丞以情节不符立予驳斥,札饬文武员弁飞速往缉,格杀勿论。八月二十九日发兵往捕,然各贼目仍在和平一带饮酒呼卢,若无其事,兵役不敢轻举,次日即撤回城。夫贼之所以肆无忌惮者,以县官私敛其田租也。官之所以屡控不理者,因私敛田租不敢开罪客民也。迨喊禀之后不即往拿,犹且往乡征粮,置此案于不问,岂催科重于获盗乎?逆案既可委捕衙,验尸何不可以委捕衙,事前既疏于防范,事后复巧为弥缝,轻重其词,上下回护。噫!官如此而欲民安堵得乎?且今天气渐寒,遭害之乡民号寒啼饥在所不免。兵燹后竭十数年之辛苦积铢累寸而得之者,今一旦尽被抢去,丁男负痛妇女含羞,果谁之咎耶?幸大宪必不使含糊了事,如果渠魁漏网,则今日之纵暴即后日之危机。吁,其可畏哉?

缉获费村匪首(《申报》1878 年 10 月 17 日)

湖州费村之客民前曾纠众抢掠,经省宪派兵缉拿,而为首之李荣春胆敢盘踞和平,罔无顾忌。兹闻前日某统带乔装乡民亲至和平,面约李荣春同去卖稻,旋即覆住,由炮船押解杭垣,想讯实后自当按律照办也。

2.湖州各地

长兴、孝丰等地流民侵夺土著(《申报》1880 年 1 月 7 日《恭录谕旨》)

(初八日)此同日奉上谕御史章乃奋奏,浙江长兴、孝丰等县招垦荒田,外省流民乘间侵夺,业主转相逃避不敢认领,加以胥役浮收,以致客民愈多土著愈少,并称江南等省恐亦不免此弊,请饬查办等语。

军务以后,招徕开垦全在地方官办理得宜,庶农民可期复业而流民不致侵占,若如所奏情形,将来喧客夺主,流弊滋大,着该督抚督饬该管道府认真查察,如有客民侵夺及胥役弊混等情,即行从严惩办以杜弊端而安良善,钦此。

长兴闹漕(《申报》1880 年 5 月 21 日《长兴续信》)

初二日报登长兴客有闹漕之事,此信由无名氏寄来,本馆一时不遑详查,爰即照录。兹探得起事之由与闹事时情形与前说固有大相刺,核查亟登之以存其实。查长兴县缺近年来较程、安两县更肥,长邑尊复能与绅士联络办公,更觉顺手,惟乡民之怨咨则已非朝夕矣。

近因浙抚中丞以浙省克复已久,而额征钱粮仍未如数报解,难保无以熟报荒之弊,故通饬各州县务将熟各地亩一律勘明造册呈报。长邑尊奉札后知此事断非急切所能清厘,然造报称迟又恐逢上官之怒,爰与各绅士商酌,有谓照章举办必至旷日持久,不若按户伸事较为直捷,如革户粮书有田百亩,现段伸作一百二十五亩,如是则不烦丈量履勘事半而功倍,诚两全之法也。

长邑尊急图报最,遂题是云,然乡民闻之,以为照此办法未免苦乐不均,举邑哗然,其中嘉忠溪乡人尤怒形于色,咸拟向邑尊环求,并欲推同井之某茂才为首,茂才谓纠众抗官,无论所求之事邀准与否,罪必死,吾为一邑之公事起见,而又重以诸父老之谆托,死固不足惜,特须约法三章曰:

一、入城后,凡县署内门窗板壁,皆国家物,毋得毁伤。

一、人须多带银钱,市间买卖勿得还价,先付钱而后取货,民间鸡犬勿得惊动。

一、客民非我族类,勿许一人乘机混入。

能受约,予当率诸群一行,众皆应允。当是时邑尊已有所开,将官移出,三月二十二日乡民果徐步来城赴县声诉,官乃急令开门,复以洋枪击之,一乡人伤踝,遂大哗拥进。邑尊失措,逾垣而避,乡人不见官,遂将上房之衣箱等尽舁出于大堂外付之一炬,谓此皆长兴之脂膏,虽焚之而尚不及十分之一,竟无敢有私匿一物者。是时幕友仆从皆将鼠窜,乡民曰:无恐,我等特欲见官耳,与若无涉也。路经厘捐局委员方疑有抢劫事,乡民曰:无恐,我等为田赋非为捐项也。炮船勇来弹压。乡民曰:君何为者,我等手无寸铁,岂作乱哉?毋恐,乃公速去各供职守。然长邑尊已大窘矣,当即饬差飞禀到府,湖州桂太守正在演开厅看武童马箭,阅禀未竟而失色,即欲回署,湖学谓考试大典,姑少安勉。俟程邑童射毕各散,旋委归安吕明府赴长兴查案,又请某武官率炮船命八艇扼守水桥,嗣又由省委邹太守至长兴,而乡民之踞城如故,惟求委员转禀省宪求准三事:

一、向年每张串纸收费四文,近则每张加至十八文半,宜复旧。

一、条银每钱现在伸价四十余文,以后宜照市价。

一、某茂才由众交推,非其自甘选事,须宽以审典,勿治罪,否则去年上下忙长邑各地钱粮其串,无一遗失,征收若干报解若干,无须核计,行将京控也。委员禀详后省宪如何办理刻犹未悉,惟闻乡民于是月初已尽回和平镇云。

论长兴按亩申粮(《申报》1880 年 5 月 24 日)

嘉郡清粮滋事一案,本馆访录其详。就事论事,始由地方官奉文之后不行出示,致乡民怀疑误会,继由委员不将宪意申明,以至激而生事,而终则地方官毫无主见。委员回省又甚其事以禀报中丞,于是派调楚军并馒头山防营共一千余名,星夜赴禾办理。观此异动正不独调兵以资弹压,俨然有临大敌决大胜之势矣。□兹乡民当此亦既四散,诚不知勇丁到此正欲何为。

窃谓近来地方官行事每多可笑,续得长兴县乡民闹粮之信,则综官与绅之议论，与动而观之，更觉想入非非，出奇制胜，而其致关邑之忿，哗然入城，与官长为难，尤为事出有因，不能归咎于民。盖按照伸粮之举，必不可行也。长兴一邑当赭寇消灭之日，土著之户十存一二，田地荒燕征收无著，自左伯相创复撤勇垦农之法，于是荒田始渐开垦而业已易主，土著有被掳在外迟归本乡者，反不得与垦户争产。

垦户以寄籍之所，从前定章改为蠲赋收租，以田之成熟年之久暂判其成，则十余年来田已肃关，而租收之法因循未改，以故官与客民两得其利。盖认垦之时一片污莱，亩分不可核实，一亩之田占至二亩者有之，初认几年其毗连之田无人承认，因而侵及归并者有之，往往完租十亩而实垦二三十亩。客民利之，而官以岁收租息全归善后之用，不若正赋必须报解，其中侵肥正自不少。因而省中或有宪文催查，总以荒田不能尽垦为词，年复缺额无从复旧，官亦利之。历任知县既无不儳攫以去，而客民以官与有利势，必庇护，是以有恃无恐欺凌土著，霸占强买之风所在皆有。综计阖邑惟业归旧主之田照章完纳，为国家之正赋，其余已不管，官为业主，而客民为佃户，缺之肥于程、安者职此之由。

长邑初复之日，赵令定邦本楚中殷户，握篆斯邑，愈有富名，至于收置某贼酋戏班行头传班演唱，其豪华冠于一时，卸任在省典买房产私放利债，众所共知。赵之后县令立忠以匪前原缺坐补到班，履任数年，据以老病致仕，可知其为子孙计者，亦既心足而后肯乞休也。其余宰斯邑者类，皆有实获，为较之程、安何止倍从，故州县班中于长兴县耳也。

读中丞此次通饬各属与办清粮，固为一省之公事，而不惟长兴一邑之是问，然长邑征粮之奖缺额之由，开荒纳税之积习，宪意亦有所注明，知因循已久，买卖滋多，难于一时清理。县令不先不后，适途其时前之人得利以去，皆无可归后之人，躬际其艰贫无所贷，其商于绅士而欲摊于各户，照加四分之一。亦谓客民认垦之田，其先皆多占亩分，以至田额不符旧制，今但暗中伸算以求合于旧制田若干亩，谅各户亦自知其占而不敢不听官所为。且荒熟情形一经丈量履勘，而底里悉露，今省中委员来，而我册内田不缺亩，注荒注熟朗若列置，则以此覆诸中丞、委员可告无罪，而我此后但按所注或熟者征粮报解，则收租章程仍可并行不悖也。

此议初定，县令方自谓得计，深佩某绅之识见过人，能握要以决大事，而不谓民之闻此言者皆,哗然而起矣。此次选事之人无论完粮完租,若按亩加伸均有腐苦,故众怒难犯,不得专指客民也。吾意长邑清粮较难于他县,然中丞此意难欲令赋额仍旧,而历年报荒固非卖其一旦全完也。县令先出示谕,令凡有认田者各实报其亩分听候勘量,所完租赋暂减数成,使之多用少完,与历年少亩多完不相上下,则民自不以丈量履勘为嫌,面征解之数又先商诸委员禀之中丞,则事可以渐而成也。何故创不经之议以激怒愚民哉?

长兴粮案讯供(《申报》1880 年 7 月 8 日《漕案讯供)

长兴闹粮 案,其首事人朱茂才,经邹太守擒住解省由抚宪发,杭府确讯后即发钱塘县监禁。

前日臬署发审局重加审问,令朱自行具供,朱满书一纸,仅将解省后一切使费开呈,如到省解费若干,府审时堂费若干,差费房费若干,发后狱官若干,狱吏狱卒若干,及监中使用若干,统计不下二百余金。官大喝曰汝带有多少银钱如此使用,朱答以日遭逼勒,不得已写信回家卖田应付。官拍案曰,现问汝聚众抗粮劫署之案,不必牵扯他事。

时赵令亦在座中,遂向朱问曰,知汝在家武断乡曲,凡数十里讼事件非汝不办,此次闹事皆汝一人主谋,号召乡民激之使变。且闻创议之时,汝即在城外城隍庙中作寓,服役之人计有三十余名。而各里地保每日公雇四人来庙听差,其余探消息而供奔走者共有六十余人,庙中火食供给日需三四十千文之多,皆由各乡醵集而至,各乡所储公款如宗祠祀产一切善举等项,皆由汝一人指挥调拨,无敢不遵。且知入城劫署之日汝并不与众同来,独在庙中听信,似此情真罪实,夫复何言。赵令曾奉密谕潜至长兴私行探访,故得悉其底细也。且知朱子然一身,并无父母妻子之属,家中田产共有二百余亩,故虽身列庠序,而专以舞文舞法为事,乡愚畏之如神明,奉之若父母也。

问官又诘之曰,汝云为众交推,迫于公论不得已而为此,令汝来省监禁多日,何彼等不为汝具一公禀,公为保释乎。朱虽一时语塞,然仍无确供也。爰改发仁和县监中收禁,候再提审云。

孝丰土客冲突(《浙江嘉兴县知县王君墓志铭》,《春在堂杂文》五编卷五,光绪二十四年刻本)

君讳寿枏,字范九,别字介眉,太仓州人。弱冠入州学旋以增广生员,中式光绪元年恩科举人,三年成进士以知县签分浙江,七年权知孝丰县……其境内土著与客民共处积不相能,君每与和解之。偶以事至省城,土客乘间起衅,群聚而哄者千余人,君闻驰归,父老跪于道左者相望,缙绅求见者满于门,皆曰事迫矣,亟请兵,君曰民既斗又剿之,是重伤吾民也。乘舆张盖如平时,率吏役以往,有死于路者五六人,皆客民也。君依常法验其伤反复劝谕,使勿复斗,访得首恶者数人缚以归。越日有三百余人自安庆来,曰将为死者复仇,及闻官已为区处矣,皆悦服而去,而土民亦遂以安堵。君曰客民悍戾,由无以教之也,乃立客长,创月课,期年之后顽俗丕变,及将受代,土客皆请留之,既不得请,执香以送者数十里不绝。

双林镇客民扰事(《申报》1882 年 8 月 18 日《客民扰事》)

昨有浙湖双林镇有心时事人来信云,客民滋事未有如双林之甚者,计自水潦为灾,田畴半淹,米价翔贵,湖南湖北客民遂四出摽夺。双林镇沿乡一带客民船来往无常,其泊舟处皆以船头向外,一遇货船经过,急起直追不烦转舵。至若乡僻村落,除离塘岸极远而烟户稠密者不敢犯外,余则不论贫富,挨户悉索粮食,甚或以非刑荼毒事主,押令伤家人送米装船而后释放,所摽之米悉转粜于市,非留以自食也。

更有奸民为之引导,于是殷实之家无一幸免,多卖米寄物以求远祸,人情惊扰,讹言日兴,官绅筹办团练彻夜巡防藉资保卫,但该客民凌虐土著求无不遂,养成骄悍之性,岁或洊饥,祸将有不忍言者。况今年三伏凉似九秋,补种之秧有不秀不实之虑,荒歉景象已可逆睹,犹不早为设法,则漆室之忧诚未有已时也。

安吉、孝丰两邑客民聚集万余(《申报》1883 年 9 月 16 日《武林近事》)

杭之凤山门外馒头山,向有楚军两营驻扎。其人皆百战余生,勇悍善斗,而统带者又能纪律严明,恩威并著,颇足备干城之选,而为省城之捍卫也。

月初有某自湖州乡下来者至省告变,因藉某统戎介绍而密禀省宪,据云安吉、孝丰两邑客民,已聚集万余,而杭之於潜、昌化两县亦不下数千,虽散处四方而声势联络,现将约期起事,只以军械号□等尚未购齐,未能猝发。彼等借口于秀水传案,将以复仇为名,其居心实不可叵测也。刘仲帅以事无左证,疑信半参,未敢轻动,然宽容之则贻养疽之患,急治之又有激变之虞,□遴选详慎谨密员弁带兵前往,现已委刘总戎祥胜统带馒头山之两营入驻湖城,盖以资防御而伺动静云。

长兴移提案犯(《申报》1884 年 12 月 12 日《移提案犯》)

十五日有湖州府长兴县差役至嘉兴县署投递公文,嘉邑尊即派差协同来差,至石佛寺乡间,唤同乡保至垦荒客民草篷中拿获一男一女,皆系湖南人,至次日午后解至嘉兴县署,暂为收禁,俟邑尊略讯口供,再行备文交差解归长兴县办理。

据闻男犯江姓前在长兴县垦荒度日,与该女犯有染,钿誓钗盟,愿谐白首,女遂视翁夫为眼中钉,阴与奸夫合谋,于半夜时乘翁夫睡熟用刀杀毙,掘地掩埋,遂席卷所有,星夜逃至石佛寺乡间。次日,邻村乡保知觉,即赴长兴县报案,是以长邑尊即移文至嘉兴县关提果,尔则情节重大,现宰官身者必当悉心研鞠也。

安吉县客民李汶应因行窃败露,杀死刘中连家命案(卫荣光奏《申报》1887 年 6 月 22 日,《光绪十三年闰四月二十四日京报全录》)

头品顶戴浙江巡抚臣卫荣光跪奏,为审明杀死一家二命凶犯,按例定拟恭折具奏,仰祈圣鉴事。窃查安吉县客民李汶应因行窃败露,杀死刘中连等一家二命一案,前据该县李宗邺验讯,获犯详报,当经前抚臣批饬审解。臣抵任后查案札催,旋据该县以案关重大,详经批饬提府督审。去后,兹据湖州府知府丁鹤年督同乌程县知县徐振翰、安吉县知县李宗邺审明拟议,由署臬司盛康覆审解勘前来。臣亲提研鞠,缘李汶应籍隶湖北钟祥县,向在安吉县晏庄地方乞度日。已死刘中连年十三岁,与年甫十龄之刘妮姑系属同胞兄弟,其父刘树意由钟祥县带同两子迁居晏庄垦荒田,与李汶应同乡素识。

光绪十一年四月十六日傍晚,李汶应至刘树意家讨乞,适刘树意外出工作,刘中连、刘妮姑同在门外游嬉。李汶应见桌上放有锡茶壶一把,布夹袄一件,一时贫苦难度,并欺刘中连、刘妮姑弟兄年幼,乘间窃取茶壶、夹袄欲走,被刘中连进屋撞见,扭住衣服不放,并称伊父回家定欲告知不依。李汶应因窃情败露,起意将刘中连致死灭口,即用手携锡壶向刘中连颡门犯殴两下,刘中连松手喊跌,倒地登时殒命。刘妮姑走到,见而哭喊,李汶应又起意一并致死,放下茶壶、夹袄将刘妮姑□按倒地,骑坐身上,致擦伤其左脸膊。李汶应解下腰系布带挽成活结套入刘妮姑项颈收勒,刘妮姑用手乱抵,致指甲抓伤咽喉,李汶应两手分执带头用力拉勒,刘妮姑亦即气闭身死。李汶应虑及破案问罪,复起意理尸灭迹,先将刘中连尸身负至老虎冲山内,用手刨开浮土掩埋,复刘妮姑尸身同埋,尚未进门,适邻人王导慎经过瞥见,李汶应虑被撞破,转身逃逸。嗣刘树意回家,查见刘妮姑已死,刘中连无踪,报验详缉,获犯讯明刘中连尸身掩埋处所,复往检验,业被野兽残食不全,详批饬府督审拟议,由司解勘经臣提犯研鞫,据供前情不讳,覆诘不移,案无遁饰。

查例载杀一家非死罪二人,斩立决枭示,酌断财产一半给被杀之家养赡,又杀一家非死罪二命,死系服属期亲者专折具奏各等语。此案李汶应因行窃刘树意家衣物,被其子刘中连撞获,扭住衣服声言欲告其父,不意辄敢起意,将刘中连及其弟刘妮姑殴勒致死灭口,殊属不法。查窃盗临时盗所拒捕杀人,与逞忿谋杀十岁以下幼孩,均罪止斩决,惟杀一家非死罪二人,例应斩立决枭示,自应按例从重问拟。李汶应除移尸被野兽残食轻罪不议外,合依杀一家非死罪二人斩立决枭示例,拟斩立决枭示,左面刺凶犯二字。该犯逃后,讯无知情容留之人,应毋庸议,犯系乞丐,查无家产可断,应免著追原赃,尸棺同骨殖饬属领理,勒带案结销毁,除供招咨部外,所有审明拟议缘由是否当理,合恭折具奏,伏乞皇太后皇上圣鉴,敕部核覆施行,谨奏。

奉朱批:刑部速议具奏,钦此。

3.嘉兴查荒

查荒闹事(《申报》1880 年 5 月 6 日,光绪六年三月廿八日)

昨得嘉兴来信云,月之中旬浙抚谭中丞委候补道某及候补同知三员赴嘉属查勘荒田,委员抵嘉后即居于宏文馆内,四乡农人闻信,以为荒田实难升科,不约而来城者共数千人,均执香求免,委员见人多口杂,恐难以理说,饬即拿办,于是乡人不服,即将候补道等四员捉而挟出南门,幸被嘉兴协闻知,立即率兵追出,将委员夺回,其有尚留在城之乡人亦即逐去,然斯时南关外各铺户已同时关闭,南城门亦暂闭片时,本月念日下午四点钟事也。嗣闻已拿住乡人十余名,解押嘉兴县署,听候宪示惩办,若委员则已用炮船护送上省矣。

论嘉属乡人抗勘荒田案(《申报》1880 年 5 月 10 日)

前报述,三月廿五日嘉兴罢市闭城一案事,缘谭中丞委勘嘉属荒田,乡人不服,致委员被捉出城,经协镇率兵赶回,并将未出城之乡人逐出等情。当时报信者如此凿凿,窃疑嘉郡乡人虽有藐视官长之意,而风俗文秀与山蛮野横者不同,此次事由公愤相率而起,其势即甚汹汹,而究未必如是之悍顽也。乃质诸嘉郡人,始知告者非过,当日情形确系若此,然则不得不归咎于办理之不善也。

上月由杭州访得谭中丞现在严饬各属办理漕粮,首先令仁、钱二县赶造鱼鳞图册,此固国家正赋,自同治初年各路收复以后,至今征收短少,意调经十余年之招垦,岂荒田尚难成熟,而乃年复一年不能符旧日之额,其中难免上下其手,诸弊丛生,故欲清理国家财用之源,而不能不亟亟于此也。

嘉兴水乡从前赭寇肆扰,蹂躏虽甚,而枪船之保卫,贼实畏之。贼所到之处,往往有团防之局,经理纳贡等事,不许下乡抢掳。诸富户流徒辄用枪船护送,靡不保全,而水乡四通八达,趋避不难,以故嘉属之受害较轻于他府,而嘉、秀二县尤无大损。承平以后,户口既少死伤,即田里罔有芜秽,州县乘此少解,以为乱后报荒,必无驳斥之理。况城池衙署大半劫灰,从前图册无可稽查,北陌南阡,鳞次栉比,即令委员履勘,亦安能计其亩,分成则哉?何况委员之不难笼络也。故征之民间仍照常额而输之,司库大有减色,此中盈余之款,但抽提几成以为现办招垦,按亩收捐之款作为地方公用,而其余不能查也。然则现在办理升科,但须地方官一纸申详,改换名目而已,全额可征,何与于民,何怨于乡人耶?

又闻湖州七县,其办理招垦之法,虽不科入正赋,特设捐款名目,而于认佃认垦之户,岁纳捐项仍不减于漕粮,且反有浮于钱漕,而此外又需索各费者。

是以上年某乡有客民滋事与土著械斗伤人之案,可知垦荒收捐之银,惟其为地方之用,不入报解款内,以致结怨于客民,而全郡指为苛政也。今查勘亩分,照例报升,则凡认垦之户,其输捐者一旦而纳正赋,虽粮价或有加增,而一切小费势必可免,在乡人宜深喜此举之可以免累,断无称其不便者。今乡人乃如此横行,事诚可疑。

窃谓嘉属荒田,虽不及他郡之多,而水旱埋涸之所失,惰农废弃之所遗,亦所时有。况既经查办,势必通饬全省,不应独遗嘉属乡人。方以田亩既荒,可以抗粮不纳,今骤闻此令,一经查勘,必难隐瞒,是以鼓噪而起,与委员为难也。

夫田土本地方官专责,荒田匿报,一由奸民之取巧,一由胥吏之朦混。州县先后接替,多则二三年而调,少则半年数月而去,遵守成法,不暇改移。幕友率其旧章,书吏执其例案,苟上宪不行催查则相沿不改,粮额无从更旧,而国家财用且无充裕之日。然严催属吏,岂不足以办理,何必张大其事,至委候补道员及同知等官前往查勘乎?大凡民情,最不可通,遇事而不张皇,则功可徐图,事能顺理。若震而惊之,民尚未知官长之意,云何以为如此排场,必将有加意苛求,从严厘剔之法,深恐不能安居乐业。于是此传于彼十,告于百,相与惊诧骇异,而不肖之徒从中选事,遂成众怒难犯之势。鄙意以为先给示谕遍晓乡民,然后由县传知里保人等,令各户自行报升,则事固轻而易举,不必张皇以行之也。

兵勇捉船(《申报》1880 年 5 月 20 日)

嘉兴滋事一节,委员等于前月念日护送回省,闻其中惟王观察受创最甚。是日乡民数以千计,无不执香求免,人声嘈杂,委员等始不理,继则命差役以鞭筑驱策,终则以兵刃恐吓之,遂致激动众怒,哄然齐起,咸谓委员系勘荒而来,曰请其到荒地踏勘,再与理说。一时或推或挽或曳或牵,遂簇拥二委员共出南门,虽乡民等未敢明肆殴击,然当人多手杂之时,此夺彼争,其狼藉情形固亦不言而喻。

许雪门太守得信赶即追出,致坠马受伤,迨城中营汛带兵追夺,而诸公已惫甚不堪矣。自委员回省后,省宪即飞札楚军,中二营立刻起行,驰往拿办。前月三十及四月朔两日,城中万安桥菜市街各埠,以及城外之下码头大关等处,封船夺橹,奋勇争先,稍不如意则即戳篙凿船随之。故虽一叶瓜皮,亦无不逃匿于菰浦深处,省中所驻扎馒头山一营,实额计有八百余名,兹于初三日亦奉檄调赴嘉郡。是日行李塞途,于一切枪炮旗帐之外,复有万民拿德政牌及匾额等件,皆各军士共异而行,不知带往何用,殊令人不可测度也。

论杭州调兵赴禾(《申报》1880 年 5 月 22 日)

清粮之举,州县报解积弊已深,而客民认垦,又复恃众欺凌土著,加以刁户隐匿奸宄捣鬼,鱼鳞图册浩若烟海,虽逐亩丈勘,漏夜查造,终不能彻底澄清。而况愚民之不可理喻,官府设不经心,动辄选事哉?浙抚谭公领杭郡有政声,留心于理财,知饷源之竭,病在兵燹后之荒芜,荒芜既多,则朦混捏匿日益增弊,而赋额永不复旧。今奉恩命持节治浙,以曩日杭郡所亲历周知者,遍考十一属,皆坐此弊。权之所得行者,及时而为之,故有清粮之举,先通饬各属,次派发委员,将以实事求是,其可不郑重乎?

然而嘉兴滋事矣,长兴继起矣,本馆随录所闻,并赘论说,以为此风固由民情之玩,然事势不同,各行其法。或者客土不相干,狃于地捐章程,以升科为创举,而民乃哗矣。抑无客民认垦,而丰歉不齐,肥瘠相半,官市其惠,民售其奸,则私免者有之,民纳其赋,官报其租,则私侵者有之。今州县不立办清查之法,而此言遽播于四乡,则民又瞿然矣。民可使由,不可使知,理固宜然,惟此事不能不先晓喻体宪意,而通民情,地方官之责也。

乃奉文之后,未闻悬示遍晓,而委员忽来,蓦然道府城市相传,谓将履勘也。民固未知勘之何若,清之何若,抑无论成则概征上上之赋乎?将荒熟并征,既完地租,又纳正粮乎?宜其惊而起矣。何况不肖者乘间播弄,激生事变也。日前至有讹言,杭属之昌化以清粮至于戕官,本馆以情节重大,未敢妄信,乃昨知嘉兴细情,述之于报,虽不至如前日传闻之语,谓被拥去之委员中有一人伤重而毙,而当时汹汹之势,委员亦命在呼吸矣。现在楚军中二营,及馒头山寨弁勇,均经檄调,驰赴禾中,军容整肃,号令严明,宛然有临大敌之状,如委员回省面愬中丞,要不过乡民恃众阻挠,并无谋逆之证,何必若是张皇哉。

湖州客民与土著寻仇,其心狠悍,其人又皆猛鸷然,前年费村一案,势已岌岌,而省中不动声色,密遣视信往会地方官办理,因其激变已易,略为弹压,不事深求,而客党亦旋解散,即今长兴亦不至与嘉兴一辙。

然则嘉兴乡民本无土客之势,而又蠲赋收租不若湖州之多者,何以民情反如此之横耶?夫为民与官抗,而至于调兵,其事必非浅鲜,更至于调集各军,行李塞途,则祸且不可测矣。上年汤溪斋匪之案,府县请派兵去者,无过一二营,今为乡民凌辱委员,既发楚军二营,又移凤凰山久戍之卒,则嘉兴乡民之扰攘,官府之惶惑,与夫省中传闻之异辞,盖不啻叛逆已成,多集兵力,便于进剿矣。以是知此事之实情,经府县禀报者,必有万不可解之形势,而后省中如此张皇也。

若簇拥委员出城,人多手杂,左曳右牵,致被凌辱伤损,而别无非礼相加之事,则营汛追夺而回,乡人亦既四散。本无敛钱聚众之事,又无为首相约之人,官军到郡,其将何所措手乎? 徒以骇路人之耳目而已。幸而禾中人物秀茂,风俗懦良,假令乡民相持不下,与官军争胜,岂不激成祸变哉。吾故知禀报之词必有失实之处。奉檄清粮乃通省公事,一郡有一郡之情形,既不先贴示谕以释民间之疑,而至于滋事,而反慌张禀报,以耸中丞之听,使视顽民如大敌焉,嘉郡可谓无人矣,然而官何为者?

此论甫经脱稿,又邮传长兴消息,知与前报所述大不合符,长民滋闹情形,既不减于嘉人之拥委员,而地方官奉檄以后,所商办理之法,则更易激怒于民,不知省中又将调何营赴湖州也。

论民变(《申报》1880 年 5 月 23 日)

浙之嘉兴为宪委清查荒田一事以至激变,本馆既先后登录并屡论及之。谓清查荒地与民本无不便,何至激成事端。殆必由于委员不能从容办理,或系民间误听讹言之故。其咎半由于官,闻是曾者或且不以为然,况普天之下,莫非王土,率土之滨,莫非王臣,又何得一闻委员清查之说,而胆敢聚众抗拒,殴辱委员,逞凶玩法,至于此极。此而犹归罪于官而不归罪于民,未免言之偏也。

而抑知昨又接禾友来信,知此事之激成,实由于官而不由于民。办理此事者,何其乖谬若是也。夫悬鼗设铎,求通民情,此风久不可复,然公是公非,亦不可不略为采纳也。当乡民执香跪求之时,委员如能平心和气,论以上宪之意,且询其中之耆老,虚心询度以何者有所不便,何者有所难行,孰则宜先,孰则宜后。乡民虽粗鲁傲狠,然刚以柔克,亦未尝不可以默化而潜移。乃委员计不出此始,则置诸不理,继则施以鞭棰,终且威以兵杖,而激怒舆情,不可止遏矣。

夫民情亦多狡猱,如必事事听命于民,殊非为政之体。且民心不一,此以为可,彼以为否,彼以为是,此以为非,巷议街谈,莫衷一是,全赖为民上者为之断制。子产孰杀之歌毅然不顾,卒收安全之效。可见民可使由,不可使知,操纵之权原在乎上,然不可从者,虽违众而不嫌其愎。当从者,虽从众而适成其偏。此其中又不可不慎为斟酌也。大抵人情,于素未习见之事,无不群相骇怪者。

辛酉之难,某郡戒严,其太守某乃新由他郡调到者,下车伊始,即为缮守计,见附郭坟茔太多,正足为发逆登城之路,而店铺居民多在城外。乃出示晓谕,令居民皆移入城内,而坟之近城者督令迁徙他处。民闻不知其为坚壁清野之计也,以为官欲平坟,且欲毁城外之屋,于是聚集多人,各手香而候于城门,俟太守过而栏与跪道求其收回前令。太守开导之,则人多口杂,耳充不闻。太守下舆揖令散,乡人若无所见。比欲登舆启行,则又栏之,使不得前。既而进退维谷,人聚愈众,从役偶一呼喝,乡人竟以所执之香掷之舆中,一哄而起,太守竟以此受伤而死,至今人犹讼太守之冤。此则民之不讳而官以冤死,其咎固在民不在官也。去岁宁郡有闹捐、闹粮等事,几至激变,而旋克安集。盖众怒难犯,处此者亦不得不曲为周旋也。

嘉属开荒已历年所,而迄未升科。今而议欲清查,亦属应为之事。地方官公事殷繁,不能克期清厘,由上宪委员督办,并非好为选事。但办理此等事宜必当开诚布公,宽严并济,乃足以服众人之心,纾解乡民之惑。倘或矜才使气,疏为粗暴,未为不激成变故者。然则此次嘉兴之变,又岂能为当事者宽其责也乎,今前事已矣。委员受伤回省,不知其禀诉于上宪者何词。但观飞札楚军,中二营立刻启行,驰往拿办,其驻扎馒头山之营兵亦檄调赴禾,在上宪之意,或者不过藉以弹压,使民间有所震恐,未必遽治以抗粮之罪也。而自民间观之,则一若省宪听委员一面之词而大发雷霆,欲与百姓为仇,则将来之事又恐不堪设想矣。夫钱粮为国课正供,乡人而欲求免升科,殊为藐法。然其中或实有所不便于民者,则亦当妥为区别。盖荒有甚、不甚之分,升有成、不成之判。宪檄既云清厘,自宜逐细查明,从容咨访。而奈何以鲁莽而激变,于前又欲议剿办,以贻患于后,委员之耻雪矣。无知乡民其亦何辜而罹此一劫也哉。

闹漕,知县参革(《申报》1880 年 5 月 26 日《浙垣官报》)

仁和县赵邑尊久有调任之信,接署者为前萧山令施公也。近因嘉兴县有闹漕一事,致王清如观察等皆狼狈而归省,宪即札施君带兵往查问。施公将兵驻扎城外,只带亲随数人入城面见许云门太尊,商议一切。前嘉兴令廖明府现已为抚宪参革,即以施君署理斯缺。故仁和县篆仍由赵邑尊接任也。

上谕各属荒熟分数彻底清查(《申报》1880 年 6 月 1 日《恭录谕者》,又载《光绪朝上谕档(光绪六年),第 95 页)

十六日奉上谕,谭钟麟奏遵查荒地情形等语,据称浙江杭、嘉、湖、金、衢、严等属续经查出荒产,为数甚多,殊难凭信。其故一由民间相率欺隐,一由地方官含糊挪移,其中庄书、里保、书办等勾串劣绅,挟制官长,侵渔小民,弊端百出。近日嘉兴委员提讯庄书,辄敢邀集多人,毁辱官长,与劣生挟嫌聚众入城,抄毁衙署等情,此等刁风断不可长。著谭钟麟即饬分委各员,密拿首要各犯,解省讯办,如敢抗违,即行从严惩办,以儆效尤,务将各属荒熟分数彻底清查,刁徒垦复,杜欺隐之祸,祛中饱之弊,期于国课民生两有裨益,钦此。

嘉兴府许瑶光、嘉兴县廖安之通禀抚、藩(《申报》1880 年 6 月 1 日)

敬禀者。窃奉宪台札委候补道王查勘嘉兴荒产,随带县丞邹增隽、戴从九、邱景汾、方祖培四员于本月初八日到郡,时府试已毕,卑府即延入宏文试馆居住。卑职安之前奉宪谕,宜早到任,本拟初六日接印,细思此次为查荒奉委,因于禀辞后乘坐小船入嘉兴境,走方家桥,至王店凤喈桥余督埭海盐塘一带属历查勘。其中荒熟错出,一时难以定数,是以延至初九日始行接印,随即传集庄书点卯,谕以此次查办荒产,必须认真,不容稍涉含混。饬令各庄书在城伺候,并请王道宪定期下乡抽查,如有不实,通计酌加奉谕,先传庄书讯问,再行下乡查勘。

当即率领庄书六十五名赴宏文馆,听候讯问,于十六日至二十一日研讯。六日,将从前开报有主荒产全数,著令各庄书具结承粮,约增熟产共八分九厘二毫。又于无主荒产中竭力追求询之,邹委员据称又加熟产二厘,此增熟大概情形也。卑职安之以庄书虽经询过,究以查勘为实,且细访严查,前报荒册原未能尽实而约,计可加熟产不过至八分六厘光景。因于二十二日预备船只,请王道宪下乡诣勘,或委随员同勘。庶几将来征粮有著,奉谕再缓。二十三日又请定期传谕,头痛脚痛,不能下乡。二十四日随有乡民多人赴县请勘,卑职安之谕以宪委抱恙,俟愈即当下乡。

二十五日早间,又有乡民向各庄书家吵闹,并来县求勘。卑职又以前言示谕而去。不料至午初时候,乡民拥至宏文馆前,纷纷执香求勘,并无执持器械伺候。人役见人众拥门,乡民及旁观者拥挤而进,以致门格损坏。随员邹县丞、戴从九出而申饬,且有随丁执马鞭挝击。于是乡民格击,戴委员不知被何人格伤头,而并闻众声喧嚷,委到此多日,何不出城一看,遂将二员拥之而去。卑府等及秀水黄令闻信,即飞马前往弹压。行至宏文馆半里之遥仓弄前,适王道宪由北而来,口称被乡民攥之至此,刻闻地方官至,一哄而散。逾时嘉兴协候副将,已派人于南门外将邹、戴二委员护之入城。前于城外捉得乡民十一人,解送来县。

卑职安之验视邹、戴二员受有伤痕,随赴宏文馆查看,门格什物多有损坏,其行李并未遗失。询之宏文馆街头,群称乡民来时,口称请官下乡查荒,不料伺候人役掩门,以致乡民拥入,其拥委员出南门者,因嘉兴荒产在南乡海盐、塘余、贤垛一带居多,是以此次求勘亦多南乡之民。闻庄书供出荒产,著令承粮,故情急入城求勘,不敢滋事。提讯所获乡民命供,伊等均是旁观,并非闹事之人。是否狡供,除看管另行确讯办理外,合将乡民入城求助荒产哄闹,立时解散,安贴缘由,肃呈禀间,恭请勋安,伏乞钧鉴。

书浙抚谭奏闻嘉兴案情奉到谕旨后(《申报》1880 年 6 月 4 日)

浙抚……历叙同治年间克复以后,查造粮册,开征完纳,及如何分别,其后又如何改荒增熟情形。此番委员到郡,乡民求请出城丈勘,并县令庄书所允,升报成数不合,王观察之意之由,一一具详,然后此事之始末,豁然明白,而传闻异辞之语乃知其不尽可凭矣。夫王道哭禀之辞,与府县会详之言,孰是孰非,为曲为直,鄙人不敢偏断。第当时乡人哄入考棚,拥挚委员以去,其揶揄若是之甚,其怨毒如许之深,则其平日以完粮受亏,实有无可告语之处。方幸抚宪、委员以清粮到此,庶几得见天日,不图委员不能顾名思义,抑勒庄书迁延,不肯出城履勘,至于无可如何,而后相约跪香,以冀委员之俯察下情,而孰知其不肯相谅也。

假如王道所禀,则嘉兴乡民即坐以叛逆之罪,不为已甚。然府县会禀矣,迨后府尊又分条禀诉矣,王道之禀若彼,而府县又如此,两相比较,衡情酌理,于其哄未始,不以王道为可信。然民情之虚实,起事之缘由,岂有不必闻者,而遂可凭一面之词,轻举妄动哉。初闻嘉兴滋事之信,不知所以,继而闻有调兵之事,窃意中丞初接王道哭禀之折,宜其勃然震怒,下令发兵,迨府县会详,府又条禀,此事之曲在王道,曲在府县,自可各就禀中之言,平心察度,以定此事之是非,以决此后之办法。

乃昨读上谕,知中丞已骤将此事出奏矣。折中所云,京报发钞在后,奉旨在前,尚未得见,但寻释谕意,可见中丞折中竟专咎各县令之不善办理,以致有提讯庄书,辄敢邀集多人毁辱官方,与劣生刁徒挟嫌聚众入城,抄毁衙署等情。

以此陈奏,宜乎奉验审拿首要各犯,辞意如此严厉也。夫毁辱官长有之,王道被挈,戴委被拖,不可讳也,抄毁官署亦有之,宏文试馆王道居之,即与衙署无异也。特随员之鸣鞭乱击,抽刀欲斫,亦属万人共见,乡民之分班入城,执香跪求,亦为众目所遇。其中情节,论事先则屡请勘量,不即允行,论当时则不察民情,甘犯众怒,此等刁风固不可长,而王道之庸懦亦不可原。乃一语不及乎此,而偏罪乡民,归恶庄书,且嫁祸于县令,然则出奏之时,即在调兵之顷也。调兵既发,而事或失实,乡民早散,则军中进且尚可自我做主,惟草率陈奏,则此事之曲直是非已定一折之中。将来讯质得实,明知祸由王道自贾,在乡民不过求其往勘,手携稚子,附和而来观者,较之执香而跪之人,实过其半,并非有意挟制,恃众凌辱。且亦不由庄书之号召,与县令之主使,其事无为首之人,其罪有可减之理,种种情节,一鞫即见,将来续奏中不能歧其说矣。君不知中丞何以遽将此言入告也,虽亦陈明荒田之弊一由民间欺隐,一由地方官挪移,庄书、里保勾串劣绅,挟制官长,侵渔小民,弊端百出,可谓得其要领矣。

然目前嘉兴之案,所谓聚众入城即被侵渔之小民也。小民既苦侵渔,幸而宪委到此,闻将丈勘,以期清粮,以为从此得见天日,向之十亩而完十二三亩之赋者,今丈量则亩数清厘而粮额减少矣。然则其入城也,以宪委不肯下乡,将嬲之使行耳,此亦乡人愚懦之所见,无足怪者,假令鞭不鸣,刀不抽,何以买祸耶?既知小民被书、保、劣绅通同作弊,受其侵渔之毒,而此事乃全归其罪,于入城抄毁之人,吾恐其情理之尚有未合也。谕旨如此,奏折可知,噫嘻,嘉兴之民何日得见天日乎哉。

嘉兴府知府许瑶光复浙抚谭中丞禀(《申报》1880年6月4—5日)

遵将嘉兴县乡民,因求勘荒田哄闹,缘由缕晰,开呈宪鉴。计开:

一、嘉兴确有荒产也。嘉属七邑,约计荒产秀水最多,兴、善次之,平、盐次之,石、桐最少。嘉邑为附郭县分西北为秀水境,官塘、陡门一带荒田转于秀水。嘉境在府城之东南,东为平湖塘,一出东门,所有六里街、西河街,一片瓦砾,尽为荒产。缘自咸丰庚申夏四月失守,至甲子春二月收复,发贼踞此实阅五年,先则张玉良之兵攻而不克,后则程忠烈之兵于此扎营开濠筑垒,地被疮痍。浙江杭嘉湖三府与上八府不同,城乡寸土皆有地漕,凡未造房屋之地甚多,即为荒产。若登春波城楼,举目一望,瞭然可指。此荒产之最近者也。

由东入平湖境,由东北入嘉善境,荒产不多,最多者莫若直南普光寺、凤啮桥、余贤埭一带。查此地本非要道,似不致重遭兵燹。而其荒也,由兵乱者居其半,由地气者亦居其半。询之绅者,据称康雍之朝,此处本属膏腴,至乾嘉以来,不知因何而地气乖戾。此村庄十室九疫,废遭祸患,乡愚惧怕,以致周围十数里人不敢居。佃既无人,业亦难管,遂弃而为旷土,温台之人渐渐来此搭棚开荒,种薯为业,地不栽禾,粮无从出,无主荒田多在此地。县中因防奸宄,立有棚民凑目,约计棚民有千余人。此千余人所种亩数实多,附近此地者,亦抛荒不少,均无粮可征。嘉道以来,时值承平,不能藉兵荒为蠲赋,而各县恃每年例灾例歉,以为消融之法。且漕米虽全完,而南粮每解不足额,地丁亦只办七八分,奏销敷衍过去,致州县不能久任,以避一年经征之处分。

是以道光八年起至咸丰九年止,此三十年中嘉兴知县阅二十八人,载在府志。又查道光二十九年清查成案,浙江通省亏挪银二百八十四万六千零,嘉兴一府至五十七万之多,居通省五分之一,此可见赋重事难,籍办灾歉以消融荒阙短欠之证。上年五月,奉各宪饬拿定海土匪金启兰之弟,曾据定海人供,逃入嘉兴东门外种荒。虽查无踪迹,亦嘉兴确有荒产之一证。

一、乡民纷纷入城求勘,实因委查太有定见所致也。王道台来嘉,瑶光先后见面五次,前三次见面,均不提及荒产如何查法。瑶光以事关切,已随时约略谈及,王道台即语而之他。第四次往见时,闻分数已定,亦不言及分数如何。迨护之送之出西门城,亦只浑言功败无成,一似此乃秘密不宣之案。瑶光不得已,以为宪委惶惶,断不能遍履阡陌,是以曾画一抽查酌加之策。禀文中虽叙入廖令口气,而意则实主于瑶光,以为抽查究愈于不查耳。廖令数年闲住,忽承宪恩拔委,本非旧日吞荒之员,未免抱后日公事之虑,是以未曾接印,即先亲查。迨接印之后,思欲一查得实,始可定数。是以先呈庄地全图,并由瑶光将王令所造荒册发交廖令,属其刊刻查符,木戳数方,俟往查时,如其相符,即加盖此戳,不符则不盖,以照核实。乃王道台挟有主荒产戳,严令其具结承粮之定见,屡请亲查,兼请委查,俱未蒙允。

有一日会讯庄书,王道台喝打,廖令未即助声。王道台颇有怒意,廖令回禀云,若于荒中查出熟产,即痛责庄书不为苛。现未查明,凭空打出熟田,逼勒具结,将来如何征粮。一则只顾目前分数,一则虑及后来银漕,此其不合于王道台之由也。至讯庄书，令将有主荒产悉数征粮，每熬问几至四更，令无主荒产中酌加熟产。有庄书三人不敢具结，即札县解省，旋由县劝令添认，始批准免解。窃思查荒一事，责成虽在庄书，痛痒实关业主。荒不尽实，荒中自有熟田，亦未必全无荒产。一自委查到日，城乡业主无不日日打听。忽闻有主荒产须悉数承粮，一时互相传播，窃以为一日作熟，即百年承粮，遂不约而同，求请查勘。庄保自在其内，业佃定有其人，是以纷纷入城求勘矣。实由委查太有定见所致也。

一、此次乡民求勘，本无滋事之心，其哄闹乃登时激出也。缘乡民入城，非手执箍香，即俱系徒手，并有携带妇孺者，侯协会亲见之，使其赴宏文馆时随员及随从之人稍为解事，或云道台抱病，病愈即勘，或云俟他日勘明，熟即承粮，荒即免赋，好言相慰，善为开导，断不致顿生事端。乃随员邹、戴出而大加申饬，随从人以马鞭扬击，且闻有持刀吓斫者，以致乡民顿生愤满，登时情势汹汹，竟将大轿打碎，戴从九受伤而二员遂被拥出城矣。因随丁耀武而随员致伤，并拥及宪委，乡民倚众逞忿，必须惩办，但蚁聚兽散，良莠不齐，事出仓猝，似无为首可指。

一、王道台虽行步艰难，实无人敢驱也。查此次乡民入城，或由东站，或由南门，其至宏文馆者，前后约有三起。初起人少被喝而出，于是掩门，二起人多，即拥邹、戴二委员者，三起人更多，竟将拥至宏文馆，在府署之北。瑶光先问拥委员南行之信，是以飞马出署，不往北而往南，不意出辕数箭之地，有人报王道台亦被拥者，是以绕南而北相遇于仓街前口。时乡民已退，不见一人，只见王道台由北而南，其随丁及嘉兴丁差参扶而走，遂于道旁觅得分府知县潘绍铨，公馆房主张姓家，请其入内，稍定喘息，询知乡民已一哄而散。时府县忽促出署，带差甚少，乡民逃避甚捷，无可追击，疏纵之咎，实觉无辞。已而满城文武，暨厘局冯守次第到来，率有一榻，道台即安卧榻上，先闻知随员受伤，次闻随丁，次闻馆中行李均无恙，次言失去烟壶两个，次言失去眼镜，逾半时之久于补中摸出，依然完好。瑶光请其移往府署不允，廖令请其往县署不允，传水师管官请其暂住古井庵亦不允，乃觅喻军门所新造长龙巡河之船来，以炮船安排已定，乃业轿出城，满城文武送之，□□者王道台并未受伤之实情也。

一、弹压时之情景殊多曲折，非故迟迟也。乡民及旁观之人聚于宏文馆前,横街直巷俱经填塞。秀水黄令驰往,最先行至附近,乡民错认作嘉兴县,将其道旗扯碎。俄而知是秀水,云此乃黄土地也,他是好官,不可难为他。黄令因人多拥挤,行不能前,乃绕东而进嘉署,在宏文馆东,遂与廖令相遇。廖令得知扯旗之事,亦因人众未能前进。适瑶光乘马遇于鼓楼前,即飞陈同往。此其弹压情景曲折,非敢故迟迟之实情也。

一、侯协至城外所捉之乡民十一人,其中情迹不无区别,应再详讯也。邹、戴二随员被乡民拥出南门,当南门居民将乡民喝退,戴委员卧在当街荒地中,邹委员已有人拦入胡虑桥宝凤茶店,稍后协中兵丁将近曹王庙边,共获得乡民十一人。此十一人间有往曹王庙烧香者,有急遽下船不得被捉者,果否当时系止从旁观看,抑有附和喊嚷或因愤懑,实在如何,详细情形应再逐加研讯,以昭核实。

再次,嘉兴确实有荒而亟望听查,是以委查初到,府欲其查,县请其查,几与后来百姓求勘验之词如出一辙,而王道台禀中坐以串通,误矣。委查只期增熟而不顾履查,于是主意打定,有主合熟,无主添熟,似与抚宪实事求是之心不相符合,而王道台自谓委曲求全,非矣。查荒是此事,源头似宜顾名思义,荒之有无多寡,是此案是非关键,不妨郑重分明,折词烦冗,职此之由,理合声明。

嘉守辞官(《申报》1880 年 7 月 31 日)

嘉郡堪荒一案,省中自司道及府县,审至二十余堂,仍无实供,现仍将所获之乡民分寄仁、钱两县监中收管。嘉兴府许雪门太守以此案身处两难,无须置辨,是以禀求蕃臬两司,力请解职。现两司已据情转详另委,想不日即当卸事也。

嘉守罢官记(《申报》1880 年 8 月 28 日)

嘉兴守许雪门观察,自甲子莅任,迄今十有七年。其来也,当兵燹甫定,人民凋敝,城市荒凉,善后诸大事措置极难。而太守则刚健涵以大度明决,不事苛求,从容就理,先留养,次掩埋,集居民,招商贾,贫者恤之,恶者除之,设婴堂而幼孩保,复书院而文教兴,凡此数端,郡民之叨惠者广而感德者深也。

去年冬南湖有渚名裴公岛,里人请建苍圣祠于其上,未落成石门学教谕过而叹曰,斯祠一建,恐不利于长官太守。招而问之,云三月有事,而六月尤甚,果于三月二十五日为嘉民宏文馆跪香求请勘田鞭朴激闹一事,至六月十三日挂牌另委,此事殆有定数,而斯民不愿闻之。

十四日晚传闻省信,嘉郡有若狂者民等叩府,欲上请留任,太守曰,毋新太守贤于我者,素佩之,尔民无恐。于是退而思,思而感,感而发曰,许太守仁人也,不可忘也。即于西丽桥西茶禅寺东门地筑亭,名曰许公亭,盖志公德不朽,民心不忘也。廿五日卸篆作《积谷征信录》序,并撰本觉寺三过堂碑记。自念七至初二日设饯于烟雨楼者,七县也,郡绅也,门生也,饯于精严丈室者,嘉善与平湖绅也。嗣后杂职暨各属员饯,而新太守亦饯,初三日黎明有耆老数十人送来水一缸,镜一面,进署呈帖,上书明镜高悬,冰清水鉴,恭颂德政,敬送宪旌,继有义塾蒙童五十人,持书包执香跪送。

太守方出署,而孤老院男女并无目者亦来跪送,斯时街衢拥挤,自西县桥至北墈头,家家香花高供,甚有悬彩灯结彩额上,书官清民乐,情切攀辕字样者十余处。及至北武庙,有老人数辈献酒脱靴,感慨涕零。太守亦为酸鼻再拜,下船时群绅备大彩船两艘,并各绅送行船合自坐船几及百余,两岸看船停泊四五里,人不啻数万,船不啻数千,各镇乡市为之一清。船至许公亭小泊,有题壁诗云,情切攀辕感此时,此心惟有老天知。惟诚空造亭留饯,不敢碑墓汉去思。诗意悱恻,不知何人手笔,其时群绅邀太守过彩船饮,沿塘乡民执香跪送,此日数十庄俱隶秀水也。是晚泊万寿山本觉寺,老僧亦执香跪接,登岸观三过堂,为书碑记六百余字,燃彩灯数百盏,标灯五色齐明,远近观者男女喧哗,诚千古不易逢之盛事也。次日各绅送至陡门,殷勤道别,午后过石门湾,尚有香花。噫异哉,离城百里不可谓近,乃闻风激发,顿见天良,非民情之厚曷克臻此。即晚宿长安,初五日过半山小泊,有炮船五搜护送前来,一路号筒金鼓之声,颇不寂寞。至傍晚进城,或云有绅耆门生辈且远送至省焉。

书许守罢官记后(《申报》1880 年 8 月 30 日,光绪六年七月二十五日)

知府一官即汉之太守,至唐改郡为州,则为刺史,其阶四品,其禄二千石,实任綦重。例得奏事,盖外官之最尊者也。宋元以后,诸使行省皆以京朝官稽察外事,而太守之权始替,然刑名钱谷之事,犹得专之。及前明建置司道,各官又临之以督抚,于是知府退居地方官之列,事事皆须禀承上司,虽有表率属员之体制,而其所为不过与县令等。第县令理一县之事,办案之始基实在,于是刑名钱谷,不胜其烦,虑上司之驳斥,又患民情之不洽,延幕友必求勤慎端方之士,驭书役必选奉公畏法之人,几若一事不可以苟且者。而知府则徒有地方之名并无地方之事,以县令办案一纸申详,准驳之权在省而不在郡也。故非奉上司发交则刑案无亲提,非由上司特委则诸事不创议,拱手观成唯诺以应之而已。

尝见府中据县详之事以禀于院司,其文内叙原禀词后不加一语,即缀公文格式数行发递省中,候宪行到郡转饬遵照,文内亦不赞一辞。细思其故,由于知府不能专主其事,可行与否县中必请于省,止以有亲临上司在多缮一禀以告知耳。论者谓此官可省,虽过激之词亦深见其弊之至于是也。虽然,以朝廷设官之意推之,凡地方应为之事,知府何尝不可主之,如以官场陋习,事事因循处处推诿,因有院司之故而乐得见好也。此风一开而知府愈不敢专,院司又沿其积习,渐至细微之事亦必躬自主裁,忌知府之揽权,防台属之交通,遂令地方大员形如木偶,势若赘瘤,殊可痛也。然而事在人为,苟为郡守者以为职分所应为者吾必之,则院司虽忌其才而亦无如之何。

近世贤太守如谭君序初之于苏州,宗君湘文之于宁波,其最著也。然亦有遇合存焉。嘉兴守许君任禾二十年矣,昨观所录罢官记,一时民情爱戴至于如此。因知其居官之日,凡地方利病民情甘苦无不熟知而审处之,故能深得民心。即此次因勘查荒产一案,致乡民哄闹殴辱宪委,不合于中丞,亟请乞休,亦可见平日之心矣。盖荒产关系地方钱漕,责成县令,宪委办理不善,致民心不服而县令不能约束,遂尔肇事。姑无论曲在宪委,曲在县令,苟中丞意将如何,亦复谁能违之。县令则已撤任矣,乡民则已拿解矣,太守岂不知宪意何在而必引为己咎,虑此后将有难对禾人者不请去而不可耶。即当肇事之日,委员泣禀归罪县令,太守以表率属员之故,不能不禀,然亦何妨委婉其词,不加可否,使中丞将委员与县令之禀两相比较,斟酌以定是非,何必一一勘实,坐委员以罪可逃哉?

盖县令既有乡民闹事之案不能不撤任听参,太守即欲同护而亦无可回护也。惟宪委到郡之后意向若何,情状若何。会乡民滋事,势在逼成,亦属不得已。而后发中丞盛怒之下,苟且委员泣禀之词先入为主,则禾民实罹重辟。奇冤莫伸,此事之出入最重。而谓可以不实陈乎?其平日之尽心于民事,胥于一禀见之矣!此禀既上而后宪意不合,宪意不合而后太守乃行,此其遇合之难也。或曰近来习气，凡留心地方民事者，无论官居何品，职司何事，皆不合于时，不独太守一官，即贵于太守者亦然。不独许君，即显于许君者亦然。呜呼！唯阿成习粉饰相安，天下事尚可为耶？

谭钟麟奏嘉兴县纠众殴官案审拟（《申报》1881 年 9 月 16 日《光绪七年闰七月十一日京报全录》）

谭钟麟奏嘉兴县纠众殴官案审拟，奉旨：刑部议奏，钦此。

上谕：着浙江巡抚陈士杰查明王荫樾控案（《申报》1881 年 12 月 16 日《恭录谕者》）

十月十五日奉上谕，都察院奏，浙江候补道王荫樾遣抱以贪吏挟恨，唆众殴官等词，赴该衙门呈诉。据称，上年三月间经谭钟麟委赴嘉兴县查勘荒田，突遭毁辱，系该府县许瑶光、廖安之暗中主使。嗣经获解数犯，臬司含糊释放等语。此案业经谭钟麟具奏，获犯讯明拟结。兹据该员呈诉，各情是否属实，着陈士杰秉公查明，据实具奏。抱告王升该部照例解往备质。钦此。

都察院左都御史乌拉喜崇阿等呈递王荫樾控案（《申报》1882 年 1 月 6 日《光绪七年十二月二十五日京报全录》）

为奏闻请旨事。据按察使衔浙江候补道王荫樾遣抱告王升，以贪吏挟恨，唆众殴官等词，赴臣衙门呈递。臣等公同讯问。据王升供，年三十九岁，杭州府钱塘县人，王荫樾写呈遣递求阅便悉。查原呈内称，缘光绪六年三月间，巡抚谭钟麟饬职带领县丞邹增隽等赴嘉兴县勘查荒田。职仅调各庄书清册，取供备查。突有数百人哄至职寓，将职并随员殴辱。该府县许瑶光、廖安之并不弹压拿人，明系意欲吞荒，暗中主使。职禀谭钟麟，具奏在案。谭钟麟仅将许瑶光、廖安之撤任，嗣经后任嘉兴县施振成解到数犯张茂卿等，臬司孙家谷含糊释放，迄未将职昭雪等语。

臣等查，该道员王荫樾遣抱王升控称，光绪六年三月，该抚谭钟麟饬伊带领各员赴嘉兴县查荒，突有众人将伊并随员殴辱，该府县许瑶光、廖安之并不弹压拿人，该抚奏明后仅将许瑶光、廖安之撤任。嗣经嘉兴县后任解到数犯张茂卿等，臬司孙家谷含糊释放，迄未将伊昭雪等情。控关监司大员因公受辱，谨抄录原呈恭呈御览，伏乞圣鉴训示。再据该抱告称，王荫樾在何衙门控告，伊不知悉，合伊声明，谨奏。奉旨已录。

候补道王荫樾京控各情(《申报》1882 年 6 月 15 日,《光绪八年四月十八日京报全录》)

遵查,候补道王荫樾京控各情,毋庸置议。请将疏忽之嘉兴守许瑶光等议处。奉旨著照所请,吏部知道,钦此。

浙江巡抚臣陈士杰奏王荫樾控案(《申报》1882 年 6 月 29 日,《光绪八年五月初五日京报全录》)

为遵查道员京控各情,请旨将地方府县各官一并交部察议,恭折覆陈,仰祈圣鉴事。窃准都察院咨光绪七年十月十六日奉上谕,都察院奏浙江候补道王荫樾遣抱,以贪吏挟恨,唆众殴官等词,赴该衙门呈诉等因。钦此。相应抄录原奏原呈,移咨钦遵等因,遵查此案办理情形,业经前抚臣谭钟麟先后陈奏,已在圣明洞鉴之中。臣在闽时,初闻传说此事,亦疑嘉兴府县当委员往查荒产,纵无把持阻挠之意,恐不免有掣肘膜视之情。

比奉简来浙,道出嘉兴沿途,留心体访,知该府许瑶光在任多年,贤声卓著,众口一词查荒一事,谓委员先持成见者有之,谓府县不及预防者有之,并无议及地方官有与委员为难之意。入省后遍访僚属,所言皆同。兹准咨钦奉前谕,当经札委前在嘉郡办理厘捐之侯陈吁,逐一查明,一面札饬臬司自行切实具覆。

去后,旋据臬司孙家谷禀称,伏查此案,前经地方官先后拿获庄书王陆沅、钱宝山、圩长冯兰亭、王三悌、顾永春、储顺昌、江四悌,地保徐永源,乡民厉阿五、盛四幅、徐明生、方四观等十二名解省,由司会督委员讯,系庄书王陆沅因省委道员王荫樾查诘荒熟田产分数,虑受比责,起意纠人跪香求勘挟制。商允钱宝山,辗转纠允冯兰亭等,及在逃之钱季寿等,前赴该道公寓求勘。该道与随员邹增隽、戴兴之出向开导不服,厉阿五拉住戴兴之右手,江四悌揪住邹增隽衣襟,顾永春拉住该道两手,各称请去同勘,致均被拖殴受伤。将王陆沅等十二犯分别问,拟军流徒罪解。

经前抚臣审奏奉部,照拟核覆在案。兹蒙抄发,该道原呈内称,有庄保张茂卿等皆供,县谕先期下乡纠众之语。查核全卷,并无张茂卿其人,惟有张顺保一名,因据地保徐永源供,系大十六庄庄书,即系该保所管之庄,恐有听纠跪香情事。解提到司,节次研讯,张顺保坚称王陆沅纠众入城跪香,伊并未预闻。质之王陆沅等，供亦相符，自属可信，当将该庄书发回省释，详明前抚臣批准。此外，尚有乡民沈玉春、徐士生、万二观、储龙生、陈庆福、丁阿大、朱会忠、顾胜详等八名，系由营县当时追获，解司提讯多次，均系被胁勉从，中途畏惧，落后并未同往跪香，先行发县保释，业于正案据实声明，原卷其在。并另有拿获未解，私行释放之犯。获犯中亦无县谕纠众之供，不知该道何所据而云。

然臣检查案卷，并调核司卷，悉属相符。又据委员冯誉骢以奉札后，密赴嘉兴逐细访查询。据各绅陆续呈覆，并就王荫樾指控各条，博考参稽，另具略节禀复。到臣察核，绅民呈词，大略谓道员王荫樾赴嘉查荒时，仅讯取庄书供结，并未出城一勘。东南乡荒田较多，乡民惑于谣传，疑荒田亦须完粮，遂不约而同，纷纷入城跪香求勘。而委员随从人等不能委曲开导，又有厉声谯呵，扬鞭挥击者，一时激成众忿，以致拖殴伤官。

嘉兴府许瑶光守嘉十七年，士民爱戴。廖安之则自莅任以至滋事，为时不及二旬，吞荒主使之事，即妇孺亦能保其必无。冯誉骢所陈节略大意，以王荫樾奉前抚臣委查荒产，提讯庄书，按名查核，心实为公。且于讯据供结时，曾札饬嘉兴县廖安之，预备牵绳插标，订期履勘，原未以庄书所供熟田数目为定。而绅民不知，疑该道不肯勘荒，致启事端，使该道误受此辱，是以激昂不平，意激则言亦激各等语。并据道员王荫樾、嘉兴府许瑶光、知县廖安之各具送亲供前来。臣查此案酿事之由，系由庄书王陆沅等，因委员严诘荒熟分数起意，纠众跪香，以致乡民一唱百和，同时齐集。原其初意，第欲挟制求勘。迨激而至于殴官，微特地方文武所不及防，并为该庄书所不及料。教猱升木恒人，犹知其不可，而谓该府县有暗中主使情事，似非情理。

前抚臣将该府县先后奏明撤任，并获犯惩办至十二名之多，实觉毫无偏袒。该道王荫樾因公受辱，衡情自觉难堪。然指府县为挟恨唆众，大吏为徇私枉法，愤激之谈，亦未免大过。现在犯人王陆沅等，除病故外，余俱起解发配。凡此累累系械，皆为取罪。该道所致办理，已不得为宽，若谓引律失平，则案经部臣核覆，夫岂亦徇私见。至跪香乃小民，当然前有嘉兴协副将侯定贵目击禀报，其非司谳之员有意添砌可知。臬司孙家谷据供定罪，所引皆律例正条，其情轻无干之人，例准先行省释，以免拖累，且均详明。前抚臣批准有案，并非含

219

糊释放。嘉兴县荒熟分数,嗣经委确实,由前抚臣汇案奏报,亦无捏混情弊,均无庸议。惟嘉兴府许瑶光、知县廖安之当乡民入城滋事之时,虽经驰诣弹压,随即协同获犯,然身为地方官,未能先事觉察,疏忽之咎,亦属难辞,相应请旨,将正任嘉兴府知府许瑶光、前署嘉兴县知县廖安之一并交部察议。所有王荫樨原控各情,系为受辱之后,含愤未平,是以情词不无过当。现经臣传讯开导,该道已帖服无词,应请均毋庸置议。合将遵查缘由,恭折覆奏,伏乞皇太后皇上圣鉴训示。谨奏。

军机大臣奉旨:著照所请,吏部知道。钦此。

陈士杰奏报王荫樨控案事(《申报》1882 年 9 月 2 日《本馆自己接到电音》)

七月十七日奉上谕,前据都察院奏,浙江道员王荫樨以查荒被殴一案,抚臣并未传讯,该道亦未输服等词,赴该衙门呈诉。当谕令陈士杰据实覆奏。兹据奏称,前次业将庄书王陆沅等分别问拟,并将知府许瑶光等奏请交部察议。

当查办时,王荫樨求见,经该抚传问开导,该道面称,如此办理亦其所愿等语。此案王荫樨因公受辱,已将官民等分别惩处,究竟该道办理亦涉操切,业经奏结,何得屡次渎控。着仍照陈士杰前奏所拟完结,所请饬交闽浙总督。再行查办之处,著毋庸议,钦此。

许瑶光重任嘉兴知府(《申报》1882 年 9 月 11 日《禾中杂闻》)

嘉兴府许雪门太守于七月初三日接篆,前守陈公即于初八日挈眷回省。许太守在嘉郡十余年,士民素为心服。前因闹粮事去任,临行时香花送行者,比户皆然。今乃重莅斯土,杖携父老之鸠,竹骋儿童之马,盖莫不争先相迓也。

王荫樨著交部严加议处(《申报》1882 年 10 月 1 日《本馆自己接到电音》)

八月十七日同日奉上谕,陈士杰奏,道员擅用公文,肆口谩骂,请旨惩办一折。浙江道员王荫樨查荒被殴一案,该员前赴嘉兴查荒时办理本涉操切,辄复屡次赴京渎控。经陈士杰先后查明覆奏,已将滋事之庄书等,及失察之地方官分别惩处,并降旨照陈士杰所拟完结。乃该员此次复敢擅用公文,以该抚办理不公,徇私庇恶等词肆言诋骂,似此任意妄为,毫无顾忌,实属荒谬已极。王荫樨著交部严加议处。钦此。

浙江巡抚臣陈士杰奏王荫槌事件（陈士杰：《陈侍郎奏议》卷一《复陈道员王荫槌京控各情片》，亦见《申报》1882 年 10 月 6 日《光绪八年八月十四日京报全录》）

为遵旨据实覆奏，恭折仰祈圣鉴事。窃臣于本年六月二十六日，承准军机大臣字寄，光绪八年六月十五日奉上谕：浙江道员王荫槌呈控查荒被殴一案，前经陈士杰查明奏结，并称将该道传讯开导，已帖服无词。本日都察院奏，该道复以并未传讯开导，亦未输服等词，遣抱赴该衙门呈诉。此案业经奏结，何以该道复哓哓不置，所称各节是否属实，抑系任意狡辩，著陈士杰据实覆奏，毋稍回护。原呈著抄给阅看，将此谕令知之，钦此。遵旨寄信前来。

臣查此案，兹据该道以贪吏挟恨，唆众殴官等词赴都察院具呈。钦奉谕旨，饬臣查明，秉公具奏。当以该道王荫槌因公受辱，情固难堪，府县主唆并无其事，惟未能先事觉察，疏忽之咎难辞。经臣将先后访查情形，据实覆奏，并将嘉兴府许瑶光等交部察议，以示薄惩。良以此事通省皆知，官绅士民具有公论，不能阿附该道一面之词文，致府县以重罪也。当查办时，该道初次来臣处具禀，仅以衔帖夹送亲供，本无所用其批示。嗣许瑶光、廖安之亦陆续具送，于该道控情逐条声剖，各执一词。臣以谕旨饬臣查覆，未令提审，且是案人犯早经刑部覆准，分别起解发配，势难纷纷提回质证，是以将亲供留存，密派候补道冯誉骢明察暗访，参核定案。嗣该道二次具禀，则以在臣拜折之后所禀，只求示知冯誉骢密访禀词，并无候质之语。臣前折所谓传讯者，乃因其求见，传入问讯，特与平论案情，具理开导。以该道身为监司大员，未便如词讼案，伯提同对簿也。臣未出奏之前，该道曾面托藩司转求此案，但将府县略加处分，便自甘心。比亲来禀见，臣将访查此事情节详细剖示，并告以该道受辱，该府县失察之咎，殊不能免，当为据实奏覆。该道闻言感激，喜形于色，并云如此办理，为职道顾全体面，虽退归田里亦其所愿。

不谓臣覆奏后，该道闻绅民有禀请许瑶光回任之举，遂复砌词遣人京控，臣再三查核此案，因公受辱固属实情，究之办理，亦稍操切，众所共知。且已将庄书王陆沅等分别问拟至十六名之多，惩办已不为不严，而该府许瑶光政声卓卓，绅民爱戴，变起仓促未能先事预防，其疏忽之咎既已交部察议，亦足以示儆。国家办理案件轻重自有常例，岂能因该道意存拖累遂为迁就，枉人以法，臣清夜自思,查办此案实无偏袒。

惟该道性多反复,臣与许瑶光亦系同年同乡,难保不藉为口实,可否照臣前奏完结,以杜藉端缠讼之风,抑或饬交闽浙督臣再行查明,以昭折服之处,出自圣裁,理合遵旨据实覆奏,伏乞皇太后皇上圣鉴训示。再嘉兴府各属均遭水患,民情惶惶亟,欲得贤能之员以督镇抚,昨据藩司以该府许瑶光恩信在民,事经奏结报明饬回本任,以顺舆情,合并声明,谨奏,奉旨已录。

浙江巡抚臣陈士杰奏查荒受辱一案(《申报》1882 年 11 月 1 日《光绪八年九月初十日京报全录》)

为道员擅用公文,肆口谩骂,毫无顾忌,请旨惩办,以儆官邪而杜效尤,恭折仰祈圣鉴事。窃道员王荫樾查荒受辱一案,经升任抚臣谭钟麟暨臣先后查明具奏,钦奉谕旨,饬遵在案。乃于本年八月初一日,据该道王荫樾申文内,突称前此因公受累,伤久未痊,禀销采访局差使,并云嘉兴府县唆纵庄保,纠众入城,殴伤查荒各官一案,前后办理不公,迫为两次京控。原期昭雪沉冤,讵意徇私庇恶,视为鱼肉,全凭被告之词,欺曚入奏,冤无由白,不若奉身以退等情,盖用采访忠义局木质关防禀送前来。查其所叙,皆一面之词,不惟负气倔强,肆言谩骂,且有谓臣硬造谣言,丧心病狂之句。

此等语意,固不应行之公牍,即私函亦不当如此措辞。臣与王荫樾分居堂属,自有体制,若听其妄诞胡言,将何以统率僚属。臣覆查此案,毫无成见,亦无偏私,早在圣明洞鉴之中,毋庸再渎。而王荫樾擅用公文,肆言诋骂,侮慢于臣者事小,关系政体者事大。倘以后奉旨查办之件,双方稍不遂意,逞私晓渎,尚复成何事体。应否将王荫樾量予惩处,以肃政体而儆效尤,臣不敢擅拟,相应请旨遵行。除原文抄送军机处查阅外,谨将道员擅用公文,肆行诋骂,请旨惩办缘由恭折具奏,伏乞皇太后皇上圣鉴训示,不胜悚惶待命之至。谨奏。奉旨已录。

许瑶光在嘉兴知府任上病逝(《申报》1882 年 12 月 29 日《贤守仙归》)

许雪门太守自复任嘉兴府篆后,属下绅民无不悦服。不期于本月初,政躬偶尔违和,日进医药,迄无一效。至初十日,竟疾终。内署阖郡士民闻之,无不下泪。盖太守在嘉郡十有余年,其德政之入人深也。现闻省宪牌示,所有嘉兴府篆,已委正任杭州府龚嘉儁暂行署理,日内即饬赴任也。

4.嘉兴各地

1880－1882 年地方措施(赵惟崙修,石中玉等纂:《嘉兴县志》,光绪三十四年刻本)

六年,委员会县清厘荒熟,按亩编查,其客垦户亩另立清册。

七年,署知县施振成分温、台,宁、绍,河南客民为三大帮(每帮设客总、棚长、甲长名目,专稽客民户口籍贯),设清垦局,延绅选董,订章编查(每庄分圩选董协同客总督、圩保、棚长人等,逐一编查,定其所垦田地,有主者作为客佃,无知者作为客垦,各给门牌执照,分别承租完粮,遇有土客争竞事件,由董报案核办),自后每岁举行。

八年,巡抚陈士杰以客民有霸产、占屋、砍树、酿命情事,颁示谕令安分务农,不准丝毫扰累土民,亦应捐除成见,不得以细故微嫌私相报复。局绅程瑞生、石芳采等亦以客民续到秀水、海盐两县,迭酿巨案,避祸来嘉者安插为难,思患预防,呈由府县转禀抚院重申前约(略谓光绪五年任藩司所议《土客善后章程》条分缕析,明白公允,该客民远道而来,谋生事急,何得恃强凌弱,自取怨尤,各土著亦当破除成见,相互劝诫,公保身家等因)。

是年,知府许瑶光示禁客民续到。

是年,署知县施振成以客民时有向土著占屋、霸产、砍桑、借物、放牛及一切争角衅端,定局单呈报法(印刷局单,如遇上项情事,许被害土民随时赴局填报,呈县核办)。

乌镇客民恣横(《申报》1882 年 8 月 3 日《客民恣横》)

浙湖荒象前已将大略登入报章。昨又接乌镇友来信,知既患年荒,更恐客民蠢动,爰将原书照录如下。

湖郡五月间梅雨兼旬,念三日滂沱终日,益以山水下注低田皆成巨浸。入伏之初雷雨复作,道上淹水,新秋十损四五,赖蚕事毕,登民情尚称安谧,所患者垦荒之客民耳。

此辈多湖南人,类为遣撤之勇,桀骜性成,故歉象甫见萌芽,而剽掠之事已层见叠出,乡民虑其寻衅释憾,隐忍不敢报官,其焰益炽。仆寓居乌镇,大雨时,水亦及槛,近虽渐消,而近镇之小村落及水次客舟皆不堪客民之扰,方水盛涨,桥下至不能容舟,取道田间,客民指为损坏禾稼截留勒索,后乃稍稍出劫

223

行舟。

前日有行李船出北栅,遇数划船持械入舱查看,幸洋藏夹板间未为攫去,乃返棹绕道而行得无恙。一装丝船则竟被劫,又西栅外里许某姓家积米数囤,六月初十日晚餐将毕,该客民麇至,军火悉备入其门,絷其人搜括净尽,扬帆径去。连日乡人以妇女衣物存寄本镇亲串家,如比邻王家现有二女寄顿稍远之祝家,亦有亲戚借居略举数端,概可想见,甚至肩箱挈笼特赴质库,宛如岁阑债迫景况。问诸途人,知距镇数里外该客民啸聚登门,植刀几案铿然有声,称奉某大员将令任意搜括米石,而银钱衣物亦随手肱篚,饱乃远飏。其派米石之数有至数十石者,最少亦须数石,若升斗之家不屑就也。故乡民之稍有积聚者,家中皆不敢存物,但得畅晴旬日,风雨应时不至成灾可无后患,否则秋冬何堪设想耶。

方今客民鱼肉良懦,屡见报章,此次求逞于人恣横如是,莫敢与较。湖属安孝山中客民最多,向不安分,而外镇如菱湖、南浔、双林、新市乡僻处亦皆有之情形,与乌镇大致相似,有地方之责者,盍亟绸缪于未雨哉?

新塍客民滋事(《申报》1882 年 9 月 10 日《客民滋事》)

余少从大父游于嘉湖之间,庚申后十余载,杜门不出家,日落不得已谋食他乡,戊寅春由皖北之湖寓于长兴,会客民滋闹,市面大减,复由湖之嘉郡秀邑之新塍镇。镇为大父旧居停处,故友极多,因家焉。迩年来合股贸易不利,旋闭选于市梢小屋,迁甫定又有客民滋乱之谣,阖门惊恐,更要他徙,寒士何堪遭此,特书不平以代镇人之畏葸者鸣焉。

新塍镇居秀水之西,向多荒田,自安吉、孝丰、武康、余杭等处客民滋事,官长乃逐良者安焉,而不肖者遁于嘉属秀水交界,串同门丁书吏横行不法,以原荒田开辟艰难,不屑籽种,夺土著孤寡之困穷无告者,一并犁去。乡人告状鸣官,往往县中抹煞,以至客民年复一年日聚日众,土著畏之如虎不敢与争,县令畏之如寇莫之敢办。今年春,大吏察知前县懦弱误公,特委发审局干员陈邑尊署篆,秉公正直严问轻刑,乡民悦服而客民亦稍敛迹。在客民种田之法较土著早插月余,苗长根敷,水患幸免。今岁土著歉收而彼谷刻已登场,价又较贵,故稍存人心者固不滋事也。内中游手好闲亦复不少,乘本地岁歉,煽惑匪棍通同索诈,在镇滋闹,本月已见数次,一打饭馆,一打两药铺,一打鱼行,均开店畏事隐忍过去。

骇于念四日午前,竟有客民伊茂邦等向许干泰酱铺强赊不遂,打毁店面杂物,地方众怒不平,因拿获一人。讵茂邦纠合羽党百数十人,手执刀棍向各店铺乱打,自东栅至问松桥店面同时闭歇殆尽。客民回至盛二毛茶店,口称造反,狂言无状,经众愤中之有力者协同营兵兜拿,当又获住四名,汛官恐有他故,即派兵获解至城。时方傍晚,客民在白云桥一带传锣聚众集数百人,有虎视新塍之势,人心惶惧,均欲搬移,各铺已闭二日,闻县尊今晚临镇。余本旅人,只得作笨鸟先飞也。廿六日目睹伤时人启。

桐乡土客残杀(湘帮客民与土著)(《申报》1883 年 3 月 26 日《土客残杀》)

湘楚客民兵燹后经杨石泉中丞招令垦荒,至今垂二十年,嘉湖一带厥类尤甚,往往肆出滋事,土著深受其累。上年水灾寝甚,强割禾谷,截夺粮米,几酿事端。刻闻本月之初,嘉兴府属之桐乡县有湘帮客民与土著以事肇衅,往还报复,积仇愈深,彼比啸聚,交相哄斗,城厢内外一时骚动,店铺纷纷罢市,居人率多搬徙。地方文武竭力弹压,而凶斗如故,比晚知客民被杀毙命者,竟有三四百人之多,受伤者不计。土著亦互有夷伤。事罢,且闻各不相下,再欲背城,借一城中居家迁往苏杭嘉湖省郡者,日必数起,当道已飞禀省宪,请拨兵弹压,日来情事若何,容俟续闻再录。

嘉兴陡门土客残杀续文(绍兴人厮杀,两说微有异同)(《申报》1883 年 3 月 29 日《土客残杀续闻》)

嘉兴土客不和,以致杀伤多人,前已列报,兹又接杭信,谓本月十一晚,有两绍郡人自嘉兴之陡门逃至杭省,据云该处田租极低,输洋四元可得良田十亩,绍人闻之,争先而往。自正月下旬至今往昔已有百数十人,无不荷锄负锸,携家挈眷而来,所带耕牛共有二十余只,于是诛茅作屋,编草为庐,不曰他族之无滋,且谓郊乐之可适,岂意该处土民生忌暗,相关会及期行事。

至初九日夜间,一声胡哨,四乡齐起,见有绍人则群殴之,而投其尸于河,其草屋则聚而焚之,一切田器、耕牛、家用、器具抢掳俱尽,漏网脱者约略不过数人,余则尽遭其祸,死者究不知有凡几也。至十二日省中亦已得报,其言大略相同,但不知司民社者作何办理也。按前信谓与两湖人斗殴,兹则又称与绍兴人厮杀,两说微有异同,然总不外乎土客滋事耳。

斗山湾一带湖南客民盘踞滋事(《申报》1883 年 3 月 31 日《浙抚新政》)

嘉兴斗山湾一带素有湖南客民盘踞滋事,被其害者不可胜计,日间则强赊硬买,或拆梢打降,夜间则剪径穿窬,或纠伙盗劫,土人畏之如虎而无计驱除,刻闻新抚刘仲良中丞抵浙后深知此辈为害闾阎,故未经接篆以前,即饬炮船各哨将该客民所居之草房茅舍一律焚毁净尽,于是客民纷纷逃徙,几如丧家之狗,亦有死于是役者。

闻日来平湖、乍浦一带背负肩挑者若老若幼殊行狼狈,此亦鸳湖友人来信,按本报前登土客残杀一节,未悉中丞此举是否因桐乡闹事后故雷厉风行若此,抑或另是一起,来信未详,应俟候函再录。

新塘土客械斗详述(《申报》1883 年 4 月 4 日《械斗详述》)

嘉兴之新塘地方月初有土客械斗,毙及多名,此已列报。兹闻省垣得信后即委候补府张浚万太守往查,太守于十八日回省,查得起事之由,缘该处有钱姓在村庙中敬神演戏,一卖炒米团者楚产也,偶与一乡民争价致相口角,两不相让,遂相扭结,众乡民蜂拥上前,将卖炒米团者攒殴。是处种田之客民以楚人为最多而亦最横,余若宁绍台温各处都有,而乡民皆以客民概之。是时楚帮之客民见卖炒米团者系属同乡,乃为土民攒殴,不禁招呼同党攘臂齐上,一时奋勇争先,左卫右突,土民势不能敌,各鸟兽散。

其时有太湖中之盐枭百余人,路过看戏,见数百土民竟为数十客民所败,其凶横之状令人发指,一时路见不平挺身齐出。该盐枭身边各带器械,且有枪炮,一齐拔刀相助,恍临大敌。众楚人赤手空拳,无不受伤而奔,一面传集同乡数百人,或执戈矛,或负犁锸,收合余烬,将为背城之战。该盐枭见楚氛甚恶,恐不能敌,乃暗嘱土民见客民之草屋先去放火焚烧,庶彼心惊不敢恋战,然后聚而歼之,楚人定无噍类矣。

各枭皆负其枪炮,严阵以待,众楚人方欲上前争杀,忽见四处火光冲天而起,土民又如山坍海啸而来,枪炮火珠密如雨下,一时兵心大乱,夺路而逃。该处土民见一客民,无论是否楚产,皆聚殴之而投其尸于河,一时宁绍各属之客民,死者不知凡几,其草屋亦被烧尽。各盐枭大获全胜,次日开船回苏州,而客民无家可归,尽在沿城墙一带聚集。越日,齐轰入秀水县署,将一切田器耕牛尽行搬入大堂,众口一词,惟求县主赐食,并求栖身之所。是以陈邑尊颇觉为难,抚之则恩有难周,治之则激而生变。现在就近调得乍浦兵二百,聊资弹压,惟盼龚太尊早为设法也。省中自张太守禀复后,令委后补府徐士霖太守及后补县潘骥同明府去查办,已于十九日登程矣。

嘉兴残杀客民说上(《申报》1883 年 4 月 4 日)

君子观于嘉兴客民之死而益叹井田之废贻祸无穷也。尚论者由今日溯而上之,自一隅推而远之,上下五千年,纵横三万里,而嘅乎其言之。夫民生于天而系于地,天成地平,赖君上为之调剂,故自唐虞以降,有国者因地之广狭而为宫室、坐市、城郭、田庐之度,其制至成周而大备。人民与土地相维,计口受田,而外公田所以供赋税,羡田所以处余夫,民系于地,地著于民,若胶漆然。少壮而老死有未尝离乡井者,势使然也。下逮战国商鞅入秦以策于孝公,著为垦令农战,罗氏斥为废井田,开阡陌之祟,钱鹤滩亦曰此废井田之始,祸基所以伏矣。

然其来民以篇,意在以民实地,以草矛之地来三晋之民,而使之事,本实为千古屯田垦荒之祖,又谓今王发明惠诸侯之士来归义者,使复之三世无知军事,秦四境之内陵阪邱隰不起,十年足以造作夫百万。曩者臣之言曰意民之情,其所在生者田宅也,晋之所无也,信秦之有余也,必若此而民不西者,秦士戚而民苦也。今利其田宅而复之三世,此必与其所欲,而不行其所恶也。夫然山东之民无不西者矣,岂徒不失其所攻乎。又谓齐人有东郭厂者,富有万金,其徒请赒焉,不与,曰吾将以求封也,其徒怒而去之,宋乃恍然曰,此无益于爱也,故不如与之有得也。

今晋有民而秦爱其复,此爱非其有以失其有也,岂与东郭厂之爱其非有以亡其徒乎?论者谓鞅为是说,未尝不重务农本而例举战胜攻取之失,有其地而不能有其民,与无其地同以兵略地,不如加惠来民,一篇之中尤三致意焉。使孝公能大有为,鞅能正其心术以佐之,则案亦三王可四,其失在刻薄少恩。而垦草之令,又复金印无制,启豪强兼并之渐,得失相形,贫富相炫,不均则怨,怨则生乱,而饥寒又从而驱且迫之,民贫盗起,秦用以亡。夫亡秦者涉也,而非涉也,助涉也,民也,而非民也,皆鞅实为之也。何也?井田废而民无所系也,无所系则无所归矣,若泛滥之水,以盗为溪壑矣。

尝观三代以上,未有不凭尺土之藉,蒙累世之业,而能召聚徒众者。泊乎春秋之世,萑苻伏莽,潢池弄兵,旋就扑灭,跳梁小丑,其为害也,亦未至据城邑,掳人民,流血千里者。以树人之道悉根诸地,守望相助,按赋出兵,卫国即所以自卫,同申敌忾,誓死勿去,安有轻弃家室,舍己从人,而为祸福不可必之事者乎?汉高祖提三尺剑起草泽中,五年而成帝业,以怨畔之民,穷无所归,顺民之欲,因而有所耳。既代秦而有天下,虽除苛政峻法,而其制多因其旧,土地人民不相维系,富者田焉,贫者佃焉,失业之民,习为游惰,轻于去就,若秋蓬之随风,有不靖之心,易于煽惑。近世以地计丁,义犹近古,然用以稽赋,非因而受田也。

以我朝之深仁厚泽,省刑薄赋,民不知征调之烦,徭役之苦。道咸之际,赭寇起西粤,蔓延十数省,郡县城堡所过为墟,百姓之少壮者,良民横被掳掠,莠民乘机劫夺,老弱妇女流离转徙,填于沟壑,不知凡几。军事平,田野荒矣,村社生高莱,春燕巢于林木,井里萧条,垄亩湮废,殆甚于宋永嘉时。夫自井田废则民无所系,民无所系则盗贼滋,盗贼滋则人民散,军旅与大兵之后必有凶年,孑遗之民不死于盗贼,又死于疾疫,非屯田之政无以善其后也。

昔者曾文公以皖省军务肃清,皖南诸郡户口凋敝,而广德一州尤甚,于是募民开垦,以实其地,无何客民多死,遂奏迁豫省之民,挈眷口给牛种以往焉,俟垦荒成熟,再事升科,今已变硗壤为良田矣。然其始至也,田原无主,无所谓主客也。按户遣丁,非私相授受也。江浙之间亦多闲田,民贫,耒耜以往,适彼乐郊,归之如水,而此邦之人莫我肯顾,固在所不暇。计猝罹于难,情殊可哀,而嘉郡之事犹小焉者也。

嘉兴残杀客民说中(《申报》1883 年 4 月 11 日)

降水所以横流者,漫无所归也,善治民者如治水,使之有所归而已。前论嘉兴郡客民猝罹于难,人命至重,而小之者以中国之大,人民虽众而野田为垦,广汉无垠,与夫兵燹之后田畴失主,荒废不治者,不可胜数,苟区画有方,人民与土地足相维系。民之衣食出于是,未始不足以温饱,国之租赋出于是,未始不足以富饶,何至舍己之田而耘人之田,载其耒耜糇负出疆,乘火舶,越重洋,漂泊三万六千里,远适异域而入南北亚美里加诸邦乎?

按近几华备盛于美国,蔓延而及古巴,其身食其力为口腹计耳,而取恶于人,一至于此,其情亦大可哀矣。夫绝人太甚,承天下以不广,固深为美人惜,必先誓我华人不堪其扰，殊不自美人始也。当同治初粤东奸民诱惑贫黎出洋开垦，私与此比粤，国人立约而转贩之，谚所谓猪仔也。使操耕作牛马，其人稍不如意，鞭挞而榜掠之，有被笞至死者，有不堪其虐自缢于林、自沉于水者，疾苦无可告诉，英美二国人士激于义愤，为请于执政，执政既为请命于中国。当中国条约未立，驻使未设置先，复力为训护，所费不费，其存心也，仁；其为惠也，溥。可谓难能而可贵矣，苟非二国之为义，敢不分畛域，中国之人不为异国之鬼者几何！

然吾闻之行愈远者和愈重商贾之道也，非所语于农夫，彼蚩蚩之氓，胡为乎来哉。其人非务远而略近也，非乐死而恶生也，中国自承平而后，农归其业，田多丁寡，即封疆大吏饬下郡邑以垦事来民者，非指旷土以与事也。籍民田之荒于军事，承业无人，渐至因荒成废者，募民耕作，且给牛种焉。迨垦荒成熟土，著觅垦为己业，官吏亦议征额粮。不云蜜熟蜂飞，而曰鹊巢鸠占，客民之实隐，客民之心伤矣，善乎。

皖抚裕大中丞奏办垦务一疏，深求民瘼，洞烛群情，不啻与土客之民相共处，昕夕周旋于期间耳，而目之何其之切，而意之尽耶！与明湖子所论嘉郡土客相残事适相类，而其所陈客民冤苦，又皆吾所欲言者。中丞已先我言之，且以致入告矣，胜于吾言之空鸣无补，高出四累之上矣。

其略以此为次清厘垦务，惟土民认田最难凭信，如使客民认主交租，又属难行之事，于是曲为调剂，始创为主客买卖之议。以皖省肃清之次，土民百不存一，而外来垦荒客民则十倍于土民，而不止田亩，经界变改旧型，客民择肥而开，务成片段，有一家而兼昔时数姓之田，数人而分昔时一家之业，纷杂错乱，莫可究诘。果使认田土户皆是当年真正业主，确有契据可凭，则客民无可执争，在官亦不难判断，无如现查知田，土民率以空言指认，情伪百出。若但执凡系土民之田即应归土著为业之说，万不足以折服客民。在客民不远数千里，扶老携幼，而竭数年胼胝之劳，始获归成沃壤，孰肯俯首听命而让诸无据冒认之田主。且以一人而作数家之佃，完数姓之租，情非所甘，必致懦弱者弃田转徙，强横者构衅忿争。纵或在官勉承，亦必仍前抗欠土民，但有认田之名而无收租之实。租既无收，粮亦无著，终比赋课，虚悬通欠，催征实民，交受其累，此客民认主交租势有难行之情形也。

229

衡量时势,揣度人情,计惟主客买卖尚可两得其平,客民买田以承粮,与土民葛藤永断,其业可安。当官立断,编册启征,课赋亦无由隐匿,而土民卖田得价别管妥实之田,如此处置,庶土客均有裨益云云。其酌拟之章程谓指认之田如系原主五服以内者,无论有无契据,皆准承认,其族中或有祭田、学田,果系宗祠尚在,子弟读书有人者,取得老邻保证,亦准酌留以示矜恤。价由垦户承买,有主者价皆给主,无主者价即归公。又谓土民狡黠之徒藉唆讼以图渔利,豪强之族挟势力而冀兼并,仍不免蛊惑邻愚,多方煽诱,或于水道要口,或于肥饶田亩指为祭田、学田认请酌留。客民因之疑虑于承买缴价之事,观望抗延,事多扞格,深恐前议未周,饬地方官吏再为详查,有可变通之处,不可固执前章,务期事归至当云云。

于戏,察公行事,可谓乃心民事者矣。使封疆大吏以实心行实政,无不如公,则海内苍生何至不见容于本国,复见绝于外国乎,噫,可悲也已,可慨也已。

嘉兴残杀客民说下(《申报》1883 年 4 月 14 日,光绪九年三月初八日)

林茂鸟投林,林多鸟而不见,水深鱼游深,水多而鱼不见。鱼惟其不见,所以能适其性,滋其生也。水涸则鱼见,林凋则鸟见,其来也,非招而甚于招,其去也,非逐而甚于逐,林不与鸟期而鸟以林为命,鸟去则林凋矣。水不与鱼期而鱼以水为命,鱼去而水涸矣。夫人民与土地由诸鸟之于林,鱼之于水也,非土地无以养人民,非人民莫能兴土地也。土地人民实有彼此相维之势,慨自井田废,阡陌开,豪猾日事兼并,黎元失所,因依国有无归之民流而为盗贼,其为害也深矣,野有不耕之土,用以处流民,能相安者,鲜矣。

前以嘉郡土客相残,著为论说,推及于皖省之垦荒,比鲁美国之佣役夫。如是则中国之民散而之四方,流而至海外,杂处于南洋群岛间,不知其几千万人矣。以失业无归之民播迁三万六千里而入于美,而逐客之令又见告矣。四海难容,一身无主,两肩承一喙,更将安往乎。然中国自大兵以后,休息生聚未及一世,比岁秦晋存饥,人民相食,委道路沟壑者不可胜数。民数视昔承平时有损无增,而田赋之额亦未尽复,苟尽地之利以养人民,非惟田赋可以充,而流离逃窜之民亦得安于家室。复知有生人之乐,其道则在乎屯田,而寓兵于农之意庽焉矣。三时务农,一时讲武,谓之复井田可也。师其意不必袭其迹也。

凡经赭寇蹂躏之区,移丁就垦,谓之棚民。棚而居,不室而处,不为久计,自处于客也。夫客民之势本孤,也以聚处而见多,土著之势本众也,以分处而寡,客民势众处之势,又无田畯,亚旅以董督之,莫肯为土著者。下嫌怨用以日积,土著以意气自豪者,曲审人情,乐为之用,攘臂一呼,无不左袒,乘客民之无备,仓促以功之,釜鱼砧肉,直摧枯拉朽耳。

安嘉郡客民惨遭残杀,其构隙情形迭登诸报,首事者或曰楚产也,或曰江北人,无从致诘,至称土客以细故忿争,客民拳殴土著,土著纠合丁壮,荷畚执挺,以图报复。适有枪船盐枭过境,轻举妄动,以有事为荣,固习焉,若性者,请以战戏,忻然许之,遂与之俱。林其枪雨其弹以攻客民,血肉狂飞,狼奔豕突,于浓烟毒焰中,伤矣客民,快哉土著。贤令尹到官未久,不遑弭乱,于机先又难理纷,于事后呕数升血致陨厥躬,吁其戚矣,嗟何及矣。

夫客民为求生而来,求生而反得死,殊为客民所不及料也,推原其故,咎亦终由于自取,而为民上者,殊未就官垦、私垦两途为之分别条理,深长思也。官垦毋庸设官,以其人等于土著也,私垦必为设长,以其人乃属客民也。土著有所隶,客民无所归也。

客有至自秀水者,为言客民以两湖为最盛,而两湖客民又以山海关撤防之楚军为最多,吾因之有感矣。募勇易,散勇难,当咸丰初,粤氛甚炽,是处招募勇丁,乡有团,城有练,在所不计外,而以募勇代营,兵随征剿,如广西庸勇、湘军、淮军皆有百战之余以果敢精锐称者。迨军事平,议遣散,曾正文深悉其难,胥厚给资斧,勒限归乡里,使复故业,斯举也,余深疑之。在昔有业可守者,未必出而应募,既已应募矣,本无可安之业,何云故也。此际郡邑多绝产之田,勇丁无可归之业,举行屯田之政,宜在此时,以队长长百夫,以营官长千夫,乘农之隙,仍事训练。一旦有事,足备征调,唐设府兵,分隶十六卫,昔贤谓深得井田遗意,苟留遣散之勇丁以供屯田之用,谓之复井田可也,何唐府兵之足云。

乌镇土客仇怨(《申报》1883年4月9日《县官急死》)

嘉兴土客残杀一案,本馆已选据所闻录报,兹又传得其起衅缘起。谓于二月初,桐乡县属之乌镇乡间严家木桥演戏,有湖南人与江北人买小米子糖,两相口角,闹至某姓祠堂,致将木主门窗毁坏。某姓闻知大怒,遂禀县缉捕,后又不知如何,有盐枭与枪船谋将客民草棚焚毁,盖是处草棚只有六间,即于初八日午前动手。无如土客之仇怨已深,一处发动,四处响应,转瞬间自桐乡界以

231

至秀水县属之陡门、新塍、濮院各处乡间数百草棚一齐纵火,数十里外只望见烟焰蔽天,于是相互残杀,尸横遍野。

是夜,各乡掘坎埋尸,坎有深至八九尺者,其中死者以宁绍人居多,两湖人次之。初九清晨客民纷纷进城禀报,秀水陈邑尊即下乡踏勘,迨至乡间,土客又各执一词,无从办理,此初八日至十一日之情形也。陈邑尊回署禀府,龚太守谕其赶紧办理,十三日再至新塍,客民皆攀舆泣诉,至十五日回署。陈邑尊初任秀水,出此巨案,遂气氛成疾。十八日系县试之期,点名毕,即请学官监场,午后呕血数升,薨于位。龚太守即委张明府代理,一面飞禀省宪,闻得上游已委员暗访其事,一面派队驻扎新塍、濮院等处弹压云。此系传述之词,其详容俟续录。

陡门一带,土客积不相能(《申报》1883 年 4 月 10 日《来信照录》)

嘉属秀、桐两县交界之陡门一带,土客积不相能。二月初七日,土民起意驱逐客民,致有匪徒乘间生事,烧毁客民草棚多出,且有伤毙人民之事。现在客民逃至嘉郡城内,及新塍等处,日至地方官衙门内求伸理。业已捞获浮尸五具,经嘉兴府县筹款安抚客民,一面访拿滋事凶犯。惟事起仓促,众皆乌合,一时尚未得首要姓名,因是人心未能镇定,谣言四起,上宪现已委员分别确查妥办。此外并无杀人放火之案,亦无炮船,奉饬焚毁客民之事。贵馆前列数条,恐属以讹传讹,用特布闻,请登诸报以归核实。

乌镇乱耗(《申报》1883 年 5 月 25 日《湖属乱耗》)

昨晚接到南浔电信,云湖州府属乌镇地方,于十六日突有客民三千余人,肆行抢掠,各店铺皆闭门自守。现经当道赴省禀知大宪请兵剿办,因此浔镇巡防甚为严密也。

垦荒详述(《申报》1883 年 6 月 2 日)

嘉兴客民闹事,延至今日,竟有不可收拾之势,爰将其事始末备述于左,敬请登录以供众阅。先是中丞招募开垦,仅有告示而无章程,亦未派员经理,客民所到之处无论荒田熟田均欲占为己有,只需驱牛一犁打一圈于田内便可耕种。故己卯年冬季,新塍北乡即有客民与土民争田,客民打杀土民一事。其时秀水县令仅来验一次,乡民告状,转责自不垦荒作熟,安能禁客民之不占田。命案不问,一意开释客民,其差役人等至乡,专会苛索土民之钱,客民不顾而问焉,经新塍绅士递公禀请为严办,亦仍一味延宕,竟将此命案搁起。

客民因此日渐放肆,日聚日多,恃强滋蔓,非但占田,而且强占桑地,凡桑树经数十年培植,土民恃其为养蚕之资者,冬天叶落,客民谓树已死,擅行斫截。乡人有田器,名为借用,永不归赵。乡人有妇女在路上及田地间,四顾无人,及行抢至草棚中轮奸,越日放还。乡人至县中告状,在县令固恶闻其事,复加以衙门胥吏之需索费洋十数元方能进得一呈,即是批准出差,而差人转牌发脚亦要花费洋数元,及差人取洋后,仍不敢下乡提一客民到堂,是以乡人屡次告状,徒花洋钱,仍属无益。

且客民去住不常,春夏种田时一班人至,秋冬时即另换一班人,故即势家豪族,亦无从责其还粮纳租。而县中胥吏只需田已开种,便要土民照册完粮,亦不敢向客民过问,因之客民之势日横,土民之势日衰,非但田地占去,桑树截去,器用取去,妇女奸去,还要替其完纳银粮,此土民之冤抑不申,何为如此哉。

延至去年春,新塍县镇南陡门一带亦有土民争田之命案,县尊下乡相验,被乡人围住,请其清理田界,县尊无可如何,稽留二日,乘间回衙。事被上宪风闻,始行撤任,厥后陈县尊莅任,经新塍绅士请到其镇清理田亩。陈县尊尚有胆气,果向客民理论田地,已种者每亩偿钱二百文,令其退出草棚,搭费若干照数算还洋钱,著其拆去,谕以"尔等从泗安、广德而来,可仍到彼处开垦,不必逗留在此",客民均各应允,将洋钱领去,限数日退清,出具甘结,亦可谓周到矣。

岂知陈县尊一经回衙,此辈照旧不拆棚子,不退田亩,复经绅士向县恳说,请县尊下乡,客民又藉端推托所以不拆棚子之故。县尊亦不欲过甚,仍令展限迁移,此亦谨慎之道也。岂陈县尊回衙后棚仍不拆,田仍不退,合计所偿拆棚并退田费已上百千文矣……县尊两次下乡,衙门胥役个个要钱,每次亦要数十千文,存县尊原著地保当差,而地保仍派于乡人费,此数百千文,力已尽而事仍无益,因不复再请县官下乡清理。

于是客民之势更横,即至镇上买物,如乌镇、新塍、濮院等处,无不强赊硬买,一经声张,便聚多人老拳从事。至在乡间,则忿争奸淫之事无日无之,至今年二月遂酿成盐枭与客民交哄之一案。其实盐枭亦是代抱不平,故有此举,惜其不奉公令擅行私斗,是则盐枭之罪也。至所烧客民草棚,惟前朱庙至永新官塘迤东至嘉兴频塘而已,若新塍相近之一带草棚依然无恙,客民仍照常居住。

盐枭与客民交哄后,客民约有三百余人至嘉兴,其一百余人掳称受伤,居于城隍庙中,官给衣食并延医调治,其余由县中每人发洋两元,遣其回至泗安、广德,不必再居此地。给洋之后,用船着人押送,岂知送至南浔即行上岸,谓盘费不干事,遂仍旧走回新塍,与各草棚客民并住,每出入则二三十人结伴而行,见土民无多,即行打死,将尸埋去,并声言要打许宅、高宅等情。

始知每人给洋二元劝其回去一举仍归无益,与其前拆草棚退田给洋同一情形也。厥后许竹篔太史拟章资遣客民所占之田,会经完粮者,每亩给洋两元,未曾完粮者,每亩给洋一元,草棚器械亦照田计算,每亩给钱五百文。故此月初旬闻河南人已经遣散,悉数回去,其湖北人有即日回籍之说,计发去银洋八千有余,系从积谷款款内支用,方谓事已停妥,可无虞矣。

岂知初十日后突闻乌镇各处有客民张贴传单言仍要向严、徐、高、夏、岳五姓报怨。十四五日客民络绎而来,至十六日夜突来八百余人之多,以致十七日乌镇罢市,迁避纷纷,镇上即请炮船兵勇扎营梭巡,尚无妨害。其后络绎而来者不下三千人,均屯住乡间,此时蚕汛正在大眠后,乡人畏客民如虎,只好四散奔避,是以盛泽、震泽等处均有乡人妇女全家逃难者,濮院、新塍亦各搬家,始知许太史资遣客民用八千金之多又归无益。此刻客民可以鱼肉土民,而土民则不敢冒犯客民,遍地荆棘,不知上宪将何以处之也。以上系旅苏之嘉兴人函述用照录之。

秀水、桐乡二县土客挟忿滋事烧杀多命获犯审明分别定拟(刘仲良中丞秉璋《奏结土客滋事案折稿》,选自严辰纂修:《桐乡县志》卷二十四,撰述志四,页六十五附录;亦见刘秉璋奏,《申报》1884 年 3 月 23 日,《光绪十年二月初十日京报全录》)

头品顶戴浙江巡抚刘秉璋跪奏为土客挟忿滋事,烧杀多命,获犯审明,分别定拟,恭折仰祈圣鉴事。

窃照光绪九年二月初间秀水、桐乡二县土客滋事一案,经臣将获犯提省审办,缘由附片具奏。五月初十日递回原片,军机大臣奉旨,"知道了,即著该抚将此案提讯确情,按律定拟,具奏杭嘉湖各府客民开垦荒地与土民时启衅端,该抚当督饬属员将地亩详细清查,酌议章程,妥为办理,务令日久相安,钦此"。此同日并准军机大臣字寄光绪九年四月二十八日奉上谕,"御吏黄兆桎奏浙江匪徒蟠结请饬分别惩办一折,客民垦荒全在平时,安插得宜,勤加抚驭,俾得土著日久相安,并著刘秉璋将客民妥筹安置,毋任四出纷扰,原折著抄给阅看等因,钦此"。遵旨寄信前来,经臣钦遵分饬并将妥办,嘉属客民分别妥筹遣留地方静谧情形切实陈明,奉旨"知道了,钦此",各在案。

嗣据委员会候补知府徐士霖等、候补道唐树森查明土客滋事情节禀报,并据该府县营汛,及在防水陆各军先后拿获案内各犯,暨传证佐人等批解来省,发委审办,去后兹据杭州府知府吴世荣,前署杭州府知府林述祖讯明议,拟详由布政使德馨、署按察使丰绅泰会同覆审,明确详解前来,臣亲提各犯,研鞫高锡毛即高阿九、毛葆成即毛娄国、吴加大即贾大、陆村荣、钱阿三、姚阿三、唐阿五、徐慎大与监毙之陈木大刀即陈先风、朱五即朱胜龙、姚得元分隶秀水、桐乡等县,刘琴山即刘孝权系湖北江夏县人,沈汶元即草线蛇系江苏震泽人。浙省杭嘉湖三府属自兵燹以后,田土荒芜,迭经出示招垦,多有两湖、豫、皖及本省宁、绍、温、台客民搭棚垦荒。该客民与土民情意未洽,每因口角细故酿成衅端,甚至强宾压主,遇事逞凶,无恶不作,虽经地方官遇案惩办,该客民恃众横行,怙恶不悛,土民惧其凶蛮,久深积忿。

光绪九年二月初三日嘉兴府属桐乡、秀水交界之前珠庙酬神演戏,有在该处经塘桥垦荒之河南、湖北客民叶少明、王老七等赴庙听戏,与摆卖糖摊之江北人买糖争论,客民将江北人殴伤,土民陈小二、徐小四等旁观不平,帮同江北人争斗,获住客民张福山等评理,叶少明邀人夺回。初四日该客民纠集多人复往前珠庙报复,打毁附近土民住房数间,土民莫不忿恨。当由陈木大刀出头,声言客民屡次强横,土民难以安身,起意放火烧毁客民草棚,乘势驱逐,因与高锡毛、毛葆成商议,高锡毛、毛葆成均以为然。陈木大刀当去纠邀地保陆村荣,民人钱阿三、姚阿三、唐阿五、徐慎大帮助,陆村荣等不允,陈木大刀殴骂逼胁,陆村荣等无奈允从,毛葆成亦转纠合吴加大、朱五、姚得元同行,并添雇太湖渔户沈文沉渔船,高锡毛、毛葆成备带枪械火煤。

是月八日早,咸至陡门地方,会齐陈木大刀,先令陆村荣、钱阿三、姚阿三、唐阿五、徐慎大鸣锣助势,自与高锡毛等喝同吴加大、朱五、姚得元在塘南、塘北客民草棚分手放火,登时火起,因风延烧草棚二十余间,棚内客民不及逃避,烧死程方全一命,不识姓名客民三命。高锡毛又用鸟枪轰毙不识姓名客民并薛郭氏等三命,陆村荣、钱阿三、姚阿三、唐阿五、徐慎大等畏惧,均各先回,陈木大刀等复至董家桥、新塍、濮院一带放火驱逐,该处土民亦多随声附和,每处被烧草棚一二间及六七间不等。客民赶上扑打,陈木大刀希图抵御,喝令高锡毛等一齐乱殴,致伤毙客民鲍才有、鲍桂生,工人王武全、王运来等一家四命,因人多手杂,不知何人致伤何人,并焚压另毙三命。沈汶元在场助势,并不动手。陈木大刀等自知罪无可逭,将各尸抛弃河内而散。经府县营汛访闻,驰往弹压捕拿,禀报此土民陈木大刀等起意驱逐客民,纠众放火而杀人之实在情形也。

旋经委员徐士霖等会同府县,将秀水境内河南等省被累客民妥为抚恤,其有情愿回籍、他徙各户,或给川资,或还垦本,分起押送出境。案内尸亲及应讯之人暂留备质。此外本省宁绍客民均愿仍留垦种,酌给籽本,照常复业。惟桐乡被累客民,该县尚未开报,于四月间屯众乌镇地方,先只三十余人,以找寻绅士申冤复业为词,麇众社庙。刘琴山向在该处小押铺从中煽惑,即至该处同知衙门,要求复业,一经官为开导,当即退出。随有无赖游民闻风附会,聚至二百余人,沿街需索使费,居民惶恐。经札委候补道唐树森等驰往查办,立将刘琴山拿获解省,附从之人亦即解散。

查出桐属河南、湖北客民实有原业可指者,除自愿承领垦本之十七户不计外,尚有三十七户,酌给棚厂、牛具、资本,清还原垦之田,仍前耕作。此又客民刘琴山煽惑客众屯聚要求,尚无逞凶滋事亦实在之情形也。所有滋事首要各犯,暨证佐人等先后饬经拿获,传集解省审办,嗣据报案犯朱五、姚得元、陈木大刀先后在监病故,又经批饬讯验核案详办。兹据杭州府知府审明拟议解由藩臬两司覆审解勘,到臣亲提鞫,据各供前情不讳,诘无另犯不法,亦无图财抢掠情事,究诘不移,案无遁饰。查例载挟仇放火,止欲烧毁房屋泄忿,并非图财有心杀人者,若致死一家三命以上,首犯斩决枭示,从犯拟绞立决;又凶徒并非图财,挟仇放火烧毁房屋,杀人,诱胁同行者杖一百徒三年;又在外刁徒直入衙门挟制官员,不系干己事情,发近边充军等语。

此案陈木大刀因客民屡次强横起意,商同高锡毛等放火烧毁草棚驱逐,因而烧杀多命,实属凶顽,查该犯喝令乱殴鲍才有等致死,虽非有心杀人,实属一家三命以上,自应按例问拟,陈木大刀即陈先风除事后攫取财务及弃尸各轻罪不议外,合依挟仇放火,止欲烧毁房屋挟忿,并非有心杀人者,若致死一家三命以上,首犯斩决枭示例,拟立斩决枭示,业已监毙,仍戮尸枭首示众。

高锡毛、毛葆成与陈木大刀商议滋事,或转纠多人,或备带枪械火煤,致毙多命,实与陈木大刀同恶相济,厥罪维均,并无首从,可分应请将高锡毛即高阿九、毛葆成即毛娄国一例问拟斩立决枭示以昭炯戒。吴加大即贾大、朱五即朱胜龙、姚得元听从下手放火,均合依从犯拟绞立决例,各拟绞立决。朱五、姚得元业已监毙,应毋庸议。沈汶元即草线蛇受雇同行,仅止在场助势与下手放火伤人,从犯情稍有间,应请于从犯绞立决例上量减一等,拟杖一百,流三千里,定地发配安置。陆村荣、钱阿三、姚阿三、唐阿五、徐慎大被胁同行,并无放火帮殴情事,均各依诱胁同行者杖一百徒三年例,拟杖一百,徒三年。陆村荣系地保,知法犯法,应照例于徒罪上加等,拟杖一百流二千里,与钱阿三等分别定地发配,折责安置充徒。陈小拿即陈阿五、徐小四即徐阿四因听戏帮同江北人争斗,亦属不合,应与不及救阻之地保盛守芳均照不应重律,拟杖罢市,折责发落。盛守芳仍革役。

刘琴山煽惑客民屯聚求官,虽无逞凶滋扰情事,纠结亦未至四十人,敢于直入衙门,挟制官吏,究属玩法,亦应按例问,拟刘琴山即刘孝权除私开小押轻罪不议外,合依在外刁徒直入衙门挟制官吏,不系干己事情,发近边充军例,拟发近边充军,定地发配,折责安置。陈木大刀、姚得元、朱五在监病故,刑禁人等讯无凌虐情敝,绅士人等亦无主使情事,均无庸议,已获各尸均已由县分饬瘗埋,未获死尸饬县访查具报,鸟枪查起移营配用。杭嘉湖三府属客产,并土客保甲业经饬同委员分别清查,并禁止嗣后不准客民续至垦种,以杜争端。刘琴山小押铺业已押歇,无干省释,陈木大刀等监毙职名饬县查明另参,除将全案供招咨送刑部查核外,所有秀、桐二县土客滋事获犯审明,分别定拟缘由理合恭折具奏。伏乞皇太后、皇上圣鉴,敕部核覆施行,谨奏,军机大臣奉旨,刑部速议,钦此。

民国《乌青镇志》卷 40《大事记》(卢学溥修,朱辛彝等纂;亦见夏辛铭纂:《濮院志》卷四十《大事记》,第 6—7 页)

土客之斗

光绪九年二月初八日土客械斗,塘南北客棚焚毁殆尽。先是宁绍台客民搭棚垦荒,土客情谊未洽,每因口角起衅,土民畏其凶横,久积怨忿。二月初三日秀、桐交界之前珠庙演戏,客民叶少明、王老七等赴庙听戏,与摆摊之江北人买糖争论,江北人为客民殴伤,土民旁观不平,帮同争斗,获住客民张福山等评理。叶少明邀人夺回,并于次日纠众前往报复,打毁附近土民住房数间。有陈木大刀出头,声言客民屡次强横,土民难以安身,纠合高锡毛、毛葆成起意,放火烧客民草棚,乘势驱逐。

初八日早,齐集陡门,陈木大刀先令地保陆村荣及土民钱阿三、姚阿三、唐阿五、徐慎大鸣锣助势,自与高锡毛、吴加大、朱五、姚得元在塘南北客民草棚放火,登时延烧二十余间,死程方全一命,不识姓名客民三命。陈木大刀又至董家桥、新塍、濮院一带到处草棚焚烧,土民随众附和,和客民赶上扑打,于混乱中又伤毙客民鲍才有、鲍桂生、王武全、王运来四命,并焚压另毙三命。陈木大刀等遂将各尸抛弃于河而散。旋经委员徐士霖等会同府县,将秀水境内河南等省被累客民妥为抚恤,其有情愿回籍他徙各户,或给川资,或迁垦本,分起押送出境。案内尸亲及应讯之人,暂留备质。

此外本省宁绍客民尚未开报,于四月间屯众乌镇地方,先只三十余人,以找寻绅士申冤复业为词,麇众社庙。刘琴山向在该处小押铺从中煽惑,即至该处同知衙门,要求复业,一经官为开导,当即退出。随有无赖游民闻风附会,聚至二百余人,沿街需索使费,居民惶恐。经札委候补道唐树森等驰往查办,立将刘琴山拿获解省,附从之人亦即解散。查出桐属河南、湖北客民实有原业可指者,除自愿承领垦本之十七户不计外,尚有三十七户,酌给棚厂牛具资本,清还原垦之田,仍前耕作。案经浙抚刘秉璋奏结,将陈木大刀等置于法。

池湾镇客民肆行不法,驱逐出境(《申报》1884 年 12 月 24 日《禾中近事》)

池湾镇一带地方,前因垦荒客民肆行不法,大为土著之害。经该镇绅士禀请朱邑尊驱逐出境,绅民同声感颂,公制万名伞一顶,德政牌两对,于上月二十八日送至县署,鼓乐竞作,冠盖如云,极一时之盛事。

秀水前县令陈病逝托梦现县令,为土客冲突事(《申报》1885 年 1 月 19 日《说梦新语》)

客从鸳鸯湖畔来,说一梦甚新奇。据言秀水县朱启凤明府近抱微疴,爰乞数日之假,簿书丛里偶尔抽身,玳瑁床前于焉寻梦,一夜银灯欲炧,玉漏将残,攲枕高眠，不觉飞腾睡去。恍惚见一人衣冠炫耀款步近前，若有所告语者，明府急起之，惊问尔何人。答曰我乃前县陈某也，足下下车以来闾阎安谧，我有荣焉。我因新塍客民一案赍恨以殁，将来结案时若能助我资斧，俾魂魄得归故乡，泉下人受惠不浅，当衔环结草以报，语毕而去。明府亦惊觉睁眼，四顾屋角一灯荧荧作惨绿色，追忆情景如在目前，则查蘧蘧然一梦也。

先是陈明府摄秀水县篆时，适田禾歉收完赋不足，储宪以催科不力摘顶未复。而新塍土客争斗之案起，陈明府闻报仓促下乡，客民率众围之，再四劝谕始得回署，忧懑愈甚吐血数升而死，禾人哀之。而朱明府适感此梦，遂于次日招浮屠入内署，讽经三日以践梦中语。嘻古今一长梦也，人生一短梦也。五官百骸孰非梦中身，利锁名缰孰非梦中事哉。既有说梦之人，何妨有纪梦之作，真耶幻耶，还以质诸梦中人。

东乡客民齐集郡城（《申报》1885 年 7 月 8 日《禾中纪事》）

分秧时候，向有东乡客民齐集郡城以待佃户之雇，近以阴雨不辍未能插秧，故若辈未免辍业以嬉也。

沈荡镇售丝遇盗，此等盗匪必系垦荒客民及无籍游勇（《申报》1885 年 7 月 12 日《售丝遇盗》）

嘉兴访事人来信云，日前有沈荡镇乡民携丝十三包偕伴至王江泾出售，舟至两脚牌楼地方芦荻蔽浦，四无居邻，绿林客数人将丝尽数劫去，一跃登岸，齐望苏塘而奔。乡民情急高呼，得是处乡人帮同追赶，盗见势不佳，沿途抛弃数包，随被逸去，乡人拾取归来，细加检点计所失尚有七包，约值洋蚨百数十元。说者谓此等盗匪必系垦荒客民，及无籍游勇，化日光天之下，竟敢若此横行，其真目无王法者耶！

九里汇乡客民闹事，县令速令出境（《申报》1886 年 1 月 4 日《禾城小录》）

间人捆送闹事客民四五十名到县，朱邑尊庭讯之下，将客民中之为首者严加申斥，并令速行出境。又谕乡保圩长嗣后遇有客民扰累等情，先当解劝，如果不依速即报案，当派差勇拿捉，切勿无端鸣锣恃众，有干例禁。

王店镇客民强赊硬取，县令前往驱逐（《申报》1886 年 1 月 20 日《秀州小录》）

嘉兴县属王店镇日前有客民三百余人向各店铺强赊硬取，不堪其扰，当经该处绅董报县,王邑尊即带差役前往驱逐,以免滋生事端。

陶庄宁绍湖南等处客民互相殴打(《申报》1889 年 9 月 28 日《魏塘琐缀》)

嘉善县属之陶庄镇有宁绍湖南等处客民,在大庙中栖宿一夜,因争片席之地,互相殴打,势如对垒,一人竟死于拳下。地方上人见之,即将为首者捆缚送县,庄明府饬收押候办。本地匪徒张某与湖南人某甲表里为奸,横行乡曲,抢孀逼醮,讹诈奸污,种种劣迹不胜枚举,近为庄明府访闻派差密拿到案,将两人装入站笼发头门示众,远近闻之同声称快。

秀水宁、绍两帮客民县垦种荒田,深感知县之德(《申报》1886 年 12 月 26 日《禾中近事》)

宁绍两帮客民在秀水县乡间垦种荒田,深感朱明府之德,因送德政牌万名伞以志虔戴。

王店镇湖南客民与土著争桑酿命(《申报》1887 年 5 月 15 日《争桑闹民》)

嘉兴一带多养蚕,饲蚕必以桑,故每多争桑之事。闻王店镇东南乡于数日前有湖南帮客民亦以养蚕贸利,约集十数人各持器械强采桑叶。该处乡民见而喝阻,客民不但不理且欲恃众殴打土民,即鸣锣集众纷纷然携械而来,两不相让,如逢大敌。锋刃既接,各有损伤,而土民受伤尤众,内有一人即时毙命,两人身受重伤,其余纷然逃散,当夜入城报县,王西垞明府于次晨即带同刑仵书役乘舟前往勘验,至晚尚未回署,其详容俟续述。

王店镇争桑酿命续述(《申报》1887 年 5 月 18 日《争桑酿命续述》)

前报王店镇乡间争桑酿命一事,今查得事在下十七圩地方,当时土客两人殴打毙命后,由该处圩长乡保入城报县,嘉兴县王西垞明府立即带同刑仵书役乘舟下乡相验。据仵作喝报头面额角有铁器伤甚深,又有胸前等处致命伤。邑尊亲自复验无误,遂饬查拿凶手。不料凶手竟已投到诉称死者烧毁草屋五间,屋内尚有谷二十余担,尚有九岁幼孩不知下落,并指明由乡民某某二人首先放火,以致尽数烧毁。邑尊乃即饬差拘拿放火之两人回城,其时更柝已鸣三下,将所拘数人暂行收押。次日午后提讯,先讯圩长供称死者徐姓,家中只有叔母及一子,因在荒地上争采桑叶致有殴打毙命之事,在后乡民集众放火耳。

诘之凶手,供称姓陈湖南人,弟兄两人有子四,起衅之由因与温州客民在荒地打架,土民竟助温帮将我草屋放火烧净,以致拼命失手打死徐姓。况打死人自当抵命,但我之草屋被烧,全家赖此活命,又一幼子不知死活,求恩做主。双方各执一词,王明府即饬收禁,须俟查明实在再讯。又闻嘉兴东栅口赵姓军犯于前日经买桑叶,不知何故将桑叶船上乡人殴打,乡民受伤不省人事,皆以为打死矣。后直越半日之久始渐苏,受伤之重已可想见。赵见势难了,愿将受伤人先行送归再行调处,刻下尚未停妥也,不知究竟如何。

王店镇争桑余话(《申报》1887 年 5 月 22 日《争桑余话》)

前报叠纪争桑酿命一事,兹又接杞忧子来函,云王店镇之东北乡地名菱白田有持姓名洋鸡德生者,年四十许,惟一子十二岁。十九日晚有近邻湖南客民四人至彼地强剪桑叶,德生父子见而与之争论,客民即举铁镶扁担击之,德生头破而死,旁人鸣锣呼救,集土民五六十人与之打架。无奈客民勇不可当,数十人皆逃窜,惟有年轻者四人稍与争锋,俱受伤而奔。后来有温州客民数人路见不平,出为相助,擒获凶手两人,并夺得长刀一柄。客民自知理屈,旋将所居草棚纵火自焚以作反噬之计。是夕将所拿之两凶手著甲长看管,其圩长当夜赴县禀报。

廿一日晚,王西垞明府至尸场,验勘问凶手,则云土人先来放火以致发忿打死,讵料土民见官胆怯,无一与之办者,圩长亦复无言。当即具棺收殓,将两凶手及圩长带回县中,未知如何办法也。然客民凶横、土民良懦于此可见。客民本无桑地,近来养蚕甚众,其桑叶大半强剪而来,特德生不幸出门而死,其不敢出门而忍气吞声者不知凡几,为民上者将何以善其后哉?

石佛寺获盗续闻,系温帮垦荒之客民(《申报》1887 年 7 月 2 日《获盗续闻》)

前报嘉兴县属石佛寺镇彭姓遇盗,经捕役在城内醋坊桥拿获,是案盗犯云云。兹闻前后拿获之盗共有三名,系由秀水县捕役拿获,继归嘉兴县王邑尊又饬差捕缉,续获到七名,皆系温帮垦荒之客民。经王邑尊研讯,据石老三供明,实由伊弟石矮五纠党肆劫,尚有数盗匿在湖州府属,所抢丝只四十六车,并无八十余车之多。邑尊得供,饬仍收禁,一面移文湖州请缉余盗未知能续获否。

北门外栅堰多系江北人所居(《申报》1887 年 12 月 5 日《秀州杂录》)

嘉兴北门外栅堰多系江北人所居,白苇黄茅萧蔬满目,十四夜街柝三敲,草棚内忽然失火,附近客民正在睡梦懵腾之际,闻呼喊声立时惊醒,纷纷逃命,城内水龙并未出城灌救，仅有客民帮同扑救，焚去草棚三间而已。正当火盛时，有一少年妇冒火奔入棚内搬取物件，其夫阻之曰，尔勿贪赀财而轻性命，若能入而不能出，虽悔何及。妇不听及奔入，则火已塞断去路，妇竟以身殉焉。闻妇甫于上年成亲，遭此惨灾岂非定数欤？

新塍垦荒客民抢劫（《申报》1887 年 12 月 23 日）

初五六两日又在新塍镇会同讯兵获盗两名，闻该盗系东栅抢土案件之盗犯，乃垦荒客民也，尚有数犯未获，须俟续缉。

曹庄镇客民入室抢劫（《申报》1887 年 12 月 29 日《秀州琐记》）

嘉兴县属曹庄镇乡民曹姓家，于月初被盗撞门而入抢劫一空，盗皆以粉墨涂面，约二十余人，被劫之物约值洋六百元，所幸人口未伤。王邑尊即于初十晚乘舟赴乡踏勘，秀水县捕役及嘉协分防新塍汛兵会同赴乡，在草棚内拿获两盗，并搜得赃洋三百元，一并解送县署收禁待讯，闻失主亦系新塍镇东栅外垦荒之客民，前报谓被劫洋药传闻之误也

太平桥台州客民买妻（《申报》1892 年 9 月 14 日《禾中零拾》）

本月十八日，嘉兴太平桥绅董，拿获台州客民三名，缚送秀水县署，并异受伤之两乡民请验。刘邑尊升堂提讯，诉称有塘汇镇脚夫某甲，不知因何被人逼，令将妻售与近乡种植之台州客民某乙。事后甲之岳父知之，纠众前往劫回。乙亦约集数十人，复行劫取。劫之不得，遂将甲等拽至街心殴击，复倒曳至太平桥。其时已身受重伤，奄奄欲绝，因之喝众兜捕，只获三名。

邑尊饬仵作验视受伤人，旋据禀称遍体鳞伤，势甚沉重，所幸皆非致命处，或不致有性命之忧。邑尊谕令赶紧医调，一面将三凶手各责一千板，枷号头门示众，以俟受伤人痊愈后，再行科以罪名。

贤埭温州客民被劫（《申报》1892 年 12 月 12 日《盗案类志》）

贤埭镇有温州客民鲍姓，来此垦种荒田已历年所，足胝手胼，始积资甚厚，畴昔之夜，忽有盗匪多人，破扉直入，穷搜冥索，畅所欲为。

鲍姓家男妇数人，亦皆强有力者，闻声惊起，奋勇擒拿，被盗持刀砍伤三人，飘然而去，有一男子竟因伤重殒命。翌日，投嘉兴县署，禀报邑宰，即带同弄刑差勇人等，乘舟赴乡，踏勘被劫情形，并验视各人伤势，许以会营，饬捕限缉，即旋于次日回署。

5.余杭

临余消息(《申报》1876 年 10 月 17 日)

浙杭白□□土匪齐屯於潜境界,意存观望,以初次调兵太少耳。现在杭城馒头山营尽数调往援剿,水师城守及楚军各营亦均分兵前去,并闻已调宁波兵,乘轮舟由上海倍道而来,并商诸彭宫保,拟分饬长江水师一二队,联络太湖巡防兵勇以扼其后,大有灭此朝食之气概。想彼小丑跳梁,本属乘机窃发,大兵既集,定可一鼓而歼之也。

杭垣军装局连日发运军装,日无暇晷,来领者或早或晚不一,临、余种田之宁、绍客民纷纷逃至省垣,提挈妻儿,成群结队,多有强讨硬索情事。刻闻绍兴西门外又有强盗二百余人,不分昼夜,四出抢劫,村民有御之者,必遭其惨害云。

客民可虑(《申报》1878 年 12 月 27 日)

顷有友自杭垣来者,据述余杭县治距省四十五里之遥,水陆两途均便,十月间突有外来游民十余人,先到该县城厢驻足,数日随即出北门,至乡间占地搭棚,以开垦为名。嗣后人则日聚,棚则日增,旬月间竟积至数千余人,不论谁家之产强行居住,桑荫松枝任意砍伐,无可理说。其每棚以十一人为则,日散夜聚更可异者,并无农具,又无老幼,均系刚猛壮丁,两湖口音,间有数棚携带一二女人,其牛只只便任载,不可耕犁,并有腰牌以齐心两字为记,兼带棺木数口,现已西达徽宁,北通安孝,东连钱塘汝南地界,棚□连络不绝。

经该处乡民十余庄图先后赴县禀控,邑尊王明府仅委捕厅前往查看循名了事。嗣为上宪风闻,有营务处唐艺农观察派弁赴该县查办,王明府禀复到省,其禀意视为泛常,以致各上宪亦处之淡然。并闻嘱该游民将荒田先行承粮,准其留处,岂真为国家多储正供耶?特恐势既蔓延,将来必成痼溃,事在迟早间,固不待远识者始能逆料。现在该邑乡民已四处逃窜,大是可虑,钱塘周邑尊亦因该县与余杭毗连瓶窑界,其邑中亦被游民占居,当即为民请命,刻已有兵前往弹压究办。彼此参观,有识者必能办之也。

余杭近信(《申报》1879 年 1 月 11 日)

浙省余杭县上通临安、於潜,直达皖省,皆系山路。然余杭虽在山中,城市极为热闹,行栈林立,店铺整齐,即典当亦有两家,与省城最为密迩。前月下旬,该处有难民逃至,曾已列入本报。然其初则不过数十人,继则朝来一群,暮到一起,或二三十人,或五六十人,如鱼衔尾,接踵而至者,尽系壮男健汉,并无童稚、妇女,衣服亦并无褴褛者。最可疑者,每群难民必携棺柩两三具,扛抬拥护,居民见之,颇为惶惑。余邑尊闻知此信,迅即出城弹压,谕令不许一人入城,只可于城外安顿。

询其来历,皆云自新疆来者,因闻东南数省田多人少,尽成荒废,现在西陲肃清,我等蒙左爵相给发川资,遣归耕种,故不惮万里而来,且尚有领队哨官等人,奉有左相公文,陆续将至,定必缴县呈验也。至银两费用不劳官给,但求分拨荒田,按名给种,断不致有滋事行凶等情。邑尊询其棺内何物,皆以阵亡病殁之弟兄对,欲其开棺验视,则坚执不允。现闻月初以来到者,犹源源不绝,尽于县城七八里之外诛茅作屋,结草为棚,分队而处,宛似军中扎营光景,不过叠石构木,掘灶开泉较为坚固而已。邑尊许给发路资,善词慰遣,而竟无一人愿去。其草棚中所需日用器具等物,则皆于近处村庄田户中借得之,初未敢据为己有也。然各乡之稍有田产者,尽皆纷纷迁避,惟贫户穷民之无可他适者,仍复相逼而居。昨闻一临安纸客云及,彼处城外十余里之遥,此辈难民尤多,其结草而处者,不下五六十棚,棺木共计三十余具。彼处汛弁带兵查问,所答亦如出一口,且闻双溪潢河等镇,亦随处皆有屯扎。是以余、临两县之民颇为惊恐,前日省中亦有谣传道路纷然,不知当轴诸公其何以安置耳。

论余杭客民猝至势实可危(《申报》1879 年 1 月 15 日)

本报于夏秋间历述杭州城外时有白昼抢劫之案,并潮音寺一案,先经讹为海潮寺,后即探明正误,以为离城皆近而出事之处正在防营驻扎之左右。乡人获得一匪又于身畔搜出楚军号褂,事迹可疑。叙录之余,因谓防营勇丁难保其不为劫匪,且长兴一案根由亦类乎此,其愿统领节制者留意察之。继而衢山抗粮、濠河撤局、宁海捐诸案并起,每有所闻,辄笔述之间,有疑窦反复猜驳,亦因其事之情形与夫办理之法、传闻之词,实不能默默也。今数日间浙省又有一事,正不知其究竟如何,本馆惟有姑照录述,以符新闻之例。

盖浙西一路,徽宁两府交界,山路杂查,径小而纡。而又上面常、玉则通江西之广信焉,是万山之中三省毗连,向来颇称难治。粤匪之乱,皖中被灾最重,克复十余年民人稀少,旷土连阡,自宁国、广德属境东入于浙,至严之淳、遂,湖之安、孝,杭之余、临、於、昌,土著既少,田芜不治,赋额缺如,地方官不耐瘠苦,招徕客民认田开荒,改粮为捐,以济本地善后经费。随便报销而解司之银,仍以荒芜缺额,盖事虽因公而款实济私也。远方之民游手无业,咸来耕田,列棚而居,积久遂成主客之势,数反多于土著,因而强弱相凌,酿成事端,如湖州费村一案是也。省宪及地方官非不知客民之不靖也,然业经招垦,不能禁其勿来。

今之所闻余杭近信,不知究为何等人,是否因耕田而来,然即其形迹观之,则正大可虑也。凡远地乡民来垦荒田,必率其细小以至,盖农夫之事,与妇子相需而成,何以今皆壮丁,无幼稚、无妇女乎?彼亦知必见疑,故曰来自新疆左营,以伪为释戈归田者。然左相撤兵固有其事,而欲安插于浙西以耕闲田,岂无咨文到浙,而贸然遗之也,即曰尚有并撤之弁长,持左相文照而来,随后即至。然突如其来,沿途惊疑,该管之弁应先至,不应后至,此不能无疑者。由新疆至浙程途几何,川资至俭,每人五十两,而遣撤之时所给欠饷定不敷此,况认田开垦必需稻熟始收,期之来秋,一年中何以先自存活,是川资之外尚须百金空食,岂皆有私蓄乎?

曾充勇丁之人,苟身有积资至一二百金,其尚肯跋涉至浙以来种荒田耶?即且西军大半楚人,归楚则路减其半,资省其半,而独有羡于浙西乎?军中死亡之人安得人人棺敛?肃清之后,拣拾骸骨都为一大议题,曰义烈遗阡,新疆善后当亦有此要事,而能私殓安厝,不惮路远资费,携之以归,将欺谁耶?即有之本非浙人归葬于浙,抑又何取?军中兄弟,究皆异姓,乃能生死相顾,行止不离,何其义也。或者向归部下恩深谊重,众勇丁具感之,不忍葬诸丛冢,携以同行,将择地下挖,则棺中应是统兵之员,何以有二三十具之多?种种疑窦何能遽释?余杭有之,而於、临等县亦多此辈,所述之言大抵相若,则愈可疑矣。

自新疆至浙,所过之境,凡百数十州县,岂绝无梗阻,而亦绝无一处以文移照会我知,其来也令人不知其所自,而其至也又令人不知其所为矣。要之新疆撤归断断虚语。何也?左伯相方欲招集内地游民至关外垦种,则遣撤之勇久处沙漠,熟悉地脉人情,以之归田,诚莫善矣,而令其远来浙西乎?

人皆丁壮,无妇孺,一可疑也。载棺而行,二可疑也。突然而来而邻境初无照会,三也。散分数县皆近天目山边,所言辄无异词,四也。

前月二十八日严郡守吴公销湖郡查案,差接委赴余杭查办,见于辕报,大抵即为此事而去。然其人滋多,即如开验其棺,彼必不服,或有破绽,则祸不旋踵,若任其自然,则形迹可疑,譬如肘腋之间,留此大患,况已散处数县,一旦祸发,四面响应,则杭湖两属大为可危,计惟有善词遣之出境而已。如其不依,则厚集兵力以遥为防维,然而防营之耳恃不可特正未能知也。我恐浙西从兹多事矣,不识大人先生何以处此。

续述余杭客民(县官纵容)(《申报》1879 年 1 月 17 日)

浙之余杭境到有客民,本报节经录及,昨又得武林伤心人来信,谓当客民未至之时,先有十数人到余杭县呈请开垦,并嘱司阍者善为说辞。至十有一月望后,遂于于而来,带有金针菜、木耳等物,几盈筐满担,并有战鼓木柜入市,则囊中洋蚨倾倒而出,踪迹颇觉诡秘。尔时人心惶惶,城市中有窎夜迁移者,东关厘金为之骤减,盖行商坐贾均观望徘徊也。

时值开仓之际,余杭县宰知其甚不安分,乡人亦因其居止每十一人一棚,竹木稻草皆不问而取,纷纷呈控。于是县中饬营巡缉,且请出猎之曾军会同驱逐,重张晓谕,勒限五日务令出境。又经绅士赴院呈请派兵弹压,迭闻委员及弁赴余查办。无如邑宰仍误信人言,以为确有农具,利其开垦,冀可仿湖郡每亩七百文之制,因是变驱遣为编查,并讳言百余棚为百数人,闻详文中转,似以余杭绅士捏造浮言,滋生事端。余绅知势不可支,亦遂转圜而任其逼处,在后究为祸为福,固非人所能逆料也。总之,邑宰于斯事非必处置失宜,特聪明蔽于近习,耳目寄之群小,虽有绅耆规劝,亦未如之何也已。

余杭石洋里,客民黄岩、仙居人为最多,滋扰(《申报》1881 年 4 月 22 日《客民滋扰》)

客民滋事之案,近年来层见叠出,各省皆然。日前微闻杭垣官场传说,余杭滋事,将有移兵之举。然事甚秘密,无从得其详细也。兹据杭友来函,谓本月十六日有杭人自余杭归,备述其事,闻之殊为骇人,所言凿凿,爰照录之。

据云,余杭县属有地名石洋里者,为武康、安吉、余杭三县交界处。兵劫后人民稀少,各处客民到彼垦荒,纷投杂处,良莠不齐。而就中以黄岩、仙居两县人为最多,即好勇斗狠,亦惟彼等为最甚。盖其人皆身习拳棒,结成死党,故不独土民畏之如虎,即他处客民亦莫敢撄其锋也。该处每年清明前后,例有迎神赛会之事。百货骈集,远近争赴,极为胜举。不期今岁三月初旬,所有黄、仙两县人先行搭台演戏。聚集同党一千一百余名,中立头目四名,分领其队,各带洋枪、洋炮、刀矛等类,尽伏台前,歃血盟誓,宰一牛一马,以血和酒,各饮一杯。饮毕祭旗发炮,四出剽掠,或十余人为一队,或二十余人为一队,分道扬镳,到处搜刮,或索取银米以储备饷械为名,或搜罗金器以铸造枪弹为名。凡至一家,先有人守住前后门,不容一人走脱。既掠财物,复掳人口,不论老幼男妇,尽行捉走,各量其家资之贫富,定价招赎。远年各村挨户穷搜,无得免者。一时道路喧嚣,人心惶惑。而温、台两处之奸民,亦各闻风相应,乘机肆扰。

黄、仙分为两党,黄岩之大头目,一系钟姓,一系王姓。王姓即先年临安首逆拿解枭示王某之弟也。仙居党大头目两名,闻系温州洋面著名海盗,入水能行,如《水浒传》张顺、李俊之流,故虽迭次犯案,皆经漏网而逃。刻下彼处居民扶老携幼,纷纷迁避。闻有数乡绅者联名控县。在父母斯民者将何以安良除暴耶。杭垣各营于望后私相传说,将有调往余杭之行,谅必因此事耳。

瓶窑械斗结案(《申报》1881 年 10 月 8 日《械斗结案》)

杭之瓶窑乡械斗一事,钱邑尊亲往查办,以案无主名,无从下手,依然回省。后经中丞委前任嘉兴府许雪门太守,偕同钱邑尊驰往办理,现已一律停妥。闻太守到后,先饬温、台之人举出棚头,编户造册。其所种田亩及房舍屋宇详细叙明,分以界限,无得搀越。其两湖与河南客民亦令一人为棚头管束,其群所焚去之草屋,由官一律造还。所有开垦之田,准其自往收获。双方杀伤多命,现已自行收殓,均无庸议。嗣后即有争闹等事,皆归棚头调处,不得以干戈从事。故许太守业已回省销差,俟该处草舍一律盖齐,则杭城外散处之难民皆可陆续归去矣。是役也,不戮一人,不费一矢,而卒能一语解纷,四乡安堵,非太守平日有爱民之实心,安能如是相孚乎?

瓶窑客民给资遣散(《申报》1881 年 10 月 1 日《给资遣散》)

杭州瓶窑乡客民械斗,虽经许雪门太守调处,现已安然无事。然以仇敌而共处一方,将来弱肉强食,终难免挟忿寻仇。现悉省宪议定,俟两湖人秋收毕后,给发川资,尽数遣回。此项巨款,前经胡雪岩方伯慨然自任,每一人给银十六两,按名给发。另派邢司马守道、汤大令庆怀押解回籍,以免沿途逗留生事。其已死之人,则由许太守查明人数,每名给以烧埋银五两。闻系许太守独自捐廉者,是以各难民无不悦而诚服也。

瓶窑客民传闻(《申报》1881 年 11 月 14 日《客民传闻》)

杭属之瓶窑乡客民械斗一事,经许雪门太守处置后,业已安堵。兹据传闻,谓该处乡耆、社长等,日前有密禀到省,谓各村之客民,现届秋获已毕,各为酬神之举,重阳节大设牲牢敬神聚宴,凡属客民,远近无不至者。酬神后且拜告天地,各饮鸡血酒一杯,以为歃血之盟。窥其意似将蠢动,预为约期起事者,其细情则无从探听云云。友人函述如此,未知实系如何,而杭垣之湘军后营忽于十六日拔队起行,亦未知札调何往也。

禀查瓶窑客民互斗事手折[汤肇熙署钱塘县任(1881 年),《出山草谱》出卷二,清光绪昆阳县署刻本]

卑县瓶窑镇离城七十里,店数百户,与余杭连界,河道发源天目山,上经余杭,下入德清,汇苏太湖,即苕水也。该处多荒田,近数年有河南客民五十余户,卑县均造册承粮,土民既不愿其垦荒,且该客民时有逞强侵扰,故颇不洽。

若温台亦客民来此,年久相安无事,而客民中又各分畛域,如温民,则台民亦助之,以同为本省,虽邻邑之温台民,招之即来也。河南民,则两湖民亦助之,以同为外省,虽邻邑之河南,两湖民求无不应也。盖风气大概如此。

本月十八日午后,有温民吴元振报称,十六日,其子吴大泰以挑柴枝,与不识姓名之湖南民数人相遇撞跌,争扭被殴伤头颅,是夜殒命,请相验旋。又有河南民妇王韩氏禀称,十七日温民在茶店捉去其子王同兴,及晏文元、韩凤元、韩凤彩,请押放。至夜,瓶窑绅士驰函,告两处客民各聚数百将斗,虑及池鱼,商请弹压。卑职于十九日早出武林门,甫登舟,该处地保来告,十八日午后交斗,河南民毙甚多,趱行数里,岸有河南男妇弱小十余人逃来,号称家被焚杀状流离可悯,又行数里,岸有三民,亦号哭泣。其一韩姓,谓自城归家,十一人无一见者,而道路传言,几视同巨寇。半途有土人来告,谓数十里内无行人,勿带兵不如无往。

是日风水俱逆,宿安溪镇,五鼓促行九里,天未明抵瓶窑,适罗总戎亦带四炮船至镇,镇罢市已三日,卑职即亲行谕各店启门,查知温民尚聚馒头山,山离镇二里许。觅得其棚长胡立兴,合传谕速散。见土著生监数人,备言河南民平素状,询现事本末,均辞不知,而沿溪浮尸有十二具,且闻十七日有误杀过往德清人。卑职饬地保逐一捞起,令同善堂各予棺,遂亲诣馒头山验吴大泰尸,其地果未见有温民藏聚情形,有云因卑职言为暂避计,及回镇闻近街溪岸有一人犹活,往视则已僵,验有伤,前绅士数人复来,言温民之聚,防报复也。

今人心尚不能静,宜策处置。卑职即手草告示,令吏书二纸分贴瓶窑、安溪,日晡舟回,沿溪十二尸,旁各有棺,逐一饬仵验视,均有伤,为略记衣服形状,令保收殓,仍宿安溪。夜半开舟,二十一日早抵武林门,卑职察看是事以细故起衅,由河南民之恃强而凶杀,有尸可验者已十数人,焚草舍数处,实温民之大毒。现在主名未得,即此外尚有无杀害掳掠,一时猝难得实,再须密查,途次闻余杭亦复滋事,则仇恨太深,尚为可虑。现似亟应解客民纠聚,安地方人心,至被害之民无家可归,亦宜善处置理。合禀请宪示。伏维垂鉴。

瓶窑镇安民告示[汤肇熙署钱塘县任(1881年),《出山草谱》出卷二,清光绪昆阳县署刻本]

照得客民滋事焚杀情形,均经会勘得实,查温民已经解散,其钱、余两邑邻界河南客民,携带老弱均逃,暂止省垣。该客民流亡播迁,固自救性命之不暇,即凡属散处者,亦俱各有身家,岂竟不知利害祸福,尚敢报复相寻。乃察看一带居民,犹有惊疑避徙情状,殊所难解,合再剀切晓谕,凡尔农工商贾均各照常归业,毋自惊慌,毋听谣惑。本县为民父母,总求安静地方,事理昭然,断不至有可他虑。至河南逃散客民,奉大宪谕,以值此收割时候,亟宜令其各归原处,扎草栖止,倘有客民敢再滋事,一经报闻,立即遣兵剿办毋赦。现蒙委员会同本县办理,经此晓谕之后,其各懔遵,无自贻悔,切切特示。

客民斗案呈折:

窃照瓶窑镇温、豫客民互斗一案,勒据该差会营拿获肇衅首犯胡立昌一名,叠次研讯。据胡立昌供认,因妻弟被豫民殴死,该犯起意纠殴放火泄忿,纠凶周阿宽、吴阿理、王达体、陈阿二四人,并令周阿宽、吴阿理各转纠人至该犯家,会齐烧饭供食,一面叫陈阿二迎请温州人信奉之杨府菩萨香火,在该犯家供奉祈祷。

十八日,早晨周阿宽、吴阿理、王达体各拿刀子,身带火药袋,希图放火。该犯亦拿刀子,余拿农具竹枪。其时有台州各处及住余杭地界之同乡人,因素恨河南人强横,俱来助阵。伊喝令周阿宽等分往河南人各棚放火,上前混斗,互相杀死,惟周阿宽被王永兴最后戳死。该犯与陈阿二即殴戳王永兴身死。计杀毙河南人八命,温州人被杀三命。不讳此案胡立昌辄因妻弟被殴身死,业经尸父吴元振赴案报验,并不静候缉办,胆敢纠殴放火泄忿,杀毙被造至八命之多,实属无端肇衅,罪魁祸首。

伏查该犯虽未约期敛费,情已等于械斗,而放火杀人实尤甚于凶盗。近来客民往往滋事,互相仇杀,非严办不足以靖地方,除将吴大泰毙命一案另行详办,并缉拿陈阿二,提同谢宝盛及河南棚长殷凤德等,覆讯拟办外,可否先将首犯胡立昌,照办理土匪章程,将该犯就地正法,惩一儆百,以昭炯戒之处,伏乞裁示,俾可遵照办理。谨略。

余杭县客民劫狱(《申报》1884 年 6 月 4 日《越狱余闻》)

前报浙省余杭县劫狱一事,兹闻实系越狱拒捕。缘县中前因客民滋事,将为首之六人拿到后,严刑监禁,不料防范稍疏,竟被越狱脱逃。县中会同营汛,四路追缉。该犯等逃至一山,即有余党起而相应,于是负嵎相拒,且放枪炮,有一哨官、一什长皆死于枪火之下。省中得信,即调城守营兵六百名驰往拿获,由太平桥登舟而去。现传得该犯业已拿住,但未解省云。

6.杭州、嘉兴、湖州地区

余杭、临安、安吉、孝丰客民太横(《申报》1881 年 5 月 7 日《客民太横》)

浙江杭、湖两属近有客民滋事,已列前报。兹悉起先在安吉该管之章边邨生事。至三月十六、七日,始审离黄湖三十里之半山邨匿迹。所有离黄湖十余里之各村庄俱被掳掠一空。幸先有土勇扼守古城总路,权且相持。又得到刘镇军早到一日,黄湖镇得不受害。刻下大军进动,虽陆续擒斩数十人,然党羽颇多,其人俱在余杭、临安、安吉、孝丰四邑山中,首事者尚未捕获。是以人心惶惶,几有朝不保暮之势。盖剿抚一失机宜,后患实不堪设想也。其故总以土著太少,客强主弱,以致时肇衅端。现计温、台棚民外,又有湖南人,即在湖属闹事而被驱逐者,刻亦逗留在余杭地界四乡,散布主客甚不相安,一言不合动辄寻仇。乡间竹木,任意砍伐倒卖。种种不法,全赖贤有司早为处置也。

杭湖属客民滋事之由(《申报》1881 年 5 月 16 日《原杭湖属客民滋事之由》)

浙省自发逆肆扰以来,通计各府,惟杭州、湖州两府各属受灾最重。盖杭州之余、临、於、昌等邑,与湖属之安吉、孝丰、武康相接壤。粤逆盛距安徽,而徽州、宁国二郡为入江西、浙江之要路。是二郡失守数次,贼每旁窥他省,而浙江则此数县实当其冲。杭、湖二府惟府治,则地方民情文风为最善。其余各属大半僻陋迫隘,与附郭之县甚不相伦。缘其地处万山之中,土脉恶劣,人物蠢陋,论额缺则最为瘠苦,而论民风则号称难治,守土者苦之。自几次被贼窜扰之后,人民离散,田野荒芜。克复之际,地方几无人焉。经多方招徕,而后城中稍有铺户。然四郊荒漠,田不能耕,即有子溃,虽复旧业。于是创立招垦之法,广收异乡人,使之分田垦辟,岁令完捐若干缴官,以充地方公用,而赋额则阙而弗征。此只一时权宜之术,原欲待客民安居日久,尽成土著,而田亩之荒者渐变为熟,然后照从前额征之数,收而解之,于省亦不得已之为也。

不谓所招之人伦类不齐,土著之势不敌客户,以致械斗抢劫之案层见叠出,地方官不能惩治,而烦省中之与兵。呜呼,难矣。盖浙西风气,与浙东大相悬殊。各属虽夙称山蛮,而现在势实寡弱,不敌温台人之横。温台滨海之区,平时内地常苦人满,无田无产,则入海而为盗。粤匪至浙东,迄于宁波,而不及温台,故灾转轻。虽或贼踪偶至,而民团犹能御之,旋陷旋复,民不受其殃。闻杭湖各属有招人垦荒之举,皆愿来也。或携家而至,或结伴而行,非不育愿受一尘之志,然其性情剽悍,习尚强卤,固无异于人海为盗也。此外更有遣撤之勇,流落不归者,亦改而务农。其人则皖、楚、闽、粤,不同乡贯,而其性尤桀骜顽冥,不可教训。使其杂处于温台人之间,以助客籍之焰,其势更非土人所能抗衡也。

盖同治三四年间,地方新复。有司急于求治,又虑催科之无出,仅以招垦为得计,而不暇谋其久远,以致今日。

一则荒田太多,初来客民任力之强弱,以垦田之多少,而又聚于一处,并不由地方官酌量安插。迨愈来愈众,则党羽结而愈固。而土著之流亡者一旦生还,反致无所归宿。田为人居,力不能胜,乃不得已而亦舍己芸人,占别家之产以自活,辗转易主,遂至境内之田尽非原户。而人情莫不自爱其私,即使原产十亩者,今易而为百亩,而其心终有不甘,必不能与客民相安无事,寻仇结怨之事即在所不免矣。

一则自办招垦以来,先时荒芜,几年渐而或熟,然后计亩收捐。自克复至今,亦阅十余年,土著则归者多,客民亦来者众。其间或有先至之时,力不能多垦,而后则倍蓰其亩数者,约计境内亦将及十之八九所剩,荒田无几矣。乃频年输捐,而不按科则以征粮。在地方官以为征粮则有常额,将来客户或有迁徙,则缺额无从补足。而捐项则报多报少,自有权衡,不无挹彼注兹之便。故历年征解之银,较之同治年间亦并未加多也。

然垦田之人,无论为土为客,均以纳粮为便。盖完捐则产尚虚悬,土人以人之争夺为虑,客民以官之驱逐为忧,而纳粮则业可世守,既不虑原户之索归,又不虑后来之侵占,一则势暂而一则势久,当人情固不甚相远也。而况客籍之人,既皆性情剽悍,而又大半未有家室,孑然一身,自食其力。苟使纳粮,示以现在之产即可世守,则谁不动身家之念,而为子孙之计,循循然消戾气于无形乎。夫此二者,当时急于招垦,固未能筹之尽熟。然因势利导,随时制宜,有司之责也。至于滋事之后,而欲借兵威以靖之,则是罔民而已矣,岂地方之福哉。

余杭、东天目山(《申报》1881 年 5 月 27 日《余杭琐闻》)

余杭客民滋事一节,近日省中谣传不一。有谓东天目山已被该匪焚烧,沿路香客都有被掳去者。是以杭人之往天目山进香者,皆从半路折回,不敢冒险而进。

昨得实信,知所获匪党十余名,于本月十四日,已由余杭县中审实,即在该处枭首示众。续获匪党两名,现已押解来省,发县监押候讯。杭城驻扎馒头山之一营,统带者为楚人周君。近奉宪委赴余杭援剿,已于十七日黎明起程前往矣。

余杭、安吉客民滋事(《申报》1881 年 8 月 3 日,《光绪七年六月二十七日京报全录》)

谭钟麟奏,余杭、安吉客民滋事,拿办解散情形。奉旨:知道了,既著饬属严拿首犯王平周等,务获惩办,仍随时稽查约束,毋任游手之徒再滋事端。钦此。

余杭安吉客民滋事,业轻拿办解散,现在地方安靖情形(谭钟麟奏,《申报》1881 年 8 月 10 日,《光绪七年七月初四日京报全录》)

头品顶戴浙江巡抚臣谭钟麟跪奏为余杭安吉客民滋事,业轻拿办解散,现在地方安靖情形,恭折仰祈圣鉴事。

　　窃杭湖两府所属各县,兵燹后土旷人稀,客民以垦荒来者,各处皆有,而台州人为最多,台民强悍性成,与土民小有嫌隙,辄捉人勒索,以逞其报复之私。土民衔之次骨。本年三月间,据余杭县禀报,该县古城庄民葛金发与寄居安吉彰边村之台人挟嫌掳捉,庄民追捕,拿获匪犯洪泳培一名送县。传闻该匪纠众合谋,欲图抗拒,乡民惊骇迁避。又据武康、安吉、孝丰等县禀称该县交界地有台民搜夺米谷器械,附近人心惊惶,请拨兵剿捕等情。

　　臣两次派人密探,果有数十人在各县交界地方滋扰,当饬总兵刘祥胜、参将张培基,酌带勇丁,分道驰往扼要驻扎,会同县营相机拿办,并委候补知府李审言前往确查,督同该四县在于交界处所实力编查保甲。嗣据刘祥胜禀,称探闻台匪王平周即蔡平周,与短工四爷等为首,在孝丰黄沟岭地方,纠众屯聚。当经带勇往拿,格杀拒捕匪徒数人,并拿获多名,解交地方官讯办。并据委员李审言,督同余杭县提讯拿获匪犯叶明法即土金法、陈长庚、刘洪梯并前由乡民获送之洪泳培等,追从匪首王平周迭次掳抢勒索得赃同拒捕,经臣批饬,就地正法,余犯解省覆讯,分别情节轻重办理。现据各县禀报,地方一律安靖,乡民各回安业等情前来。

　　臣查此次滋事,台匪皆游荡无业之徒,因挟余杭土民不准在乡工作之嫌,纠党掳捉报复。迨土民公愤,营县会拿,遂相率麇聚,铤而走险,致四县土民彼此谣传,虚声互扬,几疑台民尽为乱党。其实滋事者只数十人,此外有田产室庐者,固皆安守本分也。土民狃于积忿,直欲藉兵勇之威,将客民悉数驱除。而安分之台民亦觉彷徨无措。经臣出示晓谕:台民亦系浙人,地方官遇事待平,只辨良莠,不分土客。各县皆严办保甲,土民、客民一体编查,禁开伙房,游手之徒无可容匿。责成客保人等随时稽查约束,并派参将贺吉祥,由泗安防营分别三哨暂驻四县交界之递铺,会同各县严拿首犯王平周等,务获严办外,所有杭湖地方现均安谧。缘由谨缮折具陈,伏乞皇太后、皇上圣鉴。谨奏。

　　军机大臣奉旨:知道了,即著饬属严拿首犯王平周等,务获惩办,仍随时稽查约束,毋任游手之徒再滋事端。钦此。

海盐西北,由湖州而来之豫省客民开垦(《申报》1882 年 4 月 9 日《客民凶恶》)

　　嘉兴府治之东南,海盐县之西北,其间多荒地焉。有由湖州而来之豫省客

253

民开垦,或建草庐,或占民房居住,平时硬借物件,强奸妇女,已不一而足。今正念七日,一妇在海盐之高贤浜挑菜,忽来客民三四人,白日强奸。念八日,又有二三十人在横港桥南掘树,意将强拖妇女。居民恨极,集众追逐,客民伪逃至桥北,一呼百应,反群起而追居民至横港桥,用檀树棍见人乱击,以致受重伤落河而死者九人,受伤未殊者未能悉数。

邑尊临验后饬即成殓,旋捉到客民三人,不知作何办法。查是处土民,素称良懦,前年在横港西北之金图地方,亦为客民滋扰,土民鸣锣追赶,客民非但不惧,转于白日抢劫七八家。当虽报县请勘,而仍未破案,被劫之空,反被县差需索,则亦可以略见民之苦情矣。

海盐客民滋事续述(《申报》1882 年 5 月 2 日《客民滋事续述》)

去年秋间海盐县派书至半逻地方设局丈荒,即有客民至海盐大横港北金玉等图,声称县中招垦荒田,见土民屋宇内人较少者,用强占住荒田,旁者熟田均被霸垦,遇有女人单身走路或独在家即被强奸。农器无分尔我,见即强借,桑榆荫木尽被砍伐。且闻客民各备蚕种,今年欲四出掳叶。金图大宋泾方应林家被客民张国顺等占住,杨家浜沈保保屋四间、袁福庆屋四间、池上陆大生屋五间、网船浜吴福寿屋三间皆去冬被占,声明在县,一时民房被占者二十余处,历数难尽。

本年正月十一金坊百胜桥王德元家被客民吴正耀等占屋三间,霸垦熟田五六亩,王桐清熟田八九亩,小树行桥朱老奇熟田六七亩,盐城徐稼卿某佃熟田二三亩,长陆泾徐雷官熟田五六亩,一并霸垦。玉坊郑家浜郑某家被抢蚕匾念七只,亦皆禀县。从此肆恶更甚,有雨坊某姓妇探亲至横港北路,被客匪拖去奸宿三日,经土人出洋五元赎回,人已不能行动。如此强奸六七处,父兄恐贻羞隐忍不言。正月二十以后,或四五人或十余人或念余人,逐队过大横港桥,南至昆、雨、结、出、云、果、巨等坊,见有榆树即砍,车涂出水进水等沟均被卸,满民家灶有粥饭不问聚食,路人带有物件见即夺去。念五日雨坊乐安桥有一老妇以黍肉饷拖河泥者被要而夺。念七日高贤浜有一妇白昼挑菜即被强奸。七八日间,路断行人,乡村垦田垦地等工,无不停止。且雇本地土匪,每日工钱一百文作为引线。如金、玉、露、淡等图均有人往,不胜具举。念八日至乐安桥抢劫沈顺顺家,及向阿大家对象饭食,又至雨坊南倪埭北倪埭高贤浜、翁家浜、向家村、昆坊藤桥、太平桥、时安桥、卖丝港、红墙浜、任祠堂桥等处,肆行砍伐,兼掠物件,追拖妇女,致于众怒。

念九日居民集众至大横港桥,欲与讲明横港南并无荒田,俾客民毋得过桥肆掠。当有客匪张国顺为首,挥伞为令,率有短衣悍党百余人,手执铁镶短棍蜂拥打上桥塊,众民徒手用力抵住。被棍打死向家村向其生、向礼福,乐安桥陆掌生,翁家浜徐老德,高贤浜董有福年甫十二岁,乐安庙前胡连生,金坊草棚头雇工盛关林七人登时毙命,抛尸于河,其余打伤者指不胜数。高贤浜董天福因受重伤,越日身死,重伤将死者有倪周周、姚阿二、沈福福等。其时客匪回北掳掠金坊高福束、王庆余两家衣服等物,并拖某姓之女。地方父老即日号县请官检验,此正月念九日事。妇女老幼逃难者,横港至乐安浜六十里中,昼夜不绝,河中逃难船火光通宵照彻。二月初二红日将沉,县官到地连验数尸,血满衣襟,经仵书佯说无伤,土民抬重伤者与看,血污面目伤处显然,县官无言即解维去。初三日饬差殓好。是日半逻,客董获有客匪三人送县,后张国顺亦自投到案,仍未定事,主状词及地方公禀共有二十余纸。

二月初九日玉坊火,又浜王老庆屋九间被客匪二十余人占住,衣服米石物件一并霸去,经土人至王店镇源昌馆待酒三桌,又出洋十元始行迁让。讵知仅越一日王老庆之侄家又被强占。横港一带居民恐其复抢,力拒不能,官又未理,老少惊惶不安寝食,哭诉无门。客民日渐加多,夜间出没,白日均住金玉等坊民房,肆凶占屋,不法如前,土匪代起,谣言半逻一带更甚。若再泄泄不为遣散客匪,恐土民衽席难登,父子兄弟离散,成熟之田反渐荒芜,而客民胆愈大,党愈多,祸将叵测。

夫田地荒芜,其来有自海盐西乡茶馆,向惟乡镇开设一二,发逆时深村僻壤,遍摆赌场名为老作。肃清后稍知畏法,今又故态复萌,藉茶为名,日夜诱良肆赌,每蚕丝告竣,一日夜可得头钱六七千文。由是惰农痞棍皆开茶肆烟室,冀肥身家,每坊或八九处,或六七处,游惰日多,耕夫日少,荒工玩日致令耕种失时,畎亩荒废,良农亦因工昂人少不敢多管,然特无人禁止使然耳。且金玉等图荒田无多,倘有为死者悲,为生者悯,严行按名提究,禁止茶店烟灯,庶游手好闲者皆尽力农亩,而闾里得免抢掠,赌风亦息,诚一举而数得也。

况客民耕种每亩用盐,要知土性异,宜耕时用盐,两年后土如石板,必不能

255

再垦。所以客民耕处两年后必迁换,真是有损无益。去冬嘉、秀、善、海平各县盗案迭选,嗣即于棚民中破案,是窝藏盗贼勾引土匪不测之患,岂特目前而已哉!〔海盐杞忧子来稿〕

海盐、海宁等州县两湖客民与土著械斗(《申报》1882 年 5 月 28 日《土客滋衅》)

浙之海盐、海宁等州县,近闻时有两湖客民与土著械斗,且有截路、剪径、窃劫等事,居民颇形惶恐,有司以力莫能禁。已详请省宪酌拨营勇,前往拿捕。此信是否确实,容俟续报。

杭城举办民团(《申报》1884 年 9 月 14 日《举办民团》)

迩来杭省近城各乡镇萑苻不靖,抢劫频闻,兼以各路客民,补屋牵罗,麇聚城厢内外。此等人大半皆含哺鼓腹,游手好闲,一不提防即易滋生事端,是以在城各绅董日来议办民团以资保卫,无事则守望相助,有警则声气相联,各段与保甲相辅而行,彻夜梭巡,不得疏懈,庶可消奸宄而安闾阎。所苦董理乏人,经费无著,因禀明上宪,拟请照房捐例按段募捐。俾充局费至,一切号衣、军械、火药、枪炮等类,须请官宪给发。刻虽事在必行,而章程尚未议定云。

堰埭镇温台垦荒客民,时有挟仇报复抢掠(《申报》1884 年 9 月 24 日《檇李纪闻》)

昨报寺堰埭镇遇盗一节,今悉并无砍毙人命,惟店主头面微有刀伤,即经邑尊王明府饬地保与通班捕役严缉务获矣。特该处向为盗薮,近加以温、台垦荒客民,时有挟仇报复抢掠等事,故缉捕亦殊费力耳。

富阳县客民闹衙(《申报》1886 年 10 月 1 日《乡民闹衙》)

传闻杭州府属之富阳县多有客民栖止,与土著分田而耕。中秋节后纷纷入城报荒,势甚汹涌。邑侯欧香友大令坐堂谕退,民不听命。太夫人年已七十八岁,恐酿事变,扶婢自出,谕令各安农业,当再从速上省,为尔民乞恩,小民始叩头而散。

太夫人回入二堂,偶不经心,失足跌地,病不数日,于二十一日仙逝。欧大令痛不欲生,哀毁骨立。二十三日乡民又有告荒者,大令不能复理民事,乡民中良莠不齐,哄然而起,库房竟被拆毁,中有帑银二百亦被攫去。事闻于省宪,即檄杭府吴春泉太尊与中协唐协戎带兵二百名,于二十七黎明前往,想旌旗所指,自能慑服乡愚也。

富阳近事(《申报》1886 年 10 月 7 日《论富阳近事》)

普天之下,莫非王土,率土之滨,莫非王臣。自隔省言之,则谓之客,自朝廷视之,则皆民也。服尔田,力尔穑,幸遇太平之世,饮和食德,以长尔子孙,况薄赋轻徭迥超乎唐宋元明之上。偶罹水旱即系偏灾,经大吏飞章入告,无不立沛恩膏。凡在子民宜何如各安生业,静待官宪之措施,而乃妄恃人多,哄堂攫库,形同化外,若富阳近事何为也哉?

富阳为杭州属邑,客民与土著分田而耕,中秋后入城报荒势殊汹涌,欧香友大令坐堂谕退不听,太夫人年已七十有八,恐酿成事变,扶婢出谕,当从速上省,为尔民乞恩,乃各叩头散。太夫人回入二堂,偶尔倾跌,遂于二十一日仙游。不料二十二日又有告荒者,大令哀痛之余不能复理民事,遂致哄然而起,拆毁库房,中有帑银二百亦被攫去。事闻于省,大宪檄吴春泉太守暨中协唐参戎于二十七日带兵二百前往查办,当即立时解散,而欧令已丁忧交卸矣。

且夫民何由以客称哉?当同治初元,东南底定,民半流亡,旷土闲田弥望千里,不得已招集客佃督令垦荒。于是两湖、豫章之无田可耕者相率偕来,编茅而处。立法之始原限以三年后按亩征粮,其原主来归则仍还原主,无如散难聚易,恃其人众,不特欺凌土著,并长官亦所不遵。官曰三年矣,粮可纳矣,客民曰,吾只一年耳。前两年佃户已捆载归乡,吾始得转佃也。一人倡之,众人和之,甚则逞刁肆横,莫可谁何!是以浙之嘉兴,徽之旌德,迩来皆有客民滋闹事,而维正之供尚难复旧额焉。又民无论客与否,一经聚集便易生非,以其中良莠不齐,人多口杂之时,无人焉为之弹压,为之劝导,辄复肆无忌惮。口出狂言,犹小也,甚而塞署哄堂矣,求准环跪,犹堪也,甚而殴官毁库矣。事后查拿究办,则又东逃西匿,央数十老人苦苦求免。而案情重大,不能不为惩一儆百计,一朝到案,身入囹圄,妻孥痛哭,其因官事而破产者,尤属势所必然。

浙西松江一带地形颇低,节近黄梅,偶逢霖雨,代区最易淹没。此时甫插新秧,不耐久浸,然尚可戽救,尚可补种,乡愚不顾,每相率以报荒,人数过多,或即由以肇事,盖其初固念不到此也,而后悔已难追矣。

或曰富阳县属乡民历遭差胥之虐,积怨成仇,上月二十三日纠集各社至县禀求稍缓催科,是日欧令以太夫人弃养,几不欲生,忽闻外面有聚众事情,叱令家丁驱逐。而将命者又狐假虎威,大声呼叱,以致激成众怒,拽坍大堂外小屋数间,声势汹汹几欲闯进宅门。欧令见势不佳,急带印从后潜行,赴省禀诸各宪。此与前说未免稍歧,孰是孰非无由臆断,唯即两说而并述之,亦以见差胥之作威作福,不徒富阳一县为然,而身居民上者尚其早为觉察耳。独是村氓聚众,由后而观,固皆民之无良轻举妄动,卒至破其身家,丧其性命,实为可怜不足惜。

然当事之初起,苟得贤有司委婉开譬,嘱其先筹补救,倘无可挽回,则即往上宪辕门为尔民辗转请恩,断不令若辈向隅,若辈当少安毋躁。人虽顽梗,未经呼噪之前,本不难一二言遽行解释,无奈平日多深居简出,一闻聚众,更复胆战心惊,辄挥差役门丁为之驱遣,而又漫无方略,猝成大祸。又或勉坐堂皇,期期艾艾,堂以下愈形嘈杂,斗口者攘臂者恫扰纷纭,不复可以理谕。迨事不可挽,而官之任亦因之离矣,则何如审度于几先,但知为民不分为客,恩威并用宽猛交施,庶以迓天和而歌乐岁,又何闹署之足云。

杭嘉湖各属常、扬冒头船流匪横行(《申报》1887 年 3 月 7 日《流匪横行续述》)

常、扬冒头船,每年初冬即千百成群,散布杭嘉湖各属,有水之处船无不到,其人打米、捉柴、卖糖、买絮,路径尽熟。光绪十年冬起,游勇及哥老会人为之,蛊胁分股率领,每起三四百人或二三百人,假称淮属饥民,捏有海州、沭阳、安东近地就食护照,沿乡勒索钱米。每村动以数十石,数十千相逼,居民畏其强悍,莫敢撄锋,故皆出米五六石七八石,钱十余千二三千不等,如此受累已三四年。

十一年冬,人数更多,至嘉兴境官弄西首,盘踞民居,掠物为事,乡农与敌互有所伤,又至海盐境石泉镇拔夺妇人首饰,乡人鸣锣驱逐,反被匪捉去几人,赤身浇水,勒洋赎释。上冬浙抚卫札饬各府县驱遣,奈此匪愈聚愈多,手执棍棒,深村僻壤无不搜索,前后数家,强索米三四十石或百洋或百十,稍不遂欲棍棒交下,以打死相吓,余匪抬石打门抢掠杂物,遇有妇人便掠衣饰,且每起有冒头船七八只随行,暗藏洋炮凶器,装载米石。十二年十二月初一日,流匪百几十人由海盐境沈荡镇经城外天宁寺至南乡许油车等处,初六日流匪二百几十人由嘉兴境薪传寺至沈荡西高贤浜,内有匪数十人手执铁镶树棍,口衔尖刀,择空地操演,夜宿乐安桥庙,船放洋炮六七声。初七宿张家庙,初八宿百步亭,勒去钱米不可悉数。初九至白傅亭,十一宿横山庙,十二至何家浜搂住织妇图奸,救者打伤六人,有庄姓农人被挂梁上,勒洋三元赎释,又有别股宿道塘庙约三百余人,又有二百余人宿石泉镇,其中著名为首洪五、潘竹山等自称沭阳人,宋义昌、周文章、徐大来、吕天隆等自称海州人。

十二月廿一二日,有县西北乡数十图绅耆具禀哭诉邑侯,邑侯本爱民如子,奈事大亦难判决,屿城镇曾请营押逐,只出一二里,仍敛钱给予,无益于事。各匪米石装至碄石横头米栈贱售,栈中向雇匪辈打米,无不熟识。

新正初三日,又有安东县匪首玉协和、李子方等率三百数十人,由碄石至海盐境书带里桥边四五家,毁门而入,衣米什物抢掠一空,占宿大横山庙,日练军器,夜放洋枪,火光烛天,人声鼎沸,近山居民棉纱,过年鱼肉尽被掠去。

初四、五、六三日,群匪四出,至岗、称、剑、关、潜、昆、号、夜、河、珠、翌、淡、珍、李、果、重等坊,强索钱米,远近妇女稚幼哭声四起,十余里中所被勒去不可计算,不法情形,日甚一日。稍不如愿,刀棍相加,甚至掳去居民施保庆、姚德顺、俞福庆剥衣吊打勒索,翟祥生被割左耳,蔡隆春、俞福生刀伤尤重,俞姓妇人被拔金饰兼受毒打。涂遇拜年客人,即掠衣冠。土民愤极,麇集鸣锣,希图驱散。讵料该匪纵火焚庙,持械迎打,土客互死百有余人,众匪仓皇脱身,遗有红布盟单一方,备列头目姓名,首王协和,次王朝永、宋开德、李子方共三十六人,余不备录。并载年貌籍贯,其中年最长者三十九岁,最幼者一十九岁。其盟序云:今逢订交之时,叙桃园结义之风,异姓同居,愿结仁义,兄弟有患,相共有禄同居。既盟之后,言归于好,如有自背盟训者,天厌之! 天厌之! 尾书光绪十二年十一月二十六日立等字。

其盟布闻已呈禀邑尊,不知官府睹此,喜耶? 惊耶? 乡民生计耕本罄尽,何以堪生,城镇绅富因尚无损于己,均各袖手。

讵知此辈实系发逆余党,渐渐出头,官府畏事不理,乡农冬季稍有柴米而已,金银财宝本在城镇,势必由乡而镇由镇而城,一发不可收拾,安得膺重寄者不事空文,认真办理,饬各府县要道设局,匪到即拨兵遣散,并查明并无荒灾,借端扰乱为首之人,严行惩办,余众押令回籍。庶民得安居,否恐群匪肆无忌惮,海疆外患堪虞,腹地内变交作,公私皆不堪设想矣。(杞忧子来稿)

7.上虞

劝赈分辩（《申报》1884 年 1 月 18 日,光绪九年腊月廿一日）

上虞乡绅王君、经君、罗君诸公协举善事,集赀办赈,诚为吾邑沿海一带穷黎之救星,闻之无不欣欣然以手加额而颂其美。继闻此举,惜乎南北分界,致有散给不匀之议。若不审根追源,安知此中之苦乐。

盖沿海种地为生者,半居在塘南,半居在塘北,塘北之人饥荒,塘南之人亦饥荒。前月诸公亲临督散,惟赈塘北,不赈塘南,何厚于彼而薄于此也。至于塘北之人皆系会稽之客民,因种海地迁移,于此搭盖茅棚草舍,以为朝食认宿之处。其父母祖产,仍在会稽。早以忙时来而闲时去,一人兼顾两处之事。上年海地丰收,该客氏绰有余欢。不意今年连遭风潮,冲塌备塘,涌倒屋房,花地被咸水所浸,以致分毫无收,其灾实亦可怜,而其原籍祖产尚存还可以勉强过活。

至于塘南之人,皆系本邑本乡之民,居于斯而不迁,业于斯而不改,其贫苦饥寒,更甚于塘北之人。何塘北赈而塘南反无,想诸公仅知塘北之灾,未晓塘南之饥,特不察塘南之人,即种塘北之地。然则塘南塘北,饥荒一也。诸公既成义举,何不一体视之,使南北饥民均感戴于诸公,俾传扬于后世,实饥民之幸甚,岂独饥民之幸甚哉。

参考文献

一、政典、史料汇编

[清]张廷玉等.清朝文献通考[M].杭州:浙江古籍出版社,1988.

[清]葛士浚辑.皇朝经世文续编[M].近代中国史料丛刊.台北:文海出版社,1966.

[清]蒋良骐撰.东华录[M].北京:中华书局,1980.

[清]仁和琴川居士编.皇清奏议[M].台北:文海出版社,2006.

[清]托津等纂.钦定大清会典事例[M].台北:文海出版社,1990.

[清]文孚纂修.钦定六部处分则例[M].台北:文海出版社,1973.

[清]伊桑阿等纂修.大清会典(康熙朝)[M].台北:文海出版社,1992.

[清]允禄等修.大清会典(雍正朝)[M].台北:文海出版社,1994.

[清]赵尔巽等.清史稿[M].北京:中华书局,1977.

[清]朱寿朋编.东华续录[M].续修四库全书·史部·编年类.上海:上海古籍出版社,1996.

中国第一历史档案馆编.光绪朝上谕档[M].桂林:广西师范大学出版社,1996.

中国第一历史档案馆编.光绪朝朱批奏折[M].北京:中华书局,1995.

中国第一历史档案馆编.清实录[M].北京:中华书局,1986.

中国第一历史档案馆编.咸丰同治两朝上谕档[M].桂林:广西师范大学出版社,1998.

李文治编.中国近代农业史资料[M].北京:生活·读书·新知三联书店,1957.

261

彭雨新编.清代土地开垦史资料汇编[M].武汉:武汉大学出版社,1992.

张荣铮等点校.大清律例[M].天津:天津古籍出版社,1993.

二、地方志

[民国]安徽通志馆纂修.安徽通志稿·财政考[M].民国二十三年(1934)铅印本.

[清]程兼善纂修.光绪於潜县志[M].民国二年(1913)石印本.

[清]褚成博纂修.光绪余杭县志稿[M].光绪三十二年(1906)刻本.

[民国]干人俊纂修.民国武康县新志稿[M].民国稿本.

[清]胡承谋纂修.乾隆湖州府志[M].乾隆四年(1739)刻本.

[清]江峰青修,顾福仁纂.光绪重修嘉善县志[M].光绪二十年(1894)刻本,中国地方志集成·浙江府县志集,上海:上海书店出版社,1993.

[民国]金蓉镜修.重修秀水县志(不分卷)[M].民国九年(1920)稿本,浙江图书馆藏稀见方志丛刊,北京:国家图书馆出版社,2011.

[清]经济学会.浙江全省财政说明书[M].民国间刻本.

[清]李有益纂修.光绪昌化县志[M].光绪二十三年(1897)刻本.

[清]李昱修,陆心源等纂.光绪归安县志[M].光绪八年(1882)刻本.

[清]刘浚修,潘宅仁等纂.同治孝丰县志[M].光绪五年刊本(1879)刻本.

[清]卢学溥修,朱辛彝纂.民国乌青镇志[M].民国七年(1918)铅印本,《中国地方志集成·乡镇志专集》,上海:上海书店出版社,2013.

[清]马如龙修,杨鼐等纂.康熙杭州府志[M].康熙二十五年(1686)刻本.

[清]潘玉璇修,周学浚等纂.光绪乌程县志[M].光绪七年(1881)刻本.

[清]彭润章修,叶廉锷纂.光绪平湖县志[M].光绪十二年(1886)刻本.

[清]彭循尧修,董运昌等纂.宣统临安县志[M].宣统二年(1910)活字本.

[清]汪荣等修,张行孚等纂.同治安吉县志[M].同治十三年(1874)刻本.

[清]汪文炳等修,蒋敬时等纂.光绪富阳县志[M].光绪三十二年(1906)刻本.

[清]王彬修,徐用仪纂.光绪海盐县志[M].光绪三年(1877)刻本,中国地方志集成·浙江府县志集,上海:上海书店出版社,1993.

［民国］吴翯皋等修,程森纂.民国德清县新志［M］.民国二十一年（1932）铅印本.

［清］袭琏等纂.康熙钱塘县志［M］.康熙五十七年（1718）刻本.

［民国］夏辛铭纂.民国濮院志［M］.民国十六年（1927）铅印本.中国地方志集成·乡镇志专集.上海：上海书店出版社,2013.

［清］许瑶光修.光绪嘉兴府志［M］.光绪五年刊本（1879）刻本.中国地方志集成·浙江府县志集.上海：上海书店出版社,1993.

［清］严辰修.光绪桐乡县志［M］.光绪十三年（1887）刻本.中国地方志集成·浙江府县志集.上海：上海书店出版社,1993.

［清］余丽元等纂修.光绪石门县志［M］.光绪五年（1879）刻本.南京：江苏古籍出版社,1993.

［清］袁国梓纂修.康熙嘉兴府志［M］.康熙二十一年（1682）刻本.

袁励杰等修,王寀廷纂.民国重修新城县志［M］.民国二十二年（1933）铅印本.

［清］赵定邦等修,周学浚等纂.同治长兴县志［M］.光绪十八年（1892）刻本.

［清］赵世安修.康熙仁和县志［M］.康熙二十六年（1687）刻本.

［清］赵惟崙修,石中玉等纂.光绪嘉兴县志［M］.光绪三十四年（1908）刊本.南京：江苏古籍出版社,1993.

［民国］浙江省通志馆编.重修浙江通志稿·标点本［M］.北京：方志出版社,2010.

［清］宗源瀚等修,陆心源等纂.同治湖州府志［M］.光绪九年（1883）刻本.南京：江苏古籍出版社,1993.

三、文集、年谱

［清］陈士杰.陈侍郎奏议［M］.光绪三十二年（1906）刊本.晚清四部丛刊·第三编.台中：文听阁图书有限公司,2010.

［清］邓承修.语冰阁奏议［M］.民国七年（1918）铅印本.近代中国史料丛刊.台北：文海出版社,1965.

［清］端方.端忠敏公奏稿［M］.民国七年（1918）刊本.近代中国史料丛刊.台北：文海出版社，1965.

［清］洪亮吉.生计篇［M］.清代诗文集汇编第 413 册.上海：上海古籍出版社，2009.

［民国］金蓉镜.均赋余议［M］.振新社.民国六年（1917）刻本.

［清］李瀚章.合肥李勤恪公（瀚章）政书［M］.台北：文海出版社，1967.

［清］李鸿章.李鸿章全集奏议一、奏稿三［M］.合肥：安徽教育出版社，2008.

［清］李之芳.李文襄公奏疏与文移［M］.台湾文献史料丛刊·第 3 辑.台北：大通书局，1984.

［清］马新贻.马端敏公（新贻）年谱［M］.近代中国史料丛刊.台北：文海出版社，1965.

［清］马新贻.马端敏公（新贻）奏议［M］.近代中国史料丛刊.台北：文海出版社，1965.

［清］潘衍桐编.两浙𬨎轩续录［M］.杭州：浙江古籍出版社，2014.

［清］秦湘业，陈钟英纂辑.平浙纪略［M］.同治十二年（1873）浙江书局刊本.近代中国史料丛刊.台北：文海出版社，1965.

［清］谭钟麟.谭文勤公（钟麟）奏稿［M］.宣统三年（1911）刊本.近代中国史料丛刊.台北：文海出版社，1965.

［清］汪辉祖.清汪辉祖自定年谱［M］.台北：台湾商务印书馆，1980.

［清］严辰.墨花吟馆文抄［M］.光绪十六年（1890）刻本.清代诗文集汇编.上海：上海古籍出版社，2010.

［清］严辰.桐溪达叟自编年谱［M］.光绪年间刻本.

［清］奕䜣等撰.钦定剿平粤匪方略［M］.续修四库全书·史部.上海：上海古籍出版社，1996.

［清］恽祖祁等.恽氏家乘［M］.民国六年（1917）刻本.

［清］张鉴.阮元年谱［M］.北京：中华书局，1995.

［清］张履祥.补农书［M］.北京：农业出版社，1983.

［清］周家楣.期不负斋文集［M］.晚清四部丛刊·第三编.台中：文听阁图

书有限公司,2010.

[清]宗源瀚.颐情馆闻过集[M].北京:北京出版社,2000.

[清]左宗棠.左宗棠全集(奏稿一、奏稿三)[M].长沙:岳麓书社,1987.

四、报纸、杂志

[清]《东方杂志》[N](1904～1908年)

[清]《上海新报》[N](1861～1873年)

[清]《申报》[N](1872～1908年)

五、论著、学位论文

曹树基.中国人口史·第五卷·清时期[M].上海:复旦大学出版社,2001.

陈锋.清代财政政策与货币政策研究[M].武汉:武汉大学出版社,2008.

池子华.中国流民史[M].杭州:浙江人民出版社,1996.

方行等主编.中国经济史·清代卷[M].北京:经济日报出版社,2000.

冯贤亮.太湖平原的环境刻画与城乡变迁(1368—1912)[M].上海:上海人民出版社,2008.

葛剑雄主编.中国移民史(第六卷)[M].福州:福建人民出版社,1997.

葛庆华.近代苏浙皖交界地区人口迁移研究(1853—1911)[M].上海:上海社会科学院出版社,2002.

何烈.清咸、同时期的财政[M].台北:编译馆中华丛书编审委员会,1981.

何平.清代赋税政策研究.1644～1840年[M].北京:故宫出版社,2012.

侯鹏.明清浙江赋役里甲制度研究[D].上海:华东师范大学,2011.

贾士毅.民国财政史[M].上海:商务印书馆,1917.

梁方仲.中国历代户口、田地、田赋统计[M].上海:上海人民出版社,1980.

梁勇.移民、国家与地方权势.以清代巴县为例[M].北京:中华书局,2014.

刘广京.晚清督抚权力问题商榷[M].新北:联经出版事业公司,1990.

刘平.被遗忘的战争——咸丰同治年间广东土客大械斗研究[M].北京：商务印书馆,2003.

刘增合."财"与"政"清季财政改制研究.[M].北京：生活·读书·新知三联书店,2014.

罗尔纲.湘军新志[M].上海：上海出版社,1945.

彭雨新.清代土地开垦史[M].北京：农业出版社,1990.

瞿同祖.清代地方政府[M].范忠信,等译.北京：法律出版社,2003.

[日]山本进.清代社会经济史[M].李继峰,等译.济南：山东画报出版社,2012.

史志宏、徐毅.晚清财政.1851~1894[M].上海：上海财经大学出版社,2008.

王磊.清代州县官的财务收支[D].厦门：厦门大学,2007.

[美]王业键.清代田赋刍论(1750—1911)[M].高风,等译.北京：人民出版社,2008.

魏光奇.官治与自治——20世纪上半期的中国县制[M].北京：商务印书馆,2004.

魏光奇.有法与无法——清代的州县制度及其运作[M].北京：商务印书馆,2010.

薛理禹.清代人丁研究[M].北京：社会科学文献出版社,2014.

严中平等.中国近代经济史[M].北京：人民出版社,1989.

[日]岩井茂树.中国近代财政史研究[M].付勇,译.北京：社会科学文献出版社,2011.

张仲礼.中国绅士：关于其在十九世纪中国社会中作用的研究[M].李荣昌,译.上海：上海社会科学院出版社,1991.

[美]曾小萍.州县官的银两——18世纪中国的合理化财政改革[M].董建中,译.北京：中国人民大学出版社,2005.

六、学术期刊

曹树基,李玉尚.太平天国战争对浙江人口的影响[J].复旦学报(社会科学版),2000(5):33—44.

陈锋.20世纪的清代财政史研究[J].史学月刊,2004(1):113—122.

陈锋.20世纪的晚清财政史研究[J].近代史研究,2004(1):245—281.

陈锋.清代中央财政和地方财政的调整[J].历史研究,1997(5):99—113.

池子华.土客冲突的文化学考察——以近代江南地区为例[J].河北大学学报(哲学社会科学版),2000(1):2—6.

戴一峰.晚清中央与地方财政关系.以近代海关为中心[J].中国经济史研究,2000(4):57—71.

邓绍辉.咸同时期中央与地方财政关系的演变[J].史学月刊,2001(3):52—59.

冯贤亮.清代浙江湖州府的客民与地方社会[J].史林,2004(2):47—56.

冯贤亮.同治十年江南的社会变乱、秩序危机与政府控制[J].清史研究,2011(4):76—114.

葛庆华.近代江南地区的河南移民——以苏、浙、皖交界地区为中心[J].史学月刊,2003(1):102—106.

葛庆华.太平天国战后苏浙皖交界地区的两湖移民[J].湖南大学学报(社会科学版),2005(4):97—102.

行龙.论太平天国前后江南地区的人口变动及其影响[J].中国经济史研究,1991(2):29—45.

侯竹青.太平天国战争时期人口损失研究述评[J].社会科学研究,2010(4):204—208.

李文治.论清代后期江浙皖三省原太平天国占领区土地关系的变化[J].历史研究,1981(6):81—96.

刘克祥.十九世纪五十至九十年代清政府的减赋和清赋运动[J].中国社会科学院经济所集刊,1984(7).

刘克祥.太平天国后清政府的财政"整顿"和搜刮政策[J].中国社会科学院经济所集刊,1983(4).

刘伟,刘魁.晚清州县的办公经费与公费改革[J].安徽史学,2013(3):5—16.

柳岳武.清末民初江南地区土客冲突与融合——以江苏句容县为主要研究对象[J].史林,2012(2):128—137.

罗尔纲.清季兵为将有的起源[J].中国社会经济史集刊,第5卷第2期(1937年6月):235—251.

罗尔纲.太平天国革命前的人口压迫问题[J].中国社会经济史集刊,第8卷第1期(1949年1月):32—43.

罗玉东.光绪朝财政补救之方策[J].中国近代经济史研究集刊,第1卷第2期(1933年5月):189—271.

马金华.晚清中央与地方的财政关系[J].清史研究,2004(1):94—101.

茅家琦.太平天国革命后的江南农村土地关系试探[J].新建设(哲学社会科学),1961(12):49—56.

彭雨新.清末中央与各省财政关系[J].社会科学杂志,第9卷第1期(1947年6月):83—85.

申学锋,张小莉.近十年晚清财政史研究综述[J].史学月刊,2009(9):102—108.

申学锋.清代财政收入规模与结构变化述论[J].北京社会科学,2002(2):84—90.

申学锋.清代中央与地方财政关系的演变[J].河北学刊,2002(5):53—56.

岁有生.清代地方财政史研究述评[J].中国史研究动态,2011(5):48—52.

岁有生.清代州县衙门经费[J].安徽史学,2009(5):12—19.

王天奖.清同光时期客民的移垦[J].近代史研究,1983(2):224—241.

王天奖.太平天国革命后浙江农业的恢复问题[J].南京大学学报,1984(3):68—72.

王兴福.太平天国革命后浙江的土地关系[J].史学月刊,1965(6):9—16.

魏光奇.清代后期中央集权财政体制的瓦解[J].近代史研究,1986(1):207—230.

吴善中.客民·游勇·盐枭——近世长江中下游、运河流域会党崛起背景新探[J].扬州大学学报(人文社会科学版),1999(5):29－36.

夏鼐.太平天国前后长江各省之田赋问题[J].清华学报,第 10 卷第 2 期(1935 年 4 月):409－475.

谢邦藩.浙江田赋论述[J].浙江省通志馆馆刊,1945:1(4).

杨鸿雁.略论清朝客民的法律调控措施[J].贵州大学学报(社会科学版),2009(2),93－99.

张佩国.近代江南地区的村籍与地权[J].文史哲,2002(3):145－151.

张福运.意识共同体与土客冲突——晚清闭湖案再诠释[J].中国农史,2007(2):104－112.

赵思渊.清末苏南赋税征收与地方社会——以光绪二十五年刚毅南巡清理田赋为中心[J].中国社会经济史研究,2011(4):73－84.

中国第一历史档案馆.顺治年间有关垦荒劝耕的题奏本章[J].历史档案,1981(2):17.

周望森."三藩"叛乱期间清朝统治集团关于浙江财赋问题的论争[J].浙江师范大学学报(社会科学版),1988(4):101－104.

朱年志.清代地方经费研究述论[J].聊城大学学报(社会科学版),2015(3):5－84.

后 记

　　这本小书能够问世,首先要感谢浙江大学历史系的梁敬明老师。梁老师一直致力于乡村建设和土地制度研究,2014 年他组织团队申报浙江省社科规划优势学科重大资助项目"近代浙江土地资料整理与研究",鼓励我参加子课题的研究。我因曾长期进行民国海外华侨的研究,对于近代浙江土客关系颇感兴趣,也就不揣浅陋名列其中。

　　鉴于海外移民的研究经验,在初步阅读相关文献后,我希望对近代土客关系在三个方面能有所展开。

　　1.厘清近代史上土著、客民等概念,寻找研究的理论和分析框架。何谓土著?何谓客民?两者并非是固化的名词,应有着较为强烈的时空性。在历史文献中,客民出现频率最高,但是时常还会出现游民、难民、逃荒者、受难者、散勇等称谓,这些名词与客民概念既有重叠又有差异,如果统一归类为客民,并不妥当。

　　2.寻求史料来源的多样性和丰富性。历史文献资料基本来源于官方档案(中央和地方)、地方志、士人诗文集、金石文献、族谱、报刊(如《申报》)等。值得注意的是,由于地方志都是土著主导的士人精英所撰写,对于土客关系的描述倾向性明显,且多注重于土客冲突,导致客民日常生活、婚姻状况、风俗习惯等史料十分缺乏。

　　3.强调土著、客民交流、冲突、融合的历史细节。新材料的交叉运用,可以部分复原客民年龄、男女比例、原有职业(撤勇、农民抑或其他)、迁出地方、迁徙路线、交通工具、迁徙的规模等等。此外由于材料取材的多样性,笔者发现,对于许多土客冲突事件,在士人文集、官员奏稿、地方志、近代报刊中,有详略不等的叙述和评论,避免了历史叙述的单一视角,让我们得以分析史料阐述者的不同的立场,挖掘史实和史实讲述者之间的关系。

确立基本的研究构思和框架后,我邀请现在就职于浙江省社会科学院的研究人员肖依依一起参与本课题的研究。事实证明,她是一名非常出色的合作者,勤于思而敏于行,极大地深化了研究成果。

在深入研究和具体写作中,我们发现原有的构思和框架过于宏大,所见的文献材料难以完全支撑。为了不使课题陷入泥潭,决定以地方政府的财政运转作为研究土客之争的研究视角,从而揭示土客矛盾的背后缘由。虽然对土客关系的研究不能面面俱到,但是关键问题在此视角中或多或少地得到体现。有鉴于此,即使深知问题颇多,最终仍决定将课题成果整理成书。

初稿完成后,呈请一些师友审读。有师友提出,本书分成研究和史料两部分,从篇幅而言,史料汇编字数多于研究,不如再增加一些内容,以便分成两本书出版,成果或许更多。不过我们觉得本书的论题已经能够讲清楚,没有必要再增加相关的非核心的论述来增加篇幅。而为篇幅平衡,将史料汇编部分内容删除,又殊觉可惜,毕竟搜集、整理、点校也颇为不易。于是仍旧维持原有框架不变。在此一并说明。

最后,感谢本书的责任编辑胡畔女士,没有她的尽力督促和认真校勘,或许本书不知何时才能出版。至于本书出现的任何学术问题,都应完全由我承担。

徐立望

2019 年 8 月 15 日

图书在版编目(CIP)数据

近代州县财政运转困境和调适：基于浙江土客之争的分析 / 徐立望，肖依依著. —杭州：浙江大学出版社，2020.4

ISBN 978-7-308-19537-9

Ⅰ.①近… Ⅱ.①徐… ②肖… Ⅲ.①外来人口—人口政策—研究—浙江—近代 Ⅳ.①C924.21

中国版本图书馆 CIP 数据核字(2019)第 202473 号

近代州县财政运转困境和调适

——基于浙江土客之争的分析

徐立望　肖依依　著

责任编辑	胡　畔	
责任校对	蔡　帆　潘建华	
封面设计	周　灵	
出版发行	浙江大学出版社	
	（杭州市天目山路 148 号　邮政编码 310007）	
	（网址：http://www.zjupress.com）	
排　版	浙江时代出版服务有限公司	
印　刷	杭州高腾印务有限公司	
开　本	710mm×1000mm　1/16	
印　张	17.25	
字　数	300 千	
版印次	2020 年 4 月第 1 版　2020 年 4 月第 1 次印刷	
书　号	ISBN 978-7-308-19537-9	
定　价	68.00 元